Consulting Akquise Toolbox
Praxiswerkzeuge für den Gewinn von lukrativen Beratungsprojekten

Christopher Schulz

Der Inhalt dieses Buches ist urheberrechtlich geschützt und darf ohne explizite Erlaubnis des Autors weder komplett, noch auszugsweise weitergegeben, weiterverkauft, kopiert oder veröffentlicht werden.

Für den Inhalt der angegebenen Websites ist ausschließlich der jeweilige Anbieter verantwortlich.

1. Auflage

Impressum
Dr. Christopher Schulz
Paula-Hahn-Weinheimer-Weg 11
D-80997 München

Tag der Veröffentlichung
01.06.2017

Verantwortlich für den Inhalt
Christopher Schulz

Lektorat
Katy Sage

Foto Buchdeckel
Strichmännchen schießt auf Zielscheibe, #113884221 © Trueffelpix Fotolia.com

Für meine Ehefrau Katy und unsere beiden Söhne Moritz und Jonas.
Das größte Glück in meinem Leben.

Inhalt

Einleitung 6
Der Berater hinter der Akquise Toolbox 8
Gebrauchsanweisung 9

Positionierung & Ausrichtung **15**
   Die Angebotspyramide – das Leistungsportfolio entwickeln ... 15
   Das Beraterprofil – die Eintrittskarte ins Projekt lösen 20
   Die Buyer Persona – der Zielgruppe ein klares Profil geben ... 25
   Die Customer Journey – Kunden bei ihrer Reise begleiten 31
   Der Firmenslogan – sich im Kundengedächtnis einbrennen ... 37
   Das Garantieversprechen – eine Vertrauensbasis schaffen 42

Expertise & Themenführerschaft **46**
   Der Blogbeitrag – mit guten Inhalten anziehen und binden ... 46
   Der Fachartikel – Beratungskompetenz in Textform gießen ... 51
   Das Fachbuch – Kompetenz und Erfahrung ausstrahlen 56
   Der Fachvortrag – auf großer Bühne Interessenten begeistern ... 62

Sichtbarkeit & Interessensgewinn **69**
   Das Qualitätssiegel – unabhängige Auszeichnungen nutzen ... 69
   Der Newsletter – mit Interessenten stetig in Kontakt stehen .. 73
   Der Quick Check – mit Selbstauskunft Interesse generieren ... 79
   Die Signaturwerbung – mit einem Satz Neugier wecken 84
   Die Unternehmenspräsentation – beim Erstkontakt punkten ... 87
   Die Unternehmenswebseite – Besucher 24/7 informieren 93
   Das Webinar – im Online Meeting an Profil gewinnen 98
   Der Werbeartikel – mit Giveaways im Kopf verankern 103

Kontakt & Beziehungsaufbau **108**

    Die Abendveranstaltung – Wissen tanken + Kontakte knüpfen 108

    Die Austauschplattform – im eigenen Forum netzwerken 113

    Die Competitive Battle Card – Wettbewerber entzaubern 119

    Der Elevator Pitch – in 30 Sekunden ins Gespräch kommen 123

    Die Kaltakquise – systematisch qualifizierte Leads generieren 128

    Die Konferenzteilnahme – auf Tagungen Kunden gewinnen 133

    Das Kundenprofil – das Kundenunternehmen gut kennen 139

    Die Visitenkarte – bei Neukontakten in Erinnerung bleiben 144

Empfehlung & Arbeitsprobe **149**

    Das Beratungsprodukt – standardisiert Vertrauen aufbauen 149

    Die Case Study – das Erfolgsprojekt für immer konservieren 156

    Die Empfehlung – den Kunden zum Vertriebspartner machen 160

    Das Kontaktnetzwerk – auf die eigenen Verbindungen setzen 165

    Das pro bono Consulting – eine wertige Probe gratis abgeben 169

    Die Referenz – zwischen Kunden stabile Brücken bauen 174

    Das Training – Schulungsteilnehmer zu Kunden entwickeln 179

Bindung & Weiterbeauftragung **185**

    Der Feedbackbogen – die Kundenmeinung messen & nutzen 185

    Die Neujahrskarte – gute Beziehungen festigen und ausbauen 190

    Die Rechnung – sich für das Folgeprojekt weiterempfehlen 195

    Das Startpaket – bei Projektbeginn unerwartet beeindrucken 199

Noch mehr Consulting Akquise Tools **202**

Lesetipps **203**

Einleitung

Liebe Leserin, lieber Leser,
herzlichen Dank, dass Du Dir die Zeit nimmst die **Consulting Akquise Toolbox** zu öffnen. Vor Dir liegen 37 auf Hochglanz polierte Akquise Tools. Handverlesene Werkzeuge, die Dich in Deiner Marketing- & Vertriebsarbeit um neue Beratungsprojekte hilfreich unterstützen. Von ‚A' wie Abendveranstaltung bis ‚W' wie Werbeartikel deckt die Toolbox ein breites Spektrum intelligenter Akquisemaßnahmen für alle Zielkundenbranchen und Unternehmensgrößen ab.

Jedes der Werkzeuge habe ich in den vergangenen 11 Beraterjahren allein oder gemeinsam mit Kollegen eingesetzt. Die **Akquise Tools** sind praxiserprobt und mit effektiven Erfahrungstipps angereichert. Eine ausführliche Beschreibung zeigt, für welchen Zweck, wie und womit Du ein spezifisches Werkzeug am besten anwendest und mit welchem Aufwand Du rechnen musst.

Worin liegt nun der **konkrete Mehrwert** der Consulting Akquise Toolbox?

- Setze die Consulting Akquise Tools ein und **gewinne** spannende sowie gut bezahlte Beratungsprojekte bei renommierten **Neukunden**.
- Nutze die modular aufgebauten und voneinander unabhängigen Tools zur **Bindung** Deiner **Bestandskunden** und sichere Dir somit lukrative Anschlussaufträge.
- **Spare Zeit und Nerven** beim Recherchieren, Erlernen und Anwenden von essentiellen Marketing- und Vertriebskonzepten im Consulting.
- **Steigere den Return on Investment** Deines Akquiseaufwände indem Du vom Start weg die richtigen Dinge richtig erledigst und dabei auf etablierte Hilfen zurückgreifst.
- **Überzeuge Partner, Kollegen und Vorgesetzte** von Deiner Exzellenz in der Kundenakquise und empfehle Dich für spannende Aufgaben im Beratungsunternehmen weiter.

Mit der Toolbox profitierst Du von meinem **Praxiswissen & Akquiseerfahrungen**. Alle Tools habe ich bei vier verschiedenen Beratungshäusern für über 15 Kundenunternehmen im Rahmen von mehr als 50 Consulting Vorhaben zum Einsatz gebracht.

Mein oberstes Credo bei der Zusammenstellung: **Fokus auf das Wesentliche**. Das heißt: keine theoretischen Tool-Monster. Kein überflüssiger Text. Bereits die Nutzung eines einzelnen Tools unterstützt Deine Marketing- & Vertriebsarbeit. In Kombination angewendet, multipliziert sich Dein Akquiseerfolg vielfach.

Scheue nicht davor zurück, die sofort einsatzbereiten Tools **für Deine Bedarfe anzupassen**. Wie ein richtiger Werkzeugkoffer ist auch die Toolbox von Dir maßzuschneidern. Auf Dich angepasst, entfaltet sie dann ihre maximale Wirksamkeit.

Viel Erfolg bei der Anwendung der Consulting Akquise Toolbox in der Gewinnung von Neukunden sowie Bindung bestehender Beratungsklienten.

Beste Grüße aus München

Christopher

Dr. Christopher Schulz

Der Berater hinter der Akquise Toolbox

Wer steckt eigentlich hinter der Consulting Akquise Toolbox?

Danke für Dein Interesse an der Person hinter diesem Buch. Ich bin **Christopher Schulz**, aktuell Manager bei einer Münchner Unternehmensberatung. Nach meinem Informatikstudium in Deutschland, Frankreich und den USA arbeitete ich bei einer amerikanischen Großbank in der Schweiz als Business Analyst.

2008 entschied ich mich zu promovieren und begann parallel meine Laufbahn als **Consultant**. Zu meinen Kunden zählen Unternehmen aus der Automobil-, Maschinenbau- und Finanzbranche. Mein Ziel ist es, die Fach- und IT-Seiten perfekt aufeinander abzustimmen, dazu nutze ich Ansätze aus den Feldern **Business Analyse, Requirements Engineering** und **Enterprise Architecture Management**.

In meinen über 11 Jahren als Unternehmensberater habe ich über **50 Consulting Projekte** akquiriert, zunächst reaktiv in Form von Angeboten, später dann proaktiv mittels Inbound & Outbound Marketing- und Vertriebsmaßnahmen. Über die Zeit habe ich über **100 internationale Bücher zur Akquise im Consulting** gelesen und die enthaltenen Theorien und Ansätze in der Praxis verprobt. Kleine Kurzengagements konnte ich ebenso gewinnen wie langfristige **Millionen-Mandate** für ganze Beraterteams.

Neben meiner Consulting Tätigkeit publiziere ich regelmäßig für Fachmagazine und Konferenzen. Seit 2015 betreibe ich den **Blog Consulting-Life.de** auf dem ich mein Karriere- und Praxiswissen an Unternehmensberater, Coaches und Projektleiter weitergebe.

Gebrauchsanweisung

Warum die Akquise im Consulting herausfordernd ist

Warum nun eine eigene Toolbox zur Akquise im Beratungsgeschäft? Gibt es nicht bereits umfassende Literatur zu den Disziplinen Marketing, Vertrieb, Sales und Akquise?

Tatsächlich stehst Du als Unternehmensberater vor **sieben Herausforderungen**, die den Gewinn von Neukunden und die Bindung von Bestandsklienten erschweren. Aber keine Angst: die Consulting Akquise Toolbox hilft Dir, diese sieben Klippen gekonnt zu umschiffen!

Herausforderung 1: Beratung ist nicht lager- & konservierbar
Eine Beratungsleistung am Kunden ist nicht konservierbar bzw. lagerbar. Produktion durch den Consultant und Konsum durch den Kunden fallen zusammen. Die Wirtschaft spricht hier vom ‚uno-actu-Prinzip'. Tatsächlich kannst Du als Berater Deine Leistungen vorbereiten bzw. Wissen (in Form von Lessons Learned, Checklisten, Anleitungen etc.) konservieren.

Herausforderung 2: Beratung ist erklärungsbedürftig
Die verkauften Wertangebote sind immateriell und abstrakt. Anders als beispielsweise ein physisch existentes Auto, kauft ein Kunde Ideen, Analysen, Empfehlungen, Entscheidungsvorlagen etc.. Abhilfe schafft das Quantifizieren der Auswirkungen. Daher: um welchen Wert können die Kosten minimal gesenkt werden? Wie hoch fallen die geschätzten zusätzlichen Umsätze aus? Auf welche Größe können die Risiken gesenkt werden?

Herausforderung 3: Beratung ist nur nachträglich nutzenstiftend
Der Mehrwert einer Beratungsleistung wird dem Kunden erst nach deren Erbringung sichtbar. Im Klartext: mit der Beauftragung einer Consulting Firma geht der Klient zunächst ein nicht unerhebliches Risiko ein. Für diese Herausforderung helfen Case Studies, Referenzen und Blogbeiträge. Bereits zu Projektbeginn machen diese dem zögernden Kunden die Resultate greifbar.

Herausforderung 4: Beratung ist schwer mess- & vergleichbar
Beratungsleistungen sind schwer quantifizier- und vergleichbar. Der Erfolg hängt von den Consultants, dem Kunden und der individuellen Problemstellung ab. Auch hier helfen Dir Case Studies sowie Referenzen weiter mit denen Du dem Kunden zumindest qualitativ nachweist, wie eine ähnliche Aufgabe mit Bravour gemeistert werden kann.

Herausforderung 5: Beratung ist hochgradig abhängig von den Mitarbeitern
Eine Unternehmensberatung steht und fällt mit ihren Mitarbeitern. Mit Marketing & Vertrieb, Projektabwicklung (samt Reiseaufwand) und Fortbildung sind diese einer hohen Arbeitsbelastung ausgesetzt. Ein exzellentes Personalmanagement und gute Führung helfen Dir, die besten Köpfe zu gewinnen und dauerhaft zu halten.

Herausforderung 6: Beratung erfordert die Mitwirkung des Kunden
Ein Beratungsprojekt ist nur dann erfolgreich, wenn der Kunde dieses auch selbst aktiv vorantreibt und ausgestaltet. Das erfordert natürlich seinen Zeit- und Energieeinsatz – zusätzlich zu den ohnehin schon anfallenden Aufgaben im Tagesgeschäft. Der Kunde ist Teil des Consulting Prozesses, wirkt am Ergebnis und der Zielerreichung mit. Eine profunde Auftragsklärung im Vorfeld sowie ein Beratungsangebot mit klaren Mitwirkungsleistung des Kunden helfen Dir, bereits zu Beginn die Aufgaben und Verantwortlichkeiten festzuzurren.

Herausforderung 7: Beratung ist kostspielig und folgenreich
Beratung ist sehr personalintensiv und individuell. Die Folge: die meisten Beratungsprojekte sind für den Kunden sehr kostspielig, erfordern neben der Einbindung interner Ressourcen in der Regel auch eine Investitionsentscheidung. Anders als im Endkundenbereich sind diese Entscheidungen kompliziert, langwierig und von mehreren Akteuren beeinflusst. Es geht um hohe Summen und einschneidende Konsequenzen für das Kundenunternehmen. Diese Klippe umschiffst Du, indem Du die Kundenmitarbeiter qualifizierst und die Entscheidungs- und Beauftragungsprozesse nachvollziehst. Systematisch ermittelst Du, an welchen organisatorischen und sozialen Stellschrauben Du für Deine Beauftragung drehen musst.

Die Rolle der Akquise im Geschäftsmodell ‚Beratung'

Akquise von Kunden und der damit verbundenen bezahlten Projektarbeit ist eine der wichtigsten Bereiche des Geschäftsmodells ‚Unternehmensberatung'. Bevor Du Dich mit Marketing & Vertrieb im Consulting im Detail beschäftigst, lohnt es sich, einen Schritt zurückzutreten und Dich kurz mit dem **Business Model Beratung** auseinanderzusetzen.

In ihrem lesenswerten Buch ‚Business Model Generation' definieren Dr. Alexander Osterwalder und Prof. Dr. Yves Pigneur ein Geschäftsmodell als:

„Grundprinzip nach dem ein Unternehmen Werte schafft, vermittelt und erfasst".

Zudem stellen die beiden mit dem **Business Model Canvas** ein Rahmen vor, der ein Geschäftsmodell in neun Bereiche unterteilt.

Nachfolgend wende ich das Business Model Canvas auf eine Beratung an.

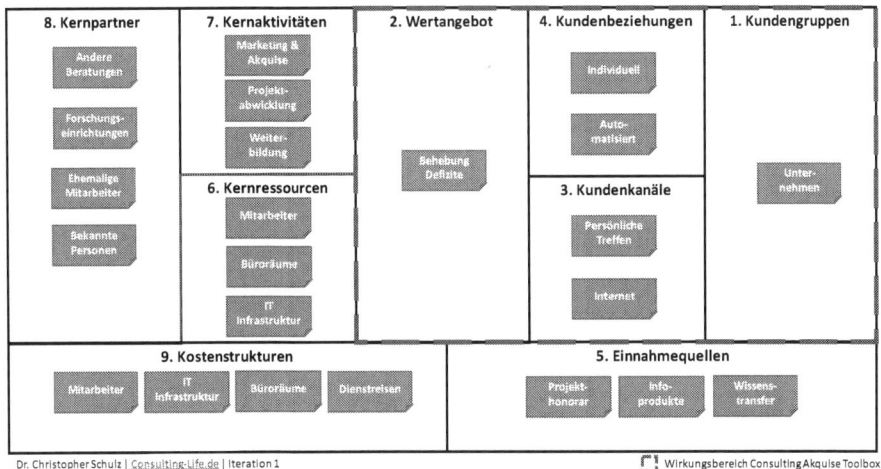

Grundlegendes Geschäftsmodell einer jeden Unternehmensberatung

1. Kundengruppen
Die Zielgruppe einer Unternehmensberatung ist groß. In der Theorie kommen alle kleinen, mittleren und großen Kundenunternehmen aus allen Branchen weltweit in Frage. Praktisch sind Beratungen jedoch gemäß ihren Kunden und deren spezifischen Probleme segmentiert. So gibt es IT-Beratungen, Strategieberatungen, Branchenberatungen etc..

2. Wertangebot
Etwas hochtrabend formuliert beseitigt eine Unternehmensberatung ‚Rationalitätsdefizite' im Kundenunternehmen bzw. lehrt dem Kunden diese zukünftig in Eigenregie zu tun. Diese Defizite können ihren Ursprung in den Prozessen, der Technik, den Schnittstellen aber auch dem Menschen haben.

3. Kundenkanäle
Auch wenn während der Projektarbeit verstärkt Technologie wie Telefon, E-Mail und Web-Konferenzsysteme zum Einsatz kommen, interagieren Beratungen größtenteils auf persönlicher Ebene. Für Marketing & Vertrieb nutzen Berater zunehmend das Internet, um von den Kunden im Web gefunden zu werden.

4. Kundenbeziehungen
Unternehmensberatungen gewinnen, halten und entwickeln ihre individuellen Kundenbeziehungen fast ausschließlich auf persönlicher Ebene. Mit Maßnahmen wie einem Newsletter, Blogbeitrag oder Online Quick Check automatisieren

Consultancies ihre Relationen zu Interessenten insbesondere in der Anfangsphase der Akquise.

5. Einnahmequellen
Die Haupteinnahmequelle von Beratungsunternehmen ist das mit dem Kunden vereinbarte ergebnis-, zeit- oder erfolgsbasierte Honorar. Zusätzliche Erlösquellen bestehen im Verkauf von Informationsprodukten (Studien, Analyseberichte etc.) sowie im Wissenstransfer (Trainings, Coachings etc.).

6. Kernressourcen
Unternehmensberatungen sind wissensgetrieben. Die wichtigste Ressource ist der Mitarbeiter – die professionelle Workforce. Weitere nennenswerte Mittel sind die Büroräume, der Fuhrpark sowie die IT Infrastruktur.

7. Kernaktivitäten
Beratungen sind Dreikämpfer. Zu ihren Kernaufgaben gehören Marketing & Vertrieb von Kunden, Projektabwicklung beim Kunden sowie die interne Qualifizierung und Weiterentwicklung von Beratungsthemen. Jede Beratung besitzt zudem die typischen Querschnittsfunktionen wie das Personalmanagement, die Buchhaltung und die IT.

8. Kernpartner
Um ihre Kunden entlang der gesamten Wertschöpfungskette unterstützen zu können, setzen Beratungen regelmäßig auf Partnerschaften mit komplementären Consultancies. Zudem pflegen sie gute Beziehungen zu wissenschaftlichen Einrichtungen, ehemaligen Mitarbeitern und Personen des öffentlichen Lebens.

9. Kostenstruktur
Unternehmensberatungen besitzen eine geringe Kapitalintensität. Ihre Bilanz fällt sehr übersichtlich aus. Der größte Kostenposten sind die Mitarbeiter, gefolgt von den Büroräumen. Weitere Positionen sind die Reise- und die IT Infrastrukturkosten.

Als Berater akquirierst Du auf verschiedenen **Kanälen** Beratungsprojekte sowohl bei **Neu- als auch Bestandskunden**. Grundlage sind lose, etablierte und feste **Beziehungen**. Bei der Akquise kommunizierst Du Dein **Wertangebot**, Deine erfolgreich geleisteten Projekte, Dein Wissen oder andere für den Kunden relevante Informationen Deines Unternehmens direkt (outbound) oder indirekt (inbound) an Deine Zielgruppe. Die Consulting Akquise Toolbox hilft Dir in genau diesen vier Bereichen des Business Models Consulting.

Die Consulting Akquise Toolbox im Marketing & Vertrieb

Bevor es mit konkreten Tools zur Sache geht, möchte ich Dir kurz die modulare Consulting Akquise Toolbox und ihre Handhabung vorstellen. Spare wertvolle Zeit beim Finden des richtigen Tools für ein gegebenes Problem und profitiere maximal von den Inhalten der Box.

Wie die Phasen im Marketing & Vertrieb, untergliedert sich auch die Toolbox in verschiedene **Akquisekategorien**. Am Anfang stehen Positionierung & Ausrichtung, den Abschluss bilden Bindung & Wiederbeauftragung. Um Dir zusätzlich die Auswahl zu erleichtern, habe ich jedes Werkzeug zu Beginn mit ein paar Metainfos versehen. Zunächst die Unterscheidung, ob Du mit dem Werkzeug einen **Neu- oder Bestandskunden** adressieren willst. Anschließend die **Phase der Kundeninteraktion**, für welche sich das Tool besonders eignet. Schließlich der **Aufwand** zur Umsetzung sowie die **Wirkung** der Maßnahme in Tiefe und Dauer. Wähle das Tool, welches für Deine **Ziele** und Deinen **Anwendungskontext** am besten passt.

Um Dir die Einarbeitung in die verschiedenen alphabetisch sortierten Akquisewerkzeuge zu vereinfachen, besitzt jedes Tool einen identischen Aufbau.

- **Name** – die eindeutige Bezeichnung des Tools samt Hauptnutzen.
- **Motivation** – Akquisesituationen in denen Dich das Tool unterstützt.
- **Kategorie** – Tool Metainfos für den schnellen Überblick (das „Wann").
- **Zweck** – die Grundidee und der Nutzen des Tools (das „Warum").
- **Aufbau** – die zugrundeliegende Struktur des Tools (das „Was").
- **Anwendung** – Schritt-für-Schritt Anleitung zum Einsatz (das „Wie").
- **Beispiele** – Zum besseren Verständnis für einige Tools (das „Wie").
- **Vor- & Nachteile** – Gründe für bzw. gegen den Einsatz des Tools.
- **Praxistipps** – Einsatzhinweise sowie weiterführende Literatur.
- **Zusammenfassung** – ein abschließendes Fazit zum Praxisgebrauch.

Bewerte auf Basis des Namens, der Motivation und der Kategorie innerhalb weniger Sekunden, ob es sich um das richtige Tool für Deinen Akquisezeitpunkt handelt. Konntest Du ein passendes Werkzeug finden, dann gilt es dieses zu adaptieren. Die eingestreuten Beispiele helfen Dir dabei. Oft lohnt es sich, ein Tool in Kombination eines anderen zu nutzen. Achte hier auf <u>Unterstreichungen</u>.

Alternativ kannst Du Dir die im Koffer enthaltenen Werkzeuge auch systematisch erarbeiten. Greife Dir dazu **jeden Arbeitstag ein Tool** heraus und setze dieses direkt in Deiner Beraterarbeit um. Insgesamt enthält der Koffer 37 Werkzeuge. In 37 Tagen solltest Du alle Konzepte kennen und zumindest einmal gedanklich durchgespielt haben. Erreiche die nächste Stufe – in rund 7 Wochen!

Schneller zum Ziel: die Akquise Toolbox Templates

Du hast das richtige Consulting Akquise Tool für Deine Ziele identifiziert und möchtest direkt loslegen? Einzig und allein die passenden Microsoft Office Vorlagen fehlen Dir dazu?

Bevor Du Dich in PowerPoint Tiraden und Excel Exzessen verstrickst wirf einen kurzen Blick auf Consulting-Life.de/Consulting-Akquise-Toolbox-Templates. Für wenige Taler findest Du dort viele der vorgestellten Akquise Tools als Vorlagen inklusive Beispiele direkt zum Download.

Hilfe! Der Kunde verlangt ein Angebot!

Deine Akquiseinitiative war erfolgreich und ein potentieller Klient bittet Dich um ein Angebot? Am besten noch bis gestern? An der Schnittstelle zwischen Vertrieb und Projekt steht das Beratungsangebot – die finale Hürde zum Akquiseerfolg.

Bevor Du jetzt hektisch in die Tasten Deines Laptops haust, solltest Du zunächst eine strukturierte Bedarfsanalyse durchführen. Flankiere diese von einer Kundenqualifizierung. Anschließend entwickelst Du die Consulting Offerte und stellst diese im Rahmen einer Angebotspräsentation vor. Flankiert werden diese Tätigkeiten vom Projektmanagement.

Mein Buch **Das perfekte Beratungsangebot** (Consulting-Life.de/Das-perfekte-Beratungsangebot) widmet sich im Detail dem Prozess der Angebotslegung. Spare Zeit, begeistere Entscheider und maximiere Deine Erfolgsquote.

Rezension schreiben und Buch sichern

Was hältst Du von meinem Buch? Schreibe eine **Rezession** und sichere Dir ein weiteres meiner Bücher!

So geht's: Rezensiere dieses Buch unter Amazon (siehe Consulting-Life.de/Consulting-Akquise-Toolbox). Schick mir einen Screenshot von Deiner Rezension an info@Consulting-Life.de. Du erhältst **einen weiteren meiner Ratgeber. Kostenfrei**!

Hilf mir, bessere Bücher zu schreiben. Und ich helfe Dir mit nützlichen Reise-, Methoden- und Beratungswissen. Herzlichen Dank!

Positionierung & Ausrichtung

Die Angebotspyramide – das Leistungsportfolio entwickeln

Kurzes Gedankenspiel. Stelle Dir vor Du bist Bereichsleiter eines großen bayrischen Maschinenbauers. Dein Problem: irgendwo in den Geschäftsprozessen knarzt es. Die Durchlaufzeit der Fertigungsprozesse ist seit Dezember um 10 Prozent angestiegen. Zudem hat sich der Ausschuss bei den Produkten in den vergangen 12 Monaten fast verdoppelt. Externe Consultants – so Dein Entschluss – sollen die Ursache finden und die Missstände beseitigen. Erst vor kurzem auf einer Konferenz haben sich Dir Prozessberater vorstellt. Nur ist dieses Team wirklich für Deinen heiklen Job geeignet?

Kategorie

- Zielgruppe: Neukunden, Bestandskunden
- Phase: Interesse, Beziehung, Bedarf, Angebot, Projekt
- Aufwand: Hoch
- Wirkungstiefe/-dauer: hoch, langfristig

Zweck

Ob beim privaten Einkauf oder bei der geschäftlichen Auftragsvergabe: Menschen kaufen bei Menschen denen sie vertrauen. Im Consulting ist das nicht anders. Als unbekannter Berater erhältst Du von einem Neukunden keinen umfangreichen Projektauftrag. Warum auch? Häufig stehen für den Kunden der interne Ruf und die Karriere auf dem Spiel. Das Risiko mit einer No-Name Beratertruppe in einem Projekt daneben zu liegen ist einfach zu hoch.

Abhilfe schaffen gestufte Beratungsangebote, angefangen mit einem Gratis-Blogbeitrag bis hin zum gutbezahlten Vollzeitprojekt. Angebote für Angebot lernt Dich ein Kunde kennen und Deine Leistungen schätzen. Das Vertrauen wächst und mit ihm Deine Gage.

Nachfolgend möchte ich Dir das Akquise Tool Angebotspyramide vorstellen, von einigen auch als Produktrutsche, Kundentreppe oder Kundensprungschanze beschrieben. Die Pyramide ermöglicht Dir, Deine Beratungsangebote systematisch zu gliedern.

2016 und 2017 habe ich das Modell bei mir im Unternehmen beim Aufbau zweier Geschäftsfelder erfolgreich angewendet. Dabei half mir die Systematik der

Angebotspyramide mit Klienten in Kontakt zu kommen, diese an mich zu binden und schließlich volumenstarke Neukundenprojekte zu gewinnen.

Aufbau

Im Consulting besteht Deine Angebotspyramide typischerweise aus drei Stufen: Interesse, Entwicklung und Performance. Auf jeder Stufe findet sich mindestens eine Leistung, der Angebotsbaustein. Dieser ist eine fest definierte Leistung, die ein Kunde entweder kostenfrei oder kostenpflichtig beziehen kann.

Untere Abbildung visualisiert beispielhaft eine Angebotspyramide für ein beliebiges Beratungsthema. In der Mitte sind die Stufen, links das Vertrauensniveau des Kunden und rechts der Gewinn für die Angebotsbausteine illustriert.

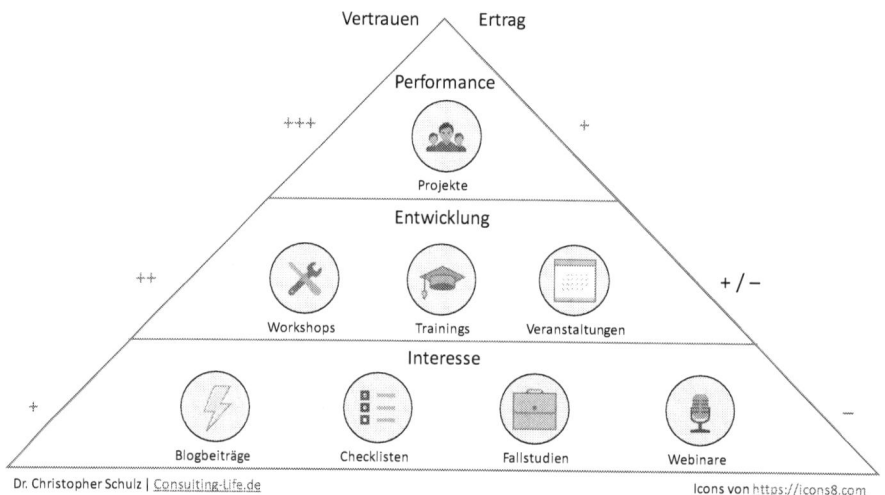

Beispiel einer Angebotspyramide für ein Beratungsunternehmen

Stufe 1: Interesse
Die unterste Stufe enthält standardisierte Kennenlernangebote für eine breite Zielgruppe. Das sind zum Beispiel Newsletter, Blogbeiträge, Fachartikel oder Webinare. Die Inhalte sind für Interessenten kostenfrei, damit für Dich und Dein Unternehmen zunächst ein Verlustgeschäft. Dennoch erfüllen Sie gleich mehrere wichtige Funktionen. Sie unterstreichen Deine Kompetenz, erzeugen Aufmerksamkeit und stellen Vertrauen her.

Stufe 2: Entwicklung
Auf der mittleren Stufe positionierst Du Deine Zusammenarbeitsangebot für

Interessenten, die Dich bereits kennen. Typische Elemente sind hier Fachbücher, Trainings, Kurz-Assessments oder 1-Tagesworkshops. Kunden bezahlen für die Leistung, die – unter Berücksichtigung der administrativen Kosten wie Dienstreise, Angebot, Rechnungsstellung etc. – für Dich meist nur kostendeckend wirken. Dein Hauptziel ist dem Kunden in kurzer Zeit ein maßgeschneidertes Ergebnis zu liefern, dass für ihn einen Mehrwert darstellt.

Gerne vergleiche ich diese Stufe mit der Probezeit bei einem neuen Arbeitgeber. Bewährst Du Dich, wird der Neukunde in Dich mehr Vertrauen setzen und bei Dir mehr Leistung abrufen wollen. Bereits einmal hat er Deine Rechnung beglichen.

Stufe 3: Performance
Schließlich umfasst die oberste Stufe der Pyramide die Leistungsangebote Deines Unternehmens. Das sind beispielsweise tiefgehende Audits, volumenstarke Umsetzungsprojekte oder mehrmonatige Coachings. Nur wenige Kunden nehmen diese Angebote tatsächlich war, ist hier neben einer hohen Investition auch eine große Portion Vertrauen in Deine Beratung notwendig. Dafür fällt Dein Ertrag bei einer Beauftragung auf dieser Stufe hoch aus.

Alle Bausteine Deiner Angebotspyramide orientieren sich an Deinem Leitthema. Liegt Deine Spezialisierung beispielsweise im Anforderungsmanagement für die Automobilindustrie, dann drehen sich die Webinare, Newsletter, Trainings etc. um Fragestellungen aus diesem Beratungsfeld. Aus meiner Erfahrung besitzt eine tieferliegende Stufe meist mehr Angebotsbausteine als eine darüber liegende. Aus diesem Grund die charakteristische Form einer Pyramide.

Anwendung

Eine Angebotspyramide baust Du am besten Bottom-Up auf, daher von Unten nach Oben. Arbeite kontinuierlich Wissenselemente auf der Interessenstufe aus und stelle diese einer großen Zahl an Interessenten zu Verfügung. Anhand der gemessenen Resonanz verstärkst Du dann ein nachgefragtes Thema, gemäß dem Startup Motto ‚Build – Measure – Learn'.

Stößt ein Kennenlernangebot auf anhaltend hohes Interesse, dann baust Du dieses zu einem höherwertigen Entwicklungsangebot aus. Bediene Dich dabei einfach der Modelle und Methoden der bereits entwickelten Bausteine. Es gilt: maximale Wiederverwendung.

Haben mehrere Kunden von Deinen Entwicklungsangeboten profitiert, dann ist es Zeit für Dich den finalen Schritt zu gehen: der Konzeption der Leistungsangebote. Detailliere diese aufwendig zu erstellenden Offerten erst aus, sobald tatsächlich ein Kunde mit einem Problem anklopft und Dich dafür engagieren möchte.

Vor- & Nachteile

- Die Angebotspyramide ist der rote Faden, der Deine Marketing- & Vertriebsaktivitäten leitet.
- Einzeln betrachtet stiftet ein jeder Baustein für den Kunden (und damit Dich) einen Nutzen. In Summe bilden die Bausteine aller drei Stufen Dein Consulting-Strukturgerüst – die Statik Deines Beratungsgeschäfts.
- Der Aufbau einer guten Angebotspyramide – in der alle Bausteine ineinandergreifen – verursacht Aufwand und benötigt Zeit.
- Gerade bei Unklarheit, welches der vielen möglichen Beratungsangebote bei Kunden auf fruchtbaren Boden fällt, ist Geduld und eine ‚Trial & Error'-Mentalität erforderlich.

Praxistipps

Tipp 1 – Gezielte Markenbildung
VW macht es. Apple macht es. Coca-Cola sowieso. Das Branding der eigenen Produkte und Dienste. Verpasse Deinen Angebotsbausteinen einprägsame Namen. Wenn möglich, enthalten die Bezeichnungen ebenfalls den Namen Deines Unternehmens um dessen Bekanntheit zu steigern. Gerne kannst Du die Bausteine auch um ein wiedererkennbares Symbol visuell aufwerten oder Dir einzelne Wortmarken rechtlich schützen lassen.

Tipp 2 – Regelmäßigkeit ist Trumpf
Nutze die Macht der Gewohnheiten und arbeite jeden Tag an einem Angebotsbaustein. So habe ich mir angewöhnt, jeden Morgen vor 8:30 Uhr insgesamt 45 Minuten an einem Angebotsbaustein für mein Unternehmen zu schreiben. Über die Arbeitswoche ergibt das fast einen halben Arbeitstag.

Tipp 3 – Nutzen, Nutzen, Nutzen
Kunden kaufen keine Methoden, Modelle oder Vorgehenspläne. Sie sind auch nicht an Wissen, Produktmerkmalen oder Best Practices interessiert. Kunden wollen Lösungen für ihre individuellen Probleme, Befriedigung ihrer spezifischen Bedarfe, Erledigung ihrer wiederkehrenden Aufgaben. Konzipiere Deine Angebotsbausteine immer aus Sicht des Kunden mit dem konkreten Mehrwert im Blick. Sei es Freude, Komfort, Sicherheit, Ansehen oder Profit – ein Baustein sollten immer auf mindestens ein Nutzenfeld einzahlen. Je nach Kunde, kannst Du Aspekte hervorstellen oder in den Hintergrund rücken.

Tipp 4 – Up-Selling & Cross-Selling
Auch in der Beratung kannst Du quer- bzw. hochverkaufen. Verknüpfe dazu Deine Angebotsbausteine miteinander. Ein Beispiel: Du entwickelst ein Webinar in dem Deine Kunden lernen, was gute Anforderungen an IT-Systeme ausmachen.

Aufbauend auf diesem ‚Appetitmacher' bietest Du ein kostenpflichtiges Tagestraining an. In diesem vertiefen die Teilnehmer mit Dir das Thema und üben gemeinsam an praktischen Beispielen. Das Training wiederum dient Dir dann als Sprungbrett in die Systems Engineering Projekte des Kunden.

Tipp 5 – Immer eine Baustelle
Anders als die Pyramiden von Gizeh in Ägypten ist die Angebotspyramide Deines Beratungsunternehmens niemals fertig! Du entwickelst diese permanent weiter, immer entlang den Bedarfen Deiner Zielgruppe und Bestandskunden. Sollte sich die Anfragen zu einem Angebotsbaustein mehren, baust Du diesen aus. Ebben die Wünsche nach einem anderen Thema ab, reduzierst Du Deine Aktivitäten und stellst sie irgendwann ganz ein.

Zusammenfassung

Sie ist die die tragende Struktur Deines Beratungsunternehmens: die Angebotspyramide. Über sie erfahren Kunden von Dir, lernen Deine Leistungen schätzen und beauftragen Dich schließlich für umfangreiche Langlaufprojekte. Leite die Inhalte Deiner Pyramide aus den strategischen Zielen Deines Unternehmens ab. Und entwickle diese auf täglicher Basis weiter.

Das Beraterprofil – die Eintrittskarte ins Projekt lösen

Unternehmensberater sind Menschen, die ihre Leistungen für Menschen zusammen mit Menschen erbringen. In Reihe 1 steht der Consultant und seine Dienstleistung – nicht ein Produkt oder eine Organisation. Um sich, seine Erfahrungen, Kompetenzen und Fähigkeiten öffentlich zu definieren, nutzt ein Berater das Beraterprofil. Der Steckbrief kommuniziert den Mehrwert eines Consultants für das Kundenprojekt.

Kategorie

- Zielgruppe: Neukunden, Bestandskunden
- Phase: Angebot
- Aufwand: gering
- Wirkungstiefe/-dauer: mittel, kurz- bis mittelfristig

Zweck

Was für den Job-Suchenden der Lebenslauf, ist für den Consultant das Beraterprofil: Bewerbungsschreiben, Visitenkarte und Werbeinstrument in einem. Gleichgültig, ob es um ein klassisches Kundenprojekt oder eine interne Initiative geht: Dein Beraterprofil transportiert Deine Kompetenzen, Deine Erfahrungen und Deinen Nutzen für das Vorhaben.

Der Begriff Beraterprofil kommt dabei nicht von ungefähr. Mit Deinem Consultant Steckbrief definierst Du Dich und Deine Leistungen, grenzt Dich von anderen Beratern ab. Du zeigst buchstäblich ‚Profil' und Eignung für das Projekt.

Aufbau

Die Struktur und Inhalte eines Beraterprofils sind von Unternehmensberatung zu Unternehmensberatung verschieden. Grob untergliedert sich ein typischer Steckbrief in fünf Hauptbestandteile: persönliche Daten, Angebot, Nutzenversprechen, Erfahrungen und Kompetenzen. Die Elemente im Detail:

- Dein vollständiger **Vor- und Zuname** schmückt den Kopf Deines Beraterprofils. Dieser sollte um Deine interne **Position** in der Beratung (zum Beispiel Manager) sowie den höchsten **akademischen Titel** ergänzt werden (zum Beispiel Dr., Dipl. Inform.).
- Ebenfalls ganz hoch ins Profil gehört die von Dir im Projekt wahrgenommene **Rolle** – Dein Angebot. Das kann beispielsweise Prozessanalyst, Anforderungsmanager oder Systemtester sein.

- Neben Layout und Design des Dokuments ist Dein **Foto** das visuelle Aushängeschild Deines Beraterprofils. Achte hier auf eine professionelle und sehenswerte Aufnahme die Kompetenz, Erfahrung und Vertrauen ausstrahlt.
- Eine **Kurzzusammenfassung** bringt Deine Alleinstellungsmerkmale in wenigen Sätzen auf den Punkt. Hier gibst Du Dein Nutzenversprechen ab. Daher: was hat der Kunde davon, wenn er Dich engagiert.
- Der Abschnitt **Schlüsselprojekte** enthält konkrete berufliche Stationen in Deiner Consulting-Laufbahn. Neben dem Kundennamen, dem Zeitraum, Deiner Hauptaufgabe und den Rollen, solltest Du jeden Eintrag ergebnis- und nicht tätigkeitsbezogen verfassen (zum Beispiel Entwicklung und Testing einer SAP SRM Schnittstelle). Wichtig sind nutzbringende Resultate und nicht der Prozess. Falls Du Berufsanfänger bist, zählst Du hier Praktika, Industrieseminare und Werkstudentenprojekte auf.
- Im Bereich **Kompetenzen** listest Du Deine Fähig- & Fertigkeiten in Methodik, Branche, IT, Sprache etc. auf. Du vermittelst somit Kenntnisse und Praxiswissen, losgelöst von einem spezifischen Projektkontext. Fokussiere auf die wichtigsten drei bis fünf Kompetenzen die auch zusammenpassen. Alles andere wirkt auf den Leser unglaubwürdig. Oder kennst Du jemanden, der sowohl Experte für NoSQL Datenbank, Geschäftsstrategien, Online Banking, Change Management und Agile Coaching ist?
- **Weitere Elemente** Deines Beraterprofils sind offizielle Zertifikate, Zeugnisse, Auszeichnungen, Publikationen sowie Dozententätigkeiten. Je nach Beratung und Kunde hebst Du diese mehr oder weniger stark hervor.

Anwendung

1. Initial anfertigen

Eines ist sicher: fängst Du neu bei einer Consultancy an, gehört das initiale Ausfüllen Deines Beraterprofils zu Deinen ersten Aufgaben. Auf Basis einer firmeneigenen Vorlage gilt es, Deinen Werdegang in das Format und die Struktur Deiner Beratung zu überführen. Lasse Deinen Chef bzw. die Personalberatung unbedingt Dein Profil querlesen. Sie kennen die Steckbriefe Deiner Kollegen und wissen was zu tun ist, damit vor Kunde und Partner „alles aus einem Guss" wirkt.

Je nach Kundenprojekt bzw. Beratungsunternehmen kann es erforderlich sein, dass Du mehrere Profiltypen in verschiedenen Sprachen und Formaten erstellst und regelmäßig pflegst (zum Beispiel englischsprachiges Kurzprofil in PowerPoint, deutschsprachiges Langprofil in Word). Da die Aktualisierung rasch sehr viel Aufwand erzeugen kann, solltest Du eine Quellfassung definieren aus der Du alle anderen Profile ableitest. Änderungen erfolgen ausschließlich in der Quelle und werden dann für alle anderen Profile bedarfsorientiert nachgezogen.

2. Projekt-spezifisch optimieren

Spätestens bei der Bewerbung um ein Projekt musst Du Deine Consultant-

Visitenkarte auf Vordermann bringen und auf die individuellen Anforderungen hin anpassen. Nutze dazu ein zentrales Basisdokument in dem Du alle Projekte, Fähigkeiten und Kenntnisse aufführst. Aus diesem ‚Master-Dokument' schneiderst Du Dir ein projektspezifisches Profil, 100 Prozent abgestimmt auf die Leser und die Aufgabenstellung.

3. Aktuell halten
Losgelöst von der Projektsituation, solltest Du Dein Beraterprofil zweimal im Jahr auf den aktuellen Stand zu bringen. Erhältst Du eine Anfrage für ein spannendes Projekt, legst Du somit ohne Stress innerhalb von wenigen Stunden Deinen passgenauen Steckbrief vor. Auch hilft Dir die regelmäßige Aktualisierung des Profils, Deine Projekte und Entwicklung zu reflektieren. Sind die Inhalte noch die Richtigen? Möchte ich zukünftig noch das machen, was ich derzeit tue?

Beispiele

Untere Abbildung zeigt Dir beispielhaft den typischen Aufbau eines Beraterprofils. Design und Layout sind von der Corporate Identity Deiner Beratung abhängig.

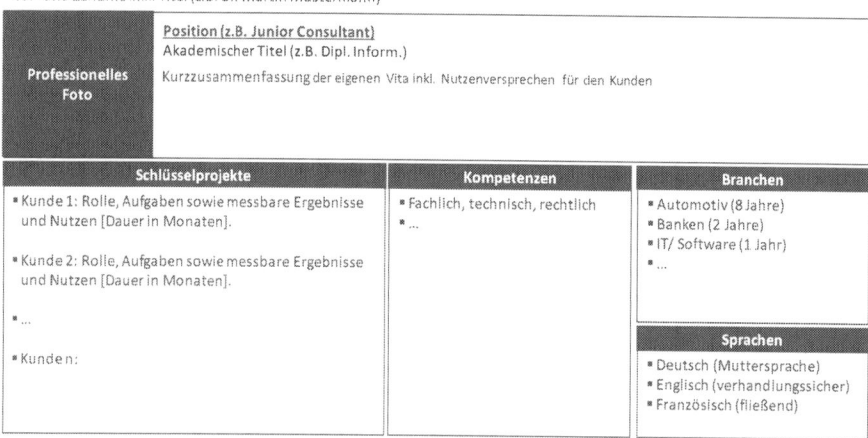

Beispielvorlage für ein Beraterprofil

Vor- & Nachteile

- Analog dem Lebenslauf, bringst Du mit dem Beraterprofil Deine professionellen Fähigkeiten und Kompetenzen auf den Punkt. Nach einem kurzen Scan sehen potentielle Kunden, ob Du für die Projektrolle und den damit verbundenen Aufgaben und Anforderungen geeignet bist.

- Analog dem Lebenslauf sagt ein Profil nichts über Deine soziale Passung zum Projektteam und zur Unternehmenskultur.
- Der ein oder andere Berater neigt auf dem Papier dazu, mit den Erfolgen und Kenntnissen zu übertreiben.

Praxistipps

Tipp 1 – Top Qualität
In einem Angebot hat mich ein Kunde auf drei Fehler in meinem Beraterprofil hingewiesen. Zum einen war mir das peinlich, zum anderen wurde es auch mit dem Auftrag nichts. Das Beraterprofil ist Dein erster Arbeitsnachweis. Zu den Empfängern gehören hauptsächlich die Personalabteilungen, der Projektleiter und natürlich die (potentiellen) Kunden. Bei einer solchen großen Leserschaft solltest Du an Perfektionismus nicht sparen. Lege Dich ins Zeug und liefere Premiumqualität ab.

Tipp 2 – Perspektivenwechsel
Versetze Dich bei der Erstellung und Aktualisierung Deines Beraterprofils in die Perspektive des Lesers und Entscheiders. Welchen Schmerz bzw. Bedarf hat er? Welchen Typ von Berater mit welchen Kompetenzen sucht er für das Projekt? Welche Schlagworte möchte er unbedingt im Profil lesen?

Tipp 3 – Wahre Erfolge
Stelle Dein Licht nicht unter den Scheffel. Hast Du wichtige Projekte bei großen Konzernen in einer bedeutenden Position gestemmt? Liste diese in Deinem Profil auf. Der Wettbewerb tut dies auch. Bleibe aber immer bei der Wahrheit.

Tipp 4 – Passendes Format
Intern sollte Du Dein Beraterprofil in einem offenen Format, zum Beispiel Microsoft Word bzw. PowerPoint bereitstellen. Anpassungen sind dann noch durch Kollegen möglich, meist der Projekt- und Kundenverantwortliche oder die Personalleitung. Endkunden erhalten auf Dein Profil hingegen nur einen lesenden Zugriff, üblicherweise mittels eines Dokuments im PDF-Format.

Tipp 5 – Durchweg konsistent
Dein Profil sollte konsistent mit weiteren von Dir verfügbaren Informationen sein. Achte darauf, dass sich die Angaben von Online Business Plattformen oder Sozialen Netzwerken mit denen Deines Beratersteckbriefs decken.

Zusammenfassung

Häufig ist Dein Beraterprofil der erste Eindruck den Dein neuer Arbeitgeber sowie ein Neukunde von Dir hat. Wie bei einer Stellenbewerbung solltest Du daher alles dransetzen, dass dieser initiale Kontakt sitzt und zum Erfolg führt. Überzeuge den Leser mit Erfahrungen, Fähigkeiten und Deinem Nutzenversprechen.

Die Buyer Persona – der Zielgruppe ein klares Profil geben

Kennst Du den Wunschkunden Deiner Unternehmensberatung? Deinen imaginären Traum-Klienten? Vielleicht lautet Deine Antwort jetzt „Alle mittelständischen Maschinenbauer" oder „Deutschsprachige Konzerne aus der Pharmabranche" – leider liegst Du damit doppelt falsch. Erstens, weil Du eine Zielgruppe, statt einen Wunschkunden beschreibst. Und zweitens, weil Deine Beschreibung sehr grob und ungenau ausfällt. Mache es besser – mit Hilfe einer ‚Buyer Persona'.

Kategorie

- Zielgruppe: Neukunden
- Phase: Interesse, Beziehung, Bedarf, Angebot, Projekt
- Aufwand: gering bis mittel
- Wirkungstiefe/-dauer: mittel bis hoch, langfristig

Zweck

Sicherlich kennst Du das Prinzip einer Zielgruppe, im Geschäftsmodell eines Unternehmens auch gerne Kundensegment oder Customer Segment genannt.

„Eine Zielgruppe eine Gruppe von Personen, die ein Werbungtreibender erreichen möchte. Unternehmen definieren ihre Zielgruppen über unterschiedliche Merkmale wie zum Beispiel Alter, Bildung, Interessen, Beruf, Einkommen etc.."

– Webseite onlinemarketing praxis

Zielgruppen eignet sich gut für das B2C Umfeld. Häufig kauft eine große Menge von Personen ein Massenprodukt bzw. nimmt eine Standarddienstleistung in Anspruch. Im B2B Bereich – wie der Beratung von Unternehmen – ist das Konzept der Zielgruppe oft zu unspezifisch. Der Grund: häufig entscheidet genau eine Person – der sogenannte Entscheider – über das Projekt und Deine Beauftragung.

Besser geeignet für Dich ist da eine Buyer Persona, manchmal auch Kunden Persona genannt. Eine Buyer Persona ist ein ausgedachter Wunschkunde, dessen Merkmale, Bedarfe und Probleme auf empirischen Studien beruhen. Mit einer Buyer Persona im Kopf, kannst Du Dein Beratungsangebot, Deine Kommunikation und Deine Umsetzung exakt auf Deinen Zielkunden maßschneidern. Statt alles für alle jederzeit zu tun, positionierst Du Dich, bist Consulting Experte für die Fragen, Probleme und Wünsche dieser einen Buyer Persona.

Das Konzept der Persona geht ursprünglich auf den Softwareentwickler Alan Cooper und seinem Buch ‚The Inmates Are Running the Asylum' zurück. 2002 übertrug Tony Zambito das Prinzip auf das Kaufverhalten von Kunden und prägte den Begriff Buyer Persona.

> *„Buyer Personas sind auf Basis von Untersuchungen archetypische (modellierte) Repräsentationen von Käufern, ihren Absichten und Zielen, ihre Art zu denken, zu kaufen und Kaufentscheidungen zu fällen."*
>
> – Tony Zambito (freie Übersetzung)

Falls Du Dich in das Thema vertiefen möchtest, lohnt der Blick auf den Webauftritt von Tony Zambito. Der US-Amerikaner und studierte Marketing Manager bietet online viele Infos, Tools und Tipps zu Buyer Personas.

Aufbau

Im Gegensatz zur Zielgruppe fokussierst Du Dich bei einer Buyer Persona auf eine einzelne Person. Im Zentrum stehen Eigenschaften, Fähigkeiten und Verhalten:

Demographie & Umfeld
Welches Geschlecht besitzt Dein Zielkunde? Welcher Generation gehört er an? In welchen Familienverhältnissen und sozialem Umfeld lebt er?

Ausbildung & Werdegang
Welche Ausbildung hat er genossen? Wie lange ist er bereits im Unternehmen? Welche Position hält er dort für wie lange inne?

Standort & Region
In welchem Wirtschaftsraum wirkt Dein Zielkunde? Arbeitet er stationär oder ist er oft auf Reisen? Wo wohnt er privat?

Informationsbeschaffung & Medienverhalten
Welche Medien liest, hört oder sieht Deine Buyer Persona? Wo informiert sie sich? Wie oft und wann?

Hobbies & Interessen
Was macht Dein Zielkunde, wenn er nicht arbeitet? Abseits des Berufs: welche Themen findet er spannend? Wo verbringt er seine Wochenenden?

Unternehmen & Arbeitgeber
In welchem Firmentyp arbeitet Dein Traum-Klient? Wie groß ist das Unternehmen? Welche Eigentümerstruktur besteht? Was verkauft es?

Unternehmensphilosophie & Kultur
Welche Unternehmenswerte sind wahrscheinlich auch bei Deinem Zielkunden zu beobachten? Welchen Rahmenbedingungen unterliegt er? Wie ‚ticken' die Mitarbeiter, Chefs und Kollegen?

Bedarfe & Probleme
Welche Ziele verfolgt der Zielkunde? Was motiviert ihn? Was stört ihn?

Jobs & Pflichten
Welche Tätigkeiten erledigt Dein idealer Klient regelmäßig für wen und mit wem? Welche Top-Projekte hat er? Wann ist er am Arbeitstag am besten zu erreichen?

Branche & Trends
In welcher Industrie ist Deine Buyer Persona tätig? Welchen Entwicklungen ist die Branche ausgesetzt? Was sind die brancheneigene Sprache und Denkweise?

Consulting & Dienstleister
Wie vertraut ist Deine Buyer Persona mit Unternehmensberatern? Gehört die Beauftragung, Zusammenarbeit und Steuerung von Externen zum Tagesgeschäft?

Entscheidung & Beauftragung – Wie entscheidungsfreudig ist Dein Zielkunde im Business? Wie beauftragt er Consultants? Wen muss er dazu ins Boot holen?

Ergänze bei Bedarf weitere relevante Merkmale, immer entlang der Zielkundengruppe und Deinen Bestandskunden.

Anwendung

1. Konzipieren
Mit etwas Kreativität und Empathie erstellst Du eine Buyer Persona im Handumdrehen. Zapfe mehrere Quellen gleichzeitig an und entwerfe ein belastbares Profil Deines Wunschkunden. In Frage kommen…

- die Merkmale der bestehenden ‚besten' Kunden, extrahiert aus der Customer Relationship Datenbank,
- gemeinsames Brainstorming mit den Beraterkollegen, am besten mit solchen die bereits mit Deinem Traumkunden zusammengearbeiteten haben,
- Recherche im Internet, speziell in Foren, Portalen und Netzwerken in denen sich auch Deine Buyer Persona aufhält sowie
- semi-formelle Treffen mit Kunden die der Buyer Persona entsprechen, beispielsweise zum Mittagessen oder Kaffee.

Am Ende dieses Schrittes steht die stichpunktartige Beschreibung Deiner Buyer Persona. Am besten Du notierst alle relevanten Fakten auf einem einzigen Blatt

Papier. Gebe der Persona einen passenden Namen wie zum Beispiel ‚Martin Montagevorstand' oder ‚Susanne Softwaremanager'. Ergänze das Blatt mit einem Porträtfoto und hänge es an einer Stelle auf, die Du regelmäßig siehst. Das kann Dein Arbeitsplatz sein oder der häufig genutzte Meetingraum.

2. Validieren

Überprüfe die Richtigkeit Deiner Buyer Persona. Erneut helfen Dir Gespräche mit Kunden, die der Persona nahekommen. Gut geeignet sind <u>Konferenzteilnahmen</u>, Messen und <u>Abendveranstaltungen</u> auf denen Du vielen Personen begegnest und sich Gelegenheiten für Plaudereien bieten. Zusätzlich diskutierst Du mit Kollegen.

3. Aktualisieren

Wie das Umfeld Deiner Consulting Firma, Dein Beratungsangebot und Du selbst ändert sich auch Deine Buyer Persona. Setze Dir im Jahr einen festen Termin dem Du die ‚Aktualisierung' Deiner Buyer Persona widmest. Beziehe gesellschaftliche Entwicklungen, Veränderungen in Branchen, technologische Neuheiten, mikroökonomische Trends etc. mit ein. Die Verfeinerung der Buyer Persona ist ein iterativer Prozess. Mit jedem neuen Informationsschnipsel über Deinen fiktiven Zielkunden präzisierst Du die Persona.

Beispiele

Alle Infos zu einer Buyer Persona übersichtlich auf einer einzelnen Folie

Obere Abbildung zeigt beispielhaft die mögliche Aufbereitung der Informationen zu Deiner Buyer Persona. Alles findet gut sortiert auf einer einzigen Folie Platz.

Vor- & Nachteile

- Eine Buyer Persona unterstützt Dich Deine Zielgruppe kennenzulernen und den darin agierenden Wunschkunden besser zu verstehen.
- Durch das Hineinversetzen in Deinen Traumklienten lernst Du, wie potentielle Neukunden Entscheidungen treffen, was ihnen wichtig ist und welche Aspekte sie fürchten.
- Auf Grundlage des zusammengestellten ‚Insider-Wissens' richtest Du Deine Marketing- und Vertriebsmaßnahmen personengenau aus. Alle Beratungsangebote, Kommunikationsbotschaften und Interaktionsmuster Deiner Angebotspyramide sind perfekt auf den konstruierten Zielkunden abgestimmt.
- Potentielle Neukunden fühlen sich von Dir direkt angesprochen und verstanden, der Grundstein für Vertrauen und eine anschließende Zusammenarbeit ist gelegt.
- Die Buyer Persona ist ein Konstrukt der Zielgruppenpräzisierung.
- Eine Persona sorgt weder für Neukontakte noch für umsatzbringende Beratungsprojekte. Halte Dich daher nicht zu lange mit der Entwicklung einer Buyer Persona auf. Bringe stattdessen eine halbwegs stimmige Persona rasch in Kombination mit anderen Akquise Tools zum Einsatz. Auf Basis persönlicher Kundenkontakte verfeinerst Du dann die Persona.

Praxistipps

Tipp 1 – Weniger ist mehr
Bei Buyer Personas gilt: weniger ist besser. Hantiere pro Beratungsthema mit zwei, maximal drei Personas. Fokussiere Dich auf diese beiden Wunschkunden und arbeite anhand dieser nützliche, relevante und spannende Inhalte für potentielle Neukunden aus.

Tipp 2 – Negative Persona
Hast Du einen absoluten Alptraum-Kunden? Einen Klienten, dem Du selbst ein lukratives Beratungsprojekt ausschlagen würdest? Manchmal hilft es das Profil einer Buyer Persona zu schärfen, indem Du Deine Denkweise umdrehst. Ersinne einen Zielkunden, der absolut nicht zu Dir und Deinem Unternehmen passt. Die Gründe können vielfältig sein. Zum Beispiel unverhältnismäßig hohe Akquisekosten, eine schwierige Zusammenarbeit, der Themenfokus etc..

Tipp 3 – Buyer Persona 2.0
Verfügst Du über eine stabile Buyer Persona, kannst Du einen Schritt weitergehen. Ergänze Deine Beschreibung mit Persona-spezifischen Zitaten zu Zielen, Herausforderungen und erfolgreichen Projekten. Füge typische Einwände

und Bedenken hinzu und komplettiere die erweiterte Buyer Persona mit Aussagen über Deine Beratungsleistung.

Zusammenfassung

Eine Buyer Persona hilft Dir, Deine Akquisemaßnahmen passgenau auf einen Zielkunden abzustimmen. Bei jedem zu redigierenden Blogbeitrag, Case Study oder Fachartikel hast Du die Beschreibung Deiner Persona vor Augen. Gleichsam begleitet Dich Dein konstruierter Wunschkunde bei der Erstellung von Angeboten, der Gestaltung der Unternehmenswebseite sowie der Verfeinerung des Elevator Pitches. Beim Marketing & Vertrieb ist die Buyer Persona allgegenwärtig.

Die Customer Journey – Kunden bei ihrer Reise begleiten

Zu einem hippen Beratungsthema gehört seit mehreren Jahren die Kundenreise, meist auch als ‚Customer Journey' bezeichnet. Im Projekt nehmen Consultants die unterschiedlichen Berührungspunkte zwischen ihrem Klienten und dessen Endkunden unter die Lupe, analysieren und optimieren diese Touchpoints. Doch wie gestaltet sich eigentlich die Customer Journey bei einem Beratungsunternehmen? Wann interagiert ein Kunde wie und womit mit Dir als Berater? Und wie kannst Du während dieser Interaktionen akquirieren?

Kategorie

- Zielgruppe: Neukunden, Bestandskunden
- Phase: Interesse, Beziehung, Bedarf, Angebot, Projekt
- Aufwand: hoch
- Wirkungstiefe/-dauer: hoch, langfristig

Zweck

Bestimmt kennst Du das Konzept der ‚Reise des Kunden', oft auch englisch ‚Customer Journey' betitelt. Der Begriff stammt aus dem Marketing und bezeichnet die einzelnen Phasen, die ein Kunde durchläuft, bevor er sich schließlich für den Kauf eines Produktes bzw. einer Dienstleistung entscheidet. Die Kundenreise umfasst alle direkten und indirekten Berührungspunkte (engl. Touchpoints) des Kunden mit einem Angebot bis zu dessen Erwerb.

In der Regel gliedert sich eine Kundenreise in fünf Phasen die jeweils von mindestens einem Berührungspunkt eingeleitet, vertieft oder abgeschlossen werden:

1. **Inspiration** – Bewusstsein für das Angebot geweckt
2. **Favorisierung** – Interesse für das Angebot verstärkt
3. **Wunsch** – Kauf des Angebots erwogen
4. **Absicht** – Kauf des Angebots konkret
5. **Umsetzung** – Angebot gekauft

Typische Berührungspunkte für die einzelnen Phasen im Verbrauchermarkt sind Radio-, Plakat- und Fernsehwerbung (insbesondere Inspiration und Favorisierung), Läden und Geschäfte (insbesondere Umsetzung) sowie das Internet. Gerade letzteres bedient jede Phase der Reise und erlaubt dabei ein umfassendes Nachverfolgen des Kundenverhaltens auf Basis von Tracking-Technologien. Auch messen immer mehr physische Produkte das Verhalten ihrer Käufer während der Nutzungszeit.

Aufbau

Soweit, so gut. Doch wie gestaltet sich in der Beratungsbranche eine Kundenreise? Schließlich ist Beratung People Business, steht der persönliche Kontakt an vorderster Stelle.

Nachfolgende Abbildung zeigt die Reisephasen in der sich ein Kunde zu Dir und Deinem Beratungsunternehmen befindet. Angelehnt an der typischen Customer Journey im Endkundenbereich durchläuft ein Klient fünf Phasen:

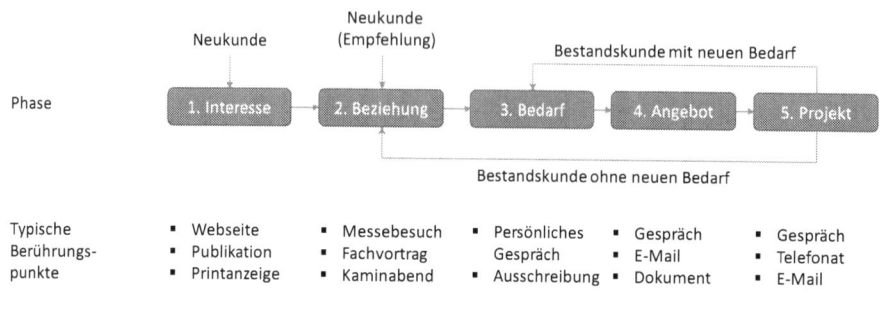

Die Customer Journey in der Beratungsbranche

1. Interesse
Der Kunde erfährt von Deinem Beratungsangebot. Er erkennt den Wert und sieht konkreten Nutzen für sein Unternehmen und sich selbst. Er möchte nun mehr über das Angebot wissen und mit Dir in Kontakt treten. Typische Berührungspunkte sind die Unternehmenswebseite, Publikationen wie Blogbeiträge, Fachbuch und Fachartikel sowie Printanzeigen.

2. Beziehung
Der Kunde entwickelt zu Dir eine positive Beziehung. Vertrauen baut sich auf, Dein Status als Experte für das Beratungsangebot wächst. Messekontakte, Fachvorträge und Austauschplattformen (beispielsweise ein Kaminabend) sind in der Beratung die klassischen Touchpoints für diese Phase.

3. Bedarf
Der Kunde äußert einen klaren Bedarf nach Deinem Beratungsangebot. Er schildert Dir seine herausfordernde Ist-Situation, skizziert die Vision und Ergebnisse für den Ziel-Zustand. Zudem diskutiert er mit Dir den mit der Beratungsleistung erzeugten Mehrwert und ist bereit, einen Kontakt zum Entscheider anzubahnen, falls er nicht selbst die Beauftragung anstoßen kann. Berührungspunkt ist das vertrauensvolle 1:1 Gespräch zwischen Klient und

Berater. Alternative Form ist die Ausschreibung, die an mehrere Beratungen geht zu denen der Kunde eine Geschäftsbeziehung pflegt.

4. Angebot
Der Kunde bittet Dich um ein Beratungsangebot, dass die Ziele, Ergebnisse, Vorgehen, Zeitplanung und das Umsetzungsteam beschreibt und den Nutzen hervorhebt. Du antwortest mit einem Dokument, welches Du zuvor mit ihm abstimmst. In dieser Phase wird Dich der potentielle Kunde hauptsächlich persönlichen Gespräch bzw. Telefon mit Dir austauschen. Auch E-Mails sind natürlich möglich.

5. Projekt
Der Kunde erteilt Dir und Deinem Unternehmen den Auftrag, entscheidet sich für die gemeinsame Umsetzung des Projektes. Er empfängt daraufhin die vereinbarte Beratungsleistung. Auch in der Leistungsphase sind Deine Berührungspunkte in vielen Fällen persönlich. Auch per E-Mail, Telefon und Webkonferenz interagierst Du mit dem Kunden.

Beachte, dass es sich bei Phasen um unstrittig feststellbare Zustände handelt. Wenn ein Interessent Dich kontaktiert hat, ist er am diskreten Kontaktpunkt ‚Beziehung'. Fordert er hingegen ein Angebot ein, ist er bereits am Kontaktpunkt ‚Angebot' angelangt.

Anwendung

Die Kundenreise gestaltet sich von Beratung zu Beratung unterschiedlich, je nach Unternehmenstyp, Zielgruppe, Wertangebot etc..

Starte die Ausarbeitung einer Customer Journey aus der Sicht des Kunden. Wo steht dieser zu Beginn seiner Reise zu Deinen Wertangeboten? In welcher Situation befindet er sich? Was treibt ihn zu Dir? Nutze Konzepte wie die Buyer Persona und durchlaufe folgende Schritte.

1. Touchpoints und Anforderungen identifizieren
Kunden besitzen verschiedene Anforderungen an Dich, Dein Unternehmen und Deine Leistungen. Dabei konkretisieren sich diese Anforderungen von Phase zu Phase der Kundenreise. In Anlehnung an das Kano Modell des japanischen Professors Noriaki Kano, kannst Du zwischen drei Anforderungsklassen unterscheiden:

- **Basis**: Das sind unterbewusste Anforderungen des Kunden, zum Beispiel bezüglich Deines Dress-Codes (Anzug, Business Kostüm), Deiner Ausstattung (Laptop, Visitenkarten) und Deinen Arbeitszeiten (gemäß der Kundenarbeitszeit).

- **Leistung**: Alle bewussten Anforderungen, daher die Aufgaben und Ergebnisse die Du und Dein Kunde während der Bedarfsphase ermittelt und im Beratungsangebot fixiert habt.
- **Begeisterung**: Alle unbewussten Anforderungen, daher Aspekte Deiner Arbeit die den Kunden positiv überraschen.

Lote für jede Phase und jeden Berührungspunkt aus, welche Basis- und Leistungsanforderungen ein (potentieller) Beratungskunde an diese besitzt. Und übertreffe diese. Binde damit Deine Bestandskunden und akquiriere Neukunden.

2. Akquise entlang aller Touchpoints der Kundenreise

Marketing & Vertrieb in der Beratung findet während jeder Phase der Kundenreise statt. Bis zum Angebot umwirbst Du den Kunden um den Zuschlag für Deine Beratungsleistung. Hat er sich für Dich entschieden, empfiehlst Du Dich mit dem Projekt für (möglichst größere) Folgeaufträge. Dabei unterscheiden sich die mit den Berührungspunkten verbundenen Akquise Tools von Phase zu Phase.

3. Mit Empfehlungen die Kundenreisen abkürzen

Bei Neukunden durchläufst Du alle Reisephasen, je Klient unterschiedlich lang und unterschiedlich intensiv mit verschiedenen direkten und indirekten Berührungspunkten. Bei Bestandskunden springst Du aus dem auslaufenden Projekt

- bei einer klassischen Anschlussbeauftragung in die Phase ‚Bedarf' oder
- bei keinem akutem Beratungsbedarf in die Phase ‚Beziehung'.

Wird Dein Angebot nicht angenommen – beispielsweise bei einer Ausschreibung eines Bedarfs an mehrere Beratungen – springst Du ebenfalls zurück in die Phase ‚Beziehung'. Auch bei einer Empfehlung durch einen Bestandskunden an einem Neukunden startest Du direkt in dieser Phase. Deine beiden Vorteile der Empfehlung: 1. beim Neukunden besitzt Du aufgrund Deiner guten Arbeit beim Empfehler eine große Portion Vorschusslorbeeren. 2. der Neukunde hat mit hoher Wahrscheinlichkeit einen Bedarf, den Du erfüllen kannst.

Vor- & Nachteile

- Eine Customer Journey eignet sich sehr gut, um Dein Unternehmen aus Sicht des Kunden abzuklopfen und Optimierungshebel zu identifizieren. Statt Dich auf die eigenen Leistungen, Ressourcen und Randbedingungen zu konzentrieren, wechselst Du die Perspektive und denkst vom Kunden aus. Plötzlich stehen damit die Kommunikationskanäle, das Wertangebot der Beratungsleistung und – ganz entscheidend – der Mehrwert für den Kunden im Fokus.

- Die Kundenreise ist nur ein Konzept. Jede einzelne Anforderung aller Berührungspunkte entlang der fünf Reisephase zu kennen, zu erfüllen oder gar zu übertreffen ist utopisch. Die Kunst besteht darin, die wichtigsten Touchpoints zu identifizieren und an diesen den Kunden zu begeistern.

Praxistipps

Tipp 1 – Von automatisiert zu individuell
Gerade beim Interessenaufbau empfehle ich Dir per Internet automatisiert und kostengünstig einen breiten potentiellen Neukundenkreis zu erreichen. Ab der Phase ‚Beziehung' – spätestens jedoch bei der Bedarfsanalyse – wirst Du persönlich mit dem Kunden in Kontakt treten. Da Du hier bereits in Schlagweite zum Beratungsprojekt stehst, solltest Du hier in den potentiellen Neukunden investieren.

Tipp 2 – Die Vermessung der Reise
Für welchen Berührungspunkt eignet sich welches Akquise Tool besonders gut? In welcher Reisephase springen welche Kundentypen warum ab? Wie lange verbleibt ein Kunde in welcher Phase? Nutze Online Tracking Tools sowie Customer Relationship Management (CRM) Software um die Kunden, ihre Reisephase sowie die Affinität zu den Akquisemaßnahmen systematisch zu messen. Leite aus den Daten Handlungen ab und optimiere stetig die Reise.

Tipp 3 – Feedback vom Kunden
Was hält ein Interessent von Deinen Publikationen? Welche Aspekte Deines Angebotes sind für den potentiellen Neukunden überzeugend? Was stört einen Bestandskunden während der Projektabwicklung? Frage Deine Kunden, an welchen Berührungspunkten Du noch nachjustieren kannst oder wo Du bereits über dem Standard liegst. Übliche Mittel sind das persönliche Gespräch und der Feedbackbogen.

Tipp 4 – Die Lean Customer Journey
In der Industrie sorgt das kleine Wort ‚Lean' mit Konzepten wie Lean Production, Lean Development und Lean Management bereits seit mehreren Jahren für Verschlankung der Wertschöpfung. Grund genug, ebenfalls die Reise der eigenen Kunden unter die Lupe zu nehmen und unnötige Berührungspunkte und Akquisemaßnahmen zurückzufahren.

Tipp 5 – Kundenreise aus Kundensicht
Sicherlich hast Du schon einmal Begriffe wie ‚Prospect', ‚Lead' oder auch ‚Suspect' gehört. Diese signalisieren, wie weit der Kunde von einem Kaufabschluss – also einem gemeinsamen Beratungsprojekt – entfernt ist. Ergänze bei Bedarf Deine Customer Jouney mit diesem Konzept der Kundenqualifizierung. Personen in der Phase Interesse sind die ‚Suspects', in

Beziehung die ‚Propects', in Bedarf die ‚Leads' sowie in Projekt die ‚Customers'. Im besten Fall entwickelst Du die Kunden zu ‚Advocats' weiter, also zu <u>Empfehlern</u> Deiner Beratungsleistung.

Lesetipp
Anne M. Schüller hat sich umfassend mit dem Konzept der Kundenreise und den Berührungspunkten auseinandergesetzt. Falls Dir nur Zeit für ein Buch zu diesem Thema bleibt, dann empfehle ich Dir ihr 2012 erschienenes Werk ‚Touchpoints: Auf Tuchfühlung mit dem Kunden von heute. Managementstrategien für unsere neue Businesswelt.'. Das Werk gibt es auch als Hörbuch.

Zusammenfassung

Im B2C ist es längst ein gängiges Vorgehen die Reise der Kunden systematisch zu untersuchen und zu optimieren. Statt in Sachen Customer Journey nur zu beraten, solltest Du die Ansätze auf die Interaktionen mit Deinen Consulting Klienten übertragen. Die Folge: zufriedene Bestandskunden und begeisterte Neukunden.

Der Firmenslogan – sich im Kundengedächtnis einbrennen

Stell Dir vor Du bist mit Deinem Dienstwagen auf der Autobahn unterwegs. Auf dem Rückweg vom Kunden hast Du es heute nicht mehr eilig und fährst daher auf der mittleren Spur. Rechts von Dir ruckeln die LKW-Gespanne gemütlich bei 100 km/h voran. Dir bleibt genügend Zeit einen Blick auf ihre langen Anhänger zu werfen. Auf vielen ist ein Firmenslogan abgedruckt. Welche Sätze kannst Du erkennen? Und welche bleiben Dir im Kopf hängen? Perspektivenwechsel: was merkt sich ein potentieller Kunde, wenn er sich 30 Sekunden mit Deinem Unternehmen beschäftigt?

Kategorie

- Zielgruppe: Neukunden, Bestandskunden
- Phase: Interesse, Beziehung, Bedarf, Angebot, Projekt
- Aufwand: Gering bis Mittel
- Wirkung: Mittel

Zweck

Im Alltag begegnen sie Dir überall: Marketing-Slogans für Produkte und Dienstleistungen. Da ist von *„Für das Beste im Mann."*, *„Das Gute daran ist das Gute darin."* oder *„Wir lieben Lebensmittel."* die Rede. Markante Sätze, die sich im Gedächtnis festsetzen und dort fortan mit Unternehmen bzw. dessen Angeboten verknüpft werden.

Auch Consulting Firmen können ihren Unternehmen einen Firmenslogan verpassen. Ein einzelner Satz, der die Nützlichkeit der Beratungsleistung ausdrückt und gleichzeitig auffällt. Ein Claim, der sich im Kopf der Neu- und Bestandskunden festsetzt und dort für (hoffentlich) immer verankert bleibt.

Mit einem Firmenslogan baust Du Brücken. Steht ein Entscheider vor einer Herausforderung für die er externe Expertise braucht, denkt er zunächst an Deinen Slogan, dann an dessen Nutzenversprechen und schließlich an Deine Beratungsfirma. Auch LKW-Satz, Unternehmensmotto oder Tag-Line genannt, fungiert Dein Slogan als Bindeglied zwischen Problem (beim Kunden) und Problemlösung (durch Dich).

Aufbau

Was ist ein guter Firmenslogan? Aus meiner Erfahrung zeichnet sich ein guter Business Claim durch folgende fünf Eigenschaften aus:

1. Auffallend
Ein guter Firmenslogan wird durch Kunden wahrgenommen. Er enthält eine selbsterklärende Botschaft, an die Käufer Deiner Beratungsleistung mental andocken können. Ein schlechtes Beispiel ist der Claim *"Top-SAP Consulting."* für eine Zielgruppe, die IT-Systeme vom Walldorfer Softwarehersteller nicht zu ihrer Problemstellung zählt.

2. Nützlich
Ein guter Firmenslogan transportiert einen Nutzen. Er verspricht einen positiven Mehrwert, der sich einstellt, wenn ein Kunde mit Deiner Beratung in Kontakt tritt und ihre Dienste in Anspruch nimmt. Beim Slogan *"Ihre kompetenten IT-Berater im Einsatz."* ist der Nutzen für den Kunden reduziert. Lediglich das Wort ‚kompetent' schafft einen Mehrwert.

3. Einprägsam
Ein guter Firmenslogan brennt sich in das Gedächtnis eines Kunden ein. Er sticht aus dem Einheitsbrei der Werbesprüche heraus und bleibt beim Entscheidern haften. Er lässt sich einfach aussprechen und ist unmissverständlich, nutzt dazu rhetorische Stilmittel wie Reime, Metaphern und Assoziationen. Der Beispielsatz *"Wir senken Ihre Kosten."* ist zwar für eine Beratung korrekt, hält sich jedoch nicht lange im Gedächtnis.

4. Unverwechselbar
Ein guter Firmenslogan positioniert Deine Consultancy. Er differenziert Deine Organisation und ihre Marke von den Wettbewerbern. So ist das generische Motto *"Wir optimieren Unternehmensprozesse."* eher ungeeignet, da es unter sehr vielen Beratungen stehen könnte.

5. Glaubwürdig
Ein guter Firmenslogan passt zu Deiner Beratung. Er unterstützt dessen Wahrnehmung am Markt, insbesondere bzgl. Werte, Ziele und Angebote. Der Slogan *"Das Beste oder Nichts."* greift bei einem Premiumfahrzeugbauer, nicht jedoch für einen Hersteller von Budget-PKWs.

Werden wir nun noch konkreter. Anfang 2018 führt eine deutsche Consultancy den Claim *"IT-Beratung und Entwicklung im Bereich SAP und Salesforce."*. Besonders auffallend und einprägsam ist dieser Satz aus meiner Sicht nicht. Er trifft auf alle Beratungen zu, die in SAP und Salesforce unterstützen. Zwar transportiert der Slogan einen Nutzen, jedoch fehlt ein ‚Stolperer', der das Motto mental verankert.

Besser finde ich da den Slogan einer süddeutschen Business Beratung: *"Erkennen, was andere übersehen. Und handeln."*. Das Motto fällt auf, ist zudem glaubwürdig und unverwechselbar. Die Beratung signalisiert einen doppelten Nutzen – sie unterstützt in der Erkenntnisbildung, setzt die entwickelten Konzepte (im Gegensatz zu mancher Strategieberatung) aber auch mit um. Einzig zum Merken ist der Firmenslogan aus meiner Sicht etwas zu lang und zu sperrig.

Anwendung

1. Alternativen entwickeln

Entwickle mehrere Alternativen für einen Firmenslogan. Versetze Dich dazu in die Rolle Deines potentiellen Kunden, der Buyer Persona. Über welches Wissen verfügt er? Was ist ihm wichtig? Welche größte Schwierigkeit macht ihm zu schaffen? Kennt er Deine Beratung und Euer Wertangebote? Warum sollte er sich von Dir beraten lassen?

Alternativ gehst Du die vergangenen Kundenprojekte durch. Welches Problem lösen Du und Deine Kollegen regelmäßig? Worin seid ihr richtig gut? Was hebt der Kunde zwischen den Zeilen lobend hervor?

Ein dritter Startpunkt ist Dein Elevator Pitch. Dampfe Deine 30-Sekunden Ansprache auf einen einzigen Satz zusammen – den Kernnutzen. Andersherum kannst Du Deinen Slogan nutzen, um einen Elevator Pitch zu entwickeln.

Schließlich kannst Du den Firmenslogan auch in der Unternehmensvision und -mission suchen. Was ist das Zielbild Deiner Firma? Was treibt Euch tagtäglich an? Welche Lebensumstände wollt ihr verbessern?

Setze zusätzlich Kreativtechniken wie Brainstorming ein, um in kurzer Zeit eine lange Liste passender Claims zu erhalten. Prüfe die erarbeiteten Kandidaten anschließend auf die fünf Eigenschaften. Welcher Claim ist besonders auffallend, einprägsam, nützlich, unverwechselbar und glaubwürdig? Gehe in das Feintuning. Iteriere dazu mehrmals über die Auswahl und lasse Dich von zudem von ansprechenden Beispielen attraktiver Werbeslogans inspirieren.

2. Kandidaten Testen

Teste die Top 3 Kandidaten mit Kollegen, Bekannten und Freunden. Welches Motto kommt gut an? Für welchen Satz erntest Du unverständliche Blicke? Finde den besten Firmenslogan.

Achtung: Dein Slogan muss nicht perfekt sein. Lieber einen Satz den 80 Prozent der Befragten mögen als ewig dem perfekten Claim hinterherzujagen.

3. Firmenslogan kommunizieren

Kommuniziere den gewählten Firmenslogan an den verschiedenen Kundenkontaktpunkten wie beispielsweise Deiner Unternehmenswebseite,

Unternehmenspräsentation und Visitenkarten. Wichtig ist ein einheitliches Design. So sollte die Schriftart, Farbe, Abstand zum Logo etc. konsistent ausfallen.

Vor- & Nachteile

- Ein guter Firmenslogan vermittelt das Werteversprechen Deiner Beratung in einer einprägsamen Weise. Er baut eine mentale Brücke zwischen der Problemsituation des Kunden und Deinem Beratungsangebot.
- Prägnant, auffallend und merkbar formuliert, ist er ein starkes Marketing Tool, das die Kompetenz und den Anspruch Deiner Beratung unterstreicht.
- Um einen guten Claim zu entwickeln, brauchst Du kreative Energie und Zeit.
- Insbesondere bei einem breitgefächerten Beratungsangebot fällt das Formulieren eines übergreifenden Nutzensatzes schwer. Schnell verebbt da der initiale Enthusiasmus. Zurück bleiben nett angedachte, aber nicht zu Ende gedachte Versuche guter Slogans.

Praxistipps

Tipp 1 – Multi-Slogan
Bei einem breiten Beratungsportfolio ist es manchmal nicht ganz einfach, alle Disziplinen unter einem zentralen Firmenslogan zu vereinen. Beispielsweise fällt die inhaltliche Schnittmenge zwischen Change Consulting und Requirements Engineering Beratung überschaubar aus. Generell hast Du zwei Möglichkeiten: entweder Du schaffst es, ein attraktives übergeordnetes Nutzenversprechen zu entwickeln zu denen sich 70 bis 80 Prozent der Leistungen zuordnen lassen oder Du versiehst jede Disziplin mit ihrem eigenen Slogan. Speziell wenn sich die Kundensegmente und Wertangebote von Geschäftsfeld zu Geschäftsfeld unterscheiden, ist die zweite Option eine gute Wahl.

Tipp 2 – Ohne Worthülsen
Nachhaltig, ganzheitlich, zielführend, problemadäquat – die Liste der Beraterfloskeln sind lang. Vermeide in Deinem Firmenslogan nichtssagende Füllworte und austauschbare Buzzwords. Eine bessere Wahl ist die Sprache des Kunden gepaart mit den Werten Deiner Beratung.

Tipp 3 – Inklusive Stolperer
Wie entwickelst Du einen Slogan, den ein Kunde auch im Kopf behält? Ganz einfach: Du baust im Satz bewusst einen Stolperer ein! Dieser durchbricht die Erwartungsmuster des Lesers. Beispiel: Statt „Wir trainieren Führungskräfte" formulierst Du „Wir lotsen Ihre Führungskräfte ins digitale Zeitalter". ‚Lotsen' und ‚digitale Zeitalter' bleiben hängen.

Tipp 4 – Auf Vision & Mission abgestimmt
Achte auf den Einklang zwischen Unternehmensvision, -mission und -slogan. Die Vision definiert das ‚Warum' eines Unternehmens, das Zielbild. Die Mission beschreibt die Art, wie Du und Deine Kollegen das Ziel täglich erreichen wollen. Mit dem Slogan assoziierst Du Deine Beratung mit einem merkbaren Nutzenversprechen. Kunden spüren, wenn Vision, Mission und Slogan auseinanderlaufen.

Lesetipp
Giso Weyand widmet sich in seinem Buch ‚Das neue Sog-Prinzip: Mehr Wachstum und Erfüllung mit Ihrer Beratungsboutique' in einem ganzen Kapitel der Frage des perfekten Consultancy Slogans. Aus der Sicht des Berater-Beraters ist der LKW-Satz ein essentieller Baustein auf dem Weg zur anziehenden Berater-Marke.

Zusammenfassung

Mit einem Firmenslogan katapultierst Du Dich auf die mentale Shortlist Deiner Zielkunden. Statt einem abstrakten Unternehmensnamen, assoziiert der Kunde Deine Beratung mit einem klaren und verständlichen Nutzenversprechen.

Geschickt formuliert, bleibt dieses Versprechen im Kopf des Kunden haften und erinnert ihn im richtigen Moment an Dich und Deine Beratung. Mache es wie die Speditionsdienstleister mit ihren LKW-Gespannen und versehe Deine Firma mit einem großartigen Claim.

Das Garantieversprechen – eine Vertrauensbasis schaffen

100 Prozent Zufriedenheitsgarantie. Volle-Geld-zurück-Garantie. 15-Minuten Servicegarantie. Die freie Wirtschaft ist voll von Garantieversprechen. Ob im Hotel, auf der Flugreise oder im Taxi – viele Unternehmen garantieren für ihre Produkte und Leistungen. Auch im Consulting kannst Du Dich mit einer Garantiezusage gegenüber Deinem Wettbewerb abgrenzen. Und die Entscheidung eines Kunden zu Deinen Gunsten beeinflussen.

Kategorie

- Zielgruppe: Neukunden, Bestandskunden
- Phase: Interesse, Beziehung, Bedarf, Angebot, Projekt
- Aufwand: gering bis hoch
- Wirkungstiefe/-dauer: gering bis hoch, kurz- bis langfristig

Zweck

Gerade vor dem ersten gemeinsamen Beratungsengagement tun sich viele Neukunden schwer. Sie hegen Zweifel, ob Du das skizzierte Projekt in ihrem Sinne stemmen kannst. Es fehlt an Vertrauen in die noch sehr frische geschäftliche Beziehung. Typische Fragen im Kopf des Interessenten: Besitzt der Consultant tatsächlich die ausgewiesenen Kompetenzen? Was passiert, wenn die Beratung die vereinbarten Ergebnisse verspätet oder gar nicht liefert? Wie gut ist die Beratungsqualität wirklich?

Abhilfe schaffen Garantien, also rechtsverbindliche Versprechen für die Güte Deiner Beratungsleistung und den zu erbringenden Resultate. Laut Wikipedia ist eine Garantie (französisch ‚la garantie' für Sicherheit, Gewähr) die vertraglich vereinbarte Verpflichtung eines Garanten. Dieser agiert – anders als bei der gesetzlichen Gewährleistungspflicht – freiwillig als Garantiegeber gegenüber dem Kunden.

Tiefer möchte ich an dieser Stelle nicht gehen. Ich bin kein Jurist, die Details für Dein spezifisches Beratungsangebot besprichst Du am besten mit einem Rechtsfachmann.

Die Konsequenz von Garantien im Consulting ist vielgestaltig. Unter anderem...

- ...gewinnt der Kunden **Vertrauen** in Dich und Deine Consulting Expertise.
- ...wird das **Projektrisiko** auf Seiten des Kunden gesenkt und damit die Einstiegsbarrieren für eine Zusammenarbeit reduziert.
- ...wächst die wahrgenommene **Qualität** Deiner Beratungsleistung.

Garantien erhöhen nicht nur die Investitionssicherheit in Dich. Sie sind gleichsam ein Unterscheidungsmerkmal gegenüber sonst sehr ähnlichen Wettbewerbern.

Aufbau

Typischerweise gibst Du im Consulting Garantie auf die Leistungserbringung, also die Methodik, das Personal, die Zusammenarbeit, die Einhaltung von Budget- und Terminplänen etc.. Nachfolgend eine Liste von möglichen Garantieversprechen so wie ich sie zum Teil bei Kundenprojekten offen kommuniziere.

- **Besetzung:** Von Projektstart an im gleichen Boot. Die im Angebot bzw. in der Präsentation zugesagten Berater sind auch Teil Ihres Projektteams.
- **Kontinuität:** 100 Prozent Konzentration auf Projektziele, -ergebnisse, -zeit und -budget. Unsere Berater sind von Anfang bis Ende feste Teammitglieder in Ihrem Vorhaben.
- **Knowhow:** Wir arbeiten fachlich fundiert. Mit wissenschaftlicher Expertise und Knowhow. Mit 10-jähriger Erfahrung aus über 1.000 Projekten für über 100 Kunden.
- **Erreichbarkeit:** Stetige Kommunikation sichert den Erfolg. Unser Projektleiter antwortet Ihnen werktags innerhalb 90min auf Ihren Anruf und innerhalb 24 Stunden auf Ihre E-Mail.
- **Dokumentation:** Meetings, Workshops, Projektentscheidungen – unsere Leistungen sind zu 100 Prozent dokumentiert und später auch für Außenstehende Nachvollziehbar.
- **Ausrüstung:** Produktiv ab der ersten Projektminute. Unsere Berater haben Zugriff auf Ihre Büros und Systeme bzw. können sich diesen in wenigen Schritten beschaffen.
- **Informationsschutz:** In digitalen Zeiten sind Daten eines der wertvollsten Güter. Als ISO 27001 zertifiziertes Unternehmen behandeln wir Ihre Daten vertraulich und gesetzeskonform.
- **Unabhängigkeit:** Wir sind vollständig unabhängig und nur Ihnen als Kunde verpflichtet. Leistungen und Lösungen unserer Partner und Dienstleister geben wir 1:1 an Sie weiter.
- **Verlässlichkeit:** Wir sind nur so gut wie unser letztes Projekt. Das wissen wir. Deshalb ist jedes Kundenprojekt für uns ein Neuanfang, den wir gut gestalten wollen.
- **Erfolg:** Oberste Prämisse ist für uns Ihr Projekterfolg. Wachstum, Innovation, Zufriedenheit, Effizienz – unterm Strich muss das vereinbarte Ergebnis stimmen.
- **Expertennetzwerk:** Sie profitieren von unserem Netzwerk. Wir pflegen weltweit gute Kontakte zu erfolgreichen Partnerunternehmen und renommierten Wissenschaftlern.

- **Projektfläche:** Für Wissensarbeiter sind Meeting- und Workshopräume ein knappes Gut. Als unseren Kunden steht Ihnen unsere standortnahe Projektfläche zur gemeinsamen Arbeit mit vier Schreibtischen bereit.
- **Kundennähe:** Nicht nur inhaltlich sind wir ganz bei Ihnen. Auch mit unseren Büroräumen befinden wir uns unmittelbar in geographischer Nähe zu Ihrem Firmenstandort.
- **Interne Beziehungen:** Projekte mit uns sind Heimspiele. Wir kennen die Akteure Ihrer Organisation, die Kommunikations- und Ergebnisflüsse sowie die interne Rollen- und Verantwortungsteilung.

Weitere regelmäßig vergebene Garantien von Unternehmensberatungen betreffen die Ergebnisqualität, den Lösungsansatz, die Vorgehensweise und die eingesetzten Werkzeuge. Wenig verbreitet ist die in der Online Welt populär gewordene 30-Tage-Geld-zurück Garantie.

Anwendung

1. Beratungsleistung analysieren

Betrachte zunächst die vergangenen Projekte Deiner Beratung. Welche wiederkehrenden Qualitätseigenschaften zeichnet diese aus? Was wurde vom Kunden als besonders positiv hervorgehoben? Prüfe, inwieweit und zu welchen Kosten sich auf diese bisher implizit erfüllten Gütekriterien Deiner Consulting Leistung eine Garantie abgeben lässt.

2. Bedarf und Wettbewerb betrachten

Nimm nun eine externe Perspektive ein. Welche Eigenschaften kehrt Dein Marktbegleiter heraus? Geschwindigkeit, Verfügbarkeit, Ergebnisqualität? Welche Garantieversprechen könnten die Hürden für einen Neukunden senken? Auch hier untersuchst Du, ob und zu welchem Preis Du Auftraggebern eine Garantie zusichern kannst.

3. Garantieversprechen kommunizieren

Hast Du attraktive Garantien definiert, heißt es nun diese wirkungsvoll an Kunden zu kommunizieren. Dabei gilt: Alles was für den Beratungsklienten interessant und ein Grund für Deine Beauftragung sein könnte, verdient auch die Kommunikation. Nutze Interaktionspunkte entlang der Customer Journey wie beispielsweise Deine Unternehmenswebseite, Messe-Flyer, Angebotsdokumente bzw. die Unternehmenspräsentation zur Platzierung der Garantieversprechen.

Vor- & Nachteile

- Das Garantieversprechen baust Du eine Brücke des Vertrauens zum Kunden auf. Statt nur zu hoffen, erhält der Klient im Vorfeld der Erbringung eine rechtsverbindliche Zusage.

- Garantien helfen bei der Abgrenzung gegen den Wettbewerb.
- Jedes Garantieversprechen kostet. Überlege Dir im Vorfeld, ob Du tatsächlich jede Zusage erbringen kannst bzw. willst. Insbesondere wenn ein Projekt unverschuldet aus dem Ruder läuft, kann eine abgegebene Garantie nach hinten losgehen und Dich teuer zu stehen kommen.

Praxistipps

Tipp 1 – Vorsicht bei Software
Egal, ob Du als Berater Software entwickelst, Open Source Software integrierst, Software als Application Service Provider oder Software as Service anbietest – geht etwas schief, kann dies ernste Haftungsfolgen für Dich und Deine Firma nach sich ziehen. Gehe zuvor auf Nummer sicher, mit Selbstinformation, juristischem Beistand, sinnvollen Versicherungsprodukten etc..

Tipp 2 – Projektspezifische Garantien
Nicht jedem Kunden musst Du gleichermaßen Dein gesamtes Phalanx Garantien einräumen. Überlege Dir im Vorfeld, welches Versprechen für ein Projekt wertvoll und realistisch ist und sage dieses dem Klienten offiziell zu.

Tipp 3 – Eindeutig verständlich
Formuliere Deine Garantieversprechen einfach verständlich, einprägsam und interpretationsfrei. Der Kunde und Du muss das gleiche Verständnis besitzen, was die Leistungszusage beinhalten. Wofür gilt die Dokumentationsgarantie? Unter welchen Bedingungen zählt das Projekterfolgsversprechen? Definiere eindeutige Schwellenwerte und Rahmenparameter.

Tipp 4 – Kundenzentriert
Was haben die Versprechen *„Ergebnisqualität steht bei uns im Fokus!"* und *„Wir leben Innovation!"* gemeinsam? Sie sind beide pauschal und Beratungs-bezogen. Formuliere spezifische Aussagen aus Perspektive des Kunden. Zentrale Frage: Welche Vorteile ergeben sich mit dem Garantieversprechen für den Kunden?

Zusammenfassung

Mit einer Garantie veredelst Du Deine Consulting Leistung außenwirksam und gibst einem Interessenten bei vergleichbaren Beratungsangebot einen Grund, sich für Dich, statt einem Wettbewerber zu entscheiden. Achte dabei darauf, dass Deine Garantieversprechen im gesetzlichen Rahmen bleiben, dem Kunden tatsächlich Nutzen stiften und von Dir unter den widrigsten Projektbedingungen auch einhaltbar sind.

Expertise & Themenführerschaft

Der Blogbeitrag – mit guten Inhalten anziehen und binden

Blog? Ist das nicht ein öffentliches Tagebuch von Privatleuten? Nicht zwangsläufig. Auch als Unternehmensberater lohnt das Bloggen. Geistig bleibst Du fit. Gleichzeitig steigt Deine Sichtbarkeit im World-Wide-Web - und damit Deine Chance mit Interessenten Deiner Inhalte in Kontakt und in Projekt zu kommen. Was einen guten Blogbeitrag ausmacht und wie Du diesen effizient aufsetzt erkläre ich nachfolgend.

Kategorie

- Zielgruppe: Neukunden, Bestandskunden
- Phase: Interesse, Beziehung
- Aufwand: mittel
- Wirkungstiefe/-dauer: gering bis mittel, kurzfristig

Zweck

Sowohl online als auch offline Bibliotheken quellen über mit Ratschlägen und Tipps zur technischen und inhaltlichen Gestaltung eines Blogbeitrags. Da das Blogging für Berater nicht zur Haupteinnahmequelle zählt, werde ich mich nachfolgend auf die wichtigsten Aspekte dieses Akquise Tools konzentrieren.

Grundsätzlich erfüllt ein Blog und seine regelmäßigen Beiträge auf Deiner Unternehmenswebseite fünf Hauptfunktionen.

- Erstens steigert er Deine **Sichtbarkeit im Internet**. Bei einer Suchanfrage werden dem Nutzer unter anderem auch Deine Beiträge angezeigt.
- Zweitens unterstreicht er Deine **Methodenkompetenz und Fachwissen** zu einem spezifischen Beratungsthema. Interessenten und Bestandskunden weltweit erfahren jederzeit von Deinen Ideen, Modellen und Vorgehensweisen.
- Drittens dient er Dir als **Messinstrument** um die Nachfrage nach bestimmten Beratungsthemen festzustellen.
- Viertens fungiert ein Blog als unternehmensinterne **Wissenssammlung**. Neue Mitarbeiter und Kollegen können von dieser lernen sich unabhängig von einem Training weiterbilden.
- Fünftens motiviert er, sich detailliert mit einer **Frage** auseinanderzusetzen. Wenn Du etwas schriftlich erklären kannst, dann hast Du es auch verstanden.

Anders als Magazine, Privatpersonen oder Online Shops möchtest Du mit den Blogbeiträgen nicht Werbeanzeigen bzw. Produkte verkaufen. Vielmehr soll Dein Blog Vertrauen schaffen, Denkanstöße geben und eine Brücke bauen. Im besten Fall kontaktiert Dich der Besucher nach Lektüre eines für ihn relevanten und hilfreichen Beitrags und stellt aufbauende Fragen.

Aufbau

Was macht einen guten Blogbeitrag eines Unternehmensberaters aus? Kreativ, unterhaltsam und nützlich sollte er sein. Gehen wir die wesentlichen vier Elemente eines guten online Artikels durch.

Überschrift – einladen & versprechen
Das vielleicht wichtigste Element eines Blogbeitrags ist seine Überschrift. Mit ihr lädst Du den Besucher zur Lektüre ein. Wähle einen ansprechenden Satz, der sich präzise an Deine Buyer Persona richtet. Häufig enthalten die von mir entwickelten Überschriften ein konkretes Nutzenversprechen. Ebenfalls sinnvoll: ein attraktives Beitragsbild. Diese sollte zum Inhalt und Deinem Unternehmen passen und beim Leser Emotionen wachrufen.

Einleitung – motivieren & binden
Wo Du mit Deiner Überschrift die Aufmerksamkeit des Lesers fängst, bindest Du diesen mit der Einführung. Motiviere ohne Umschweife für Dein Thema, etwa durch eine Frage, ein in eine Story verpacktes Problem, ein Sprichwort etc.. Deine Leser sind budgetverantwortliche Entscheider und haben keine Zeit für lange Phrasen. Komme in wenigen Worten zum Punkt.

Hauptteil – nutzen & begeistern
Der Hauptteil ist das ‚Fleisch' Deines Beitrags. Spare hier nicht mit praktischen Expertenwissen, wertvollen Erkenntnissen und geistigen Hinweisen. Gewusst ist nicht gekonnt. Dein Wissen bekommt der Kunde auch anderswo. Gebe in 400 bis 800 Worten ansprechend verpackten Mehrwert an Deine Leser heraus.

Schluss – festigen & aktivieren
Am Ende des Blogbeitrags fasst Du die wichtigsten Punkte noch einmal zusammen. Aktiviere zudem Deine Leser mit einer Handlungsaufforderung. Das kann das Teilen des eben gelesenen Beitrags sein, das Abonnieren Deines Newsletters, die Kontaktaufnahme etc..

Anwendung

Seit 2015 verfasse ich jede Woche durchschnittlich zwei Blogbeiträge. Beim Durchlauf der folgenden fünf Redaktionsphasen gelange ich mittlerweile in drei Stunden Arbeitszeit zu einem lesenswerten Web-Artikel.

1. Themen finden
Ein potentieller Beratungskunde liest Deine Blogbeiträge nur, falls sie für ihn wichtige Fragen beantworten bzw. Probleme lösen. Richte daher jeden Artikel an genau einem konkreten Bedarf Deiner Zielgruppe aus. Nutze Werkzeuge wie Google Trends, den Google Keyword Planner oder die sozialen Netzwerke um häufig gesuchte Schlüsselworte für die typischen Kundenprobleme zu identifizieren. Alternativ greifst Du typische Fragen Deiner Buyer Persona auf. Überlege Dir auch direkt zu Beginn, wie Deine Handlungsaufforderung am Beitragsende ausfallen wird.

2. Recherchieren
Steht Dein Leitthema, ist nun die Recherche an der Reihe. Welche Informationen gibt es im Web bereits zum Thema? Was sagen die einschlägigen Fachbücher dazu? Inwieweit bietet der Wettbewerber bereits Publikationen an? Erstelle eine kleine Stoffsammlung rund um die spezifische Fragestellung. Erdrücke den Leser jedoch nicht mit zu vielen Zahlen, Daten und Fakten. Das Lesen soll dem Blogbesucher Freude bereiten, statt ihn zu belasten.

3. Schreiben
Der Recherche folgt die Redaktion. Keine Angst, Du musst kein Bestseller-Autor wie John Grisham oder Stephen King sein. Halte Deine Text einfach und verständlich. Fachbegriffe nur dann, falls zwingend nötig. In dieser Phase ist Fokus wichtig. Blocke Dir 90 Minuten am Stück und schreibe den Beitrag ungestört mit 100 Prozent Konzentration herunter. Ich nutze meist den frühen Freitagvormittag. Ab 10 Uhr bin ich für Kunden und Kollegen wieder erreichbar.

4. Prüfen
Nach der intensiven Schreibphase hast Du Dir eine Pause verdient. Gib Deinem Blogbeitrag einen Tag Zeit bevor Du ihn wieder überprüfst und feinschleifst. Diese Periode des Abstands und der Reflexion ist wichtig. Du schärfst Deinen Blick und sammelst neue Energie für die Schlussredaktion. Bei der finalen Qualitätssicherung gibt es viele Techniken. Lautes Vorlesen, 4-Augen Review, automatische Rechtschreibeprüfung etc..

5. Veröffentlichen
Deine Blogbeiträge solltest Du regelmäßig an einem bestimmten Wochentag veröffentlichen. Nicht nur Deine Stammleser gewönnen sich an den festen Rhythmus. Auch Du profitiert von der selbst auferlegten Gewohnheit. Gerne

kannst Du Deine neu verfassten Artikel über die Sozialen Netze ankündigen. Miss in jedem Fall die Resonanz auf Deine Beiträge. Was wird gelesen? Was nicht? Wovon wollen Interessenten mehr? Wertvolles Feedback für Deine Beratungsleistungen und zukünftige Blogbeiträge.

Vor- & Nachteile

- Beim Verfassen eines Artikels arbeitest Du Dich in Fachthemen ein, entwickelst Stück für Stück eine dokumentierte Wissensbasis.
- Mit jedem Beitrag erhöht sich die online Sichtbarkeit Deiner Beratung.
- Ein Blog erlaubt Dir nachzumessen, ob und zu welchem Grad Deine Inhalte bei den Lesern ankommen.

- Die Redaktion eines guten Blogbeitrags frisst Zeit und Energie.
- Gerade wenn Dir zum Start das Texten noch nicht locker von der Hand geht, wirst Du bei den ersten 10 Artikeln bei hohem personellen Einsatz nur (gefühlt) mittelmäßige Resultate erzielen. Keine Angst. Wie beim Lauftraining wirst Du mit jeder Einheit besser. Jeder Blogbeitrag legt den Grundstein für seinen technisch und inhaltlich besseren Nachfolger.

Praxistipps

Tipp 1 – Content Upgrade
Biete Deinen Lesern am Ende eines Blogbeitrags zusätzlichen Mehrwert. Das kann beispielsweise eine Checkliste, ein Quick-Guide oder eine PowerPoint-Vorlage sein. Einzige Bedingung: für den Download muss der Leser seine E-Mail abgeben und dem Erhalt Deines Newsletters zustimmen. Die Erstellung des Upgrades kosten Dich etwa 30 – 60 Minuten zusätzliche Arbeitszeit. Über die Wochen sammelst Du jedoch auf diese Weise Kontaktdaten von Interessenten die sich bereits vertiefend mit einem Thema auseinandersetzen.

Tipp 2 – Der Mix macht's
Variiere Deine Blogbeiträge in Inhalt, Darbietung und Stil. Interviews, Methoden, aktuelle Zahlen & Fakten, Literaturempfehlungen, Infografiken, Erklärmodelle etc. – wichtig ist ein Mix, der den Lesern demonstriert, von welchen verschiedenen Blickwinkeln Du Dich einem Thema annimmst. Neben der Abwechslung bleibt für Dich der Redaktionsprozess spannend. Aus meiner Erfahrung kommen insbesondere Problem- und Lösungsbeschreibungen gut an. Die Herausforderungen müssen dabei nicht immer konkret sein. Auch antizipierte oder gar kreierte Situationen werden gerne gelesen. Sei pfiffig und mutig.

Tipp 3 – Neu ≠ Neu
Verabschiede Dich von dem Gedanken, gänzlich neue Inhalte publizieren zu wollen. Diese Einstellung verhindert das Schreiben. Nähere Dich lieber relevanten

Themen aus einer alternativen (nämlich Deiner) Perspektive. Setze andere Schwerpunkte, erkläre mit unverbrauchten Worten, rekombiniere bekannte Aspekte und berichte situationsbezogen. Gut, nicht perfekt lautet das Gebot.

Tipp 4 – Dialog statt Monolog
Fördere in Deinen Blogbeiträgen die Interaktion des Lesers. Beliebt sind beispielsweise die Teile-Buttons direkt am Beitragsende. Ebenfalls möglich sind Kommentare, Bewertungen oder ein Handlungsaufruf. Verfasse gelegentlich einen polarisierenden Web-Artikel und rege damit die Diskussionen an. Fundiert begründet, ist jede Sichtweise eine Richtige.

Tipp 5 – Vernetzte Wissensbasis
Hast Du erst einmal eine gute zweistellige Anzahl von Blogbeiträgen veröffentlicht, ist es an der Zeit, Dich verstärkt ihrer Auffindbarkeit auf Deiner Webseite zuzuwenden. Nutze dazu Kategorien, Übersichtsseiten oder das gegenseitige Verlinken der Beiträge. Peu à peu entsteht so ein dichtes dokumentiertes Netz Deiner Kompetenz auf Deiner Unternehmenswebseite.

Tipp 6 – Wiederverwendung forcieren
Nutze Deinen Blog als Grundstein für Fachartikel, Newsletter, Webinar-Diskussionen oder Bücher. Drei Beiträge sind ein Artikel, 20 Beiträge ein Buch. Stelle Schnipsel Deines Wissens in Newsletter, Intranet-Seiten oder Sozialen Netzwerken zur Verfügung.

Lesetipp
In meinen Jahren als aktiver Hobby- und Firmenblogger habe ich viele deutsch- und englischsprachige Bücher über das Blogging gelesen. Eine wahre Bibel ist das Werk ‚Blog Boosting' von Michael Firnkes und Robert Weller.

Zusammenfassung

Ein Blogbeitrag ist ein kleines, aber feines Akquise Tool um potentielle Neukunden auf Deine Beratungsleistungen aufmerksam zu machen und mit ihnen eine geschäftliche Verbindung zu knüpfen. Statt eine Sache nur zu behaupten, lieferst Du Nutzen und Einsichten in das Thema. Die Inhalte müssen dabei nicht neu sein. Bereits das Offensichtliche aus Deiner Warte zu beschreiben, eine gegensätzliche Meinung einzunehmen, verschiedene Standpunkte zusammenzufassen, bringt dem Leser einen Mehrwert.

Das charmante an einem Blogbeitrag: Du kannst diesen während ruhigen Arbeitsphasen, beispielsweise im Januar oder August redigieren und in Hochdruckphasen veröffentlichen. Einmal erschaffen, bleibt der Beitrag für immer Dein online Aushängeschild. In Kombination mit weiteren Beiträgen wächst auf diese Weise nach und nach ein mächtiges Akquise Tool heran.

Der Fachartikel – Beratungskompetenz in Textform gießen

Für Unternehmensberater ist er der Klassiker des Marketings: der Fachartikel. Auch Jahre nach Veröffentlichung, dient Dir ein gut geschriebener Artikel als wirksames Werbeprodukt für Neu- und Bestandskunden. Zudem kapselst Du in dem Papier Wissen, das Du an Kollegen und Geschäftspartner weitergeben kannst. Doch welchen Aufbau besitzt ein guter Fachartikel? Und was gibt es beim Publikationsprozess zu beachten?

Kategorie

- Zielgruppe: Neukunden, Bestandskunden
- Phase: Interesse
- Aufwand: mittel
- Wirkungstiefe/-dauer: gering bis mittel, mittel

Zweck

Grundlegend gilt: die Redaktionsbüros der Fachzeitschriften und Online Portale haben ein hohes Interesse an fundierten und gut recherchierten Inhalten aus dem Praxisalltag von Beratern. Gute Fachbeiträge sorgen für zufriedene Leser. Wiederum führen zufriedene Leser zu lukrativen Werbeanzeigen.

Hast Du Dich erst einmal als Autor etabliert, dann ist es kein Problem immer wieder einen professionellen Beitrag in einem renommierten Magazin zu platzieren. Stehst Du hingegen am Anfang Deiner Publikationskarriere, heißt es zunächst die Ärmel hochzukrempeln und die Grundlagen des Schreibens zu erlernen. Sowie ein gutes Kontaktnetzwerk zu den Redaktionsbüros aufzubauen.

Vielleicht fragst Du Dich, welche Inhalte aus Deinem Berateralltag überhaupt publikationswürdig sind. Immerhin gelten alle Projektdaten und Klienten als vertrauenswürdig, sind die erarbeiteten Lessons Learned und Good Practices oft begrenzt in ihrer Neuheit. Seit 2008 veröffentliche ich regelmäßig in Print- und Online-Magazinen. Auch lese ich sehr viele Fachartikel aus meinen Beratungsfeldern. Mein Fazit: Nur das Wenigste ist tatsächlich neu. Meist ist eine frische Perspektive, ein alternativer Ansatz, eine Rekombination von bekannten Bausteinen völlig ausreichend für einen soliden Fachbeitrag.

Aufbau

Wie bereits der Blogbeitrag transportiert ein guter Fachartikel relevantes, aktuelles und nützliches Wissen. Auf keinen Fall ist er werblich. Werbung und redaktionelle Inhalte dürfen in offiziellen Publikationen nicht miteinander vermischt werden. Dieses fordert das in Deutschland geltende Trennungsgebot festgehalten im Pressekodex des Deutschen Presserats.

Dein inhaltlicher Fokus für einen Artikel sollte in einem Magazin, Zeitschrift oder Journal auf dem ‚Warum' und dem ‚Was' liegen. Die beiden Leitfragen lauten:

1. **Warum** ist dieses Thema für den Leser relevant?
2. **Was** genau sollte bei der Umsetzung berücksichtig werden?

Beim ‚Wie' bleibst Du hingegen offen bzw. nur vage. Das genaue Vorgehen, die praktischen Tipps & Kniffe bei der Ausführung, erhält ein Leser, wenn er Dich und Dein Unternehmen für die Beratung engagiert.

Aus meiner Erfahrung eignen sich folgende Themen sehr gute für eine Fachpublikation:

1. Nützliche **Modelle** zur Beschreibung und Entwicklung von Lösungen
2. Erprobte **Vorgehensweisen & Methoden** zur Erreichung definierter Ziele
3. Informative **Daten** gewonnen aus Interviews, Umfragen und Feldstudien
4. Nützliche **Gegenüberstellungen** von Ansätzen, Konzepten und Prinzipien
5. **Goldene Regeln**, **Stolpersteine**, **Tipps aus der Praxis** etc.

Keine Frage: harte Fakten, solides Wissen und Kernerkenntnisse sind wichtig. Eine Redaktion möchte mit ihrem Format jedoch gleichsam ihre Leser unterhalten, insbesondere da die Lektüre häufig am Feierabend stattfindet. Für Dich bedeutet dies, einen Spagat zwischen funktionalem Wissen und emotionaler Zerstreuung zu Papier zu bringen. Die genaue Verteilung und Präsentation sind dabei von Format zu Format verschieden.

Auch hängen Textlänge, Struktur und Inhaltsvorgaben vom Fachmagazin ab und sind häufig in den sogenannten Autorenrichtlinien definiert. Am besten Du hangelst Dich entlang eines lesenswerten Beitrags aus Deiner Zielzeitschrift und setzt auf dessen Struktur auf.

In jedem Fall solltest Du Deinem Fachartikel am Ende mit einem Apell versehen. Diese motiviert den Leser Dich zu kontaktieren. Gute Handlungsaufforderungen sind beispielsweise Fragen oder Vorschläge. Auch Andeutungen auf anstehende Herausforderungen oder der direkte Aufruf zum Kontakt sind gut geeignet.

Anwendung

Einen gleichsam informativen und überraschend unterhaltsamen Fachartikel zu schreiben braucht Zeit. Nach über 40 fremdbegutachteten Beiträgen gehe ich gemäß der folgenden vier Schritte vor.

1. Scouting
Hast Du ein Thema zu welchem Du über ausreichend Publikationsstoff verfügst? Klasse, dann heißt es jetzt das passende Fachmagazin zu finden. Analysiere die am Markt erhältlichen online und offline Formate. Wer sind die Leser? Gehört Deine Buyer Persona ebenfalls dazu? Wie hoch ist die Auflagenstärke? Welche Struktur besitzt ein typischer Beitrag?

Steht das Zielmagazin, dann ermittelst Du das genaue Procedere für eine Einreichung. Meist ist dies auf der Webpage in einem Autorenbereich erklärt. Alternativ fragst Du bei der Redaktion per Telefon oder E-Mail nach, baust auf diese Weise gleichzeitig einen ersten Kontakt auf. Die Zielpublikation ist Dir neu? Bevor Du Dir im Kalender mehrere Schreibstunden blockst, sendest Du dem verantwortlichen Redakteur ein kurzes Exposé Deines Beitrags und bittest um Feedback. Auf Basis seiner Antwort entscheidest Du dann, ob Deine Publikationsidee und das Magazin überhaupt zusammenpassen und welche Schwerpunkte Du setzen solltest.

2. Schreiben
Nun heißt es in die Tasten hauen, um Deinem Wissen, Gedanken und Ideen eine textuelle Form zu verpassen. Ich habe gute Erfahrung mit Schreibeinheiten von 90 bis 120 Minuten gemacht. Ebenfalls möglich ist das paarweise Texten mit einem Co-Autor, speziell bei entscheidenden Abschnitten des Fachartikels. Beachte auf jeden Fall die geltenden Autorenrichtlinien. Diese geben Randbedingungen wie beispielsweise Wortanzahl, Überschriften und Autorendarstellung vor. Iteriere mehrmals über den Text und lasse diesen von gewissenhaften Kollegen gegenlesen.

3. Einreichen
Deinen qualitätsgesicherten Artikel reichst Du bei der Redaktion inklusive Abbildungsmaterial und Autorenfoto ein. Beachte die Vorlaufzeiten und Fristen der Magazine. Regelmäßig erlebe ich, dass ein von mir verfasster Beitrag erst sechs Monate später in einer Zeitschrift erscheint. Häufig sichtet die Redaktion Deinen Beitrag und bittet Dich ihr Feedback in eine aktualisierte Fassung einzuarbeiten. Abhängig vom Anspruch des Formats, kann dieser Reviewprozess mehrstufig sein und sich über einige Wochen hinziehen. Es hilft nichts. Willst Du, dass Dein Papier angenommen wird, musst Du die Änderungsvorschläge aufgreifen und die zusätzliche Arbeitszeit investieren.

4. Verbreiten

Dein Fachartikel wurde akzeptiert und erscheint in der nächsten Heftausgabe? Kompliment! Bei einem Printbeitrag bittest Du die Redaktion um einige Autorenexemplare. Diese kannst Du im Empfangsbereich Deines Unternehmens auslegen, Bestandskunden zusenden und potentiellen Neukunden bei der Verabschiedung mit auf dem Weg geben. Kläre die Nutzungsrechte des Beitrags. Zumeist liegen diese ausschließlich beim Verlag. Kündige die Publikation ebenfalls auf den sozialen Kanälen, Deiner Unternehmenswebseite und im Newsletter an.

Vor- & Nachteile

- Du veredelst Dein Wissen mit der Marke des Formats. Immerhin handelt es sich um einen begutachteten Artikel, ein Inhalt der von einer bekannten Redaktion als publikationswürdig befunden wurde und die Leser international bereichert.
- Du profitierst von der Reichweite des Formats, nutzt dessen Zielgruppe zum Multiplizieren Deiner Kernbotschaften.
- Die Redaktion gibt Dir Rückmeldung auf Deine Inhalte. Je nach Grad der Spezialisierung kann dieses Feedback sehr fundiert und hilfreich ausfallen.

- Ein Fachartikel bedeutet mehrere Tage Arbeitsaufwand. Natürlich unbezahlt.
- Das im Artikel vermittelte Wissen gibst Du an Kunden, Partner und Wettbewerber heraus.
- Es besteht das Risiko, dass eine eigensinnige Redaktion Deinen Beitrag mit fadenscheinigen Gründen ablehnt.
- Anders als bei einem Blogbeitrag, kannst Du leider nicht die Resonanz auf Deine Fachartikel messen. Zwischen Dir und dem Leser steht das Fachmagazin. Frage einige Wochen nach Veröffentlichung in der Redaktion nach, wie die Leser Deinen Beitrag annehmen.

Praxistipps

Tipp 1 – Gute Beziehung zur Chefredaktion

Aus meiner Sicht zahlt es sich aus, wenn Du eine persönliche Beziehung zu den Chefredakteuren Deiner Zielmagazine aufbaust. Ein kurzes Telefonat, eine Grußkarte, eine nette E-Mail – der gute Draht erlaubt Dir kurzfristige Einreichung von Beiträgen. Für ihren ‚Lieblingsautor' findet eine wohlgesonnene Redaktion in der nächsten Ausgabe immer noch eine Lücke. Auch wenn die Publikation nur mittelmäßig sind und die Inhalte stark werblichen Charakter besitzen.

Tipp 2 – Publikationsplan

Der Vorteil von Fachmagazinen ist ihr regelmäßiges Erscheinen. Plane jedes Jahr einen Artikel pro Zielformat und halte Dich an die Fristen. Der feste Rhythmus hilft Dir, in Kontakt mit der Redaktion und den Lesern zu bleiben und zum Einreichungstermin auch tatsächlich liefern zu können.

Tipp 3 – In eigener Sache
Eine Möglichkeit zumindest anteilig die Leserzahlen Deines Fachartikels zu erfahren besteht in der Einbettung eines prominenten Verweislinks im Text. In diesem versprichst Du dem Leser Mehrwert, beispielsweise durch eine Infografik, eine weiterführende Studie oder einem Blogbeitrag. Tatsächlich handelt es sich bei dem Verweis um einen präparierten Link der die Anzahl der Aufrufe zählt.

Tipp 4 – Recycling leicht gemacht
Keiner bezahlt Dich für das Schreiben eines Fachartikels. Nutze Deinen Fundus an bereits zu Papier gebrachten Wissens um effizient zu einem handwerklich soliden Beitrag zu gelangen. Gute Grundlagen sind Blogbeiträge, Schulungsunterlagen, Trainingsfolien, Newsletter etc.. Mit etwas Kreativität lässt sich so in einem halben Arbeitstag ein neuer Beitrag re-orchestrieren.

Tipp 5 – Kunde als Co-Autor
Auf den ersten Blick liest es sich verlockend: der Kunde als Co-Autor. Lesern präsentierst Du so die enge Verbindung zu Deinem Auftraggeber. Dieser wiederum profitiert von Deinem Publikationsengagement. Auch sehen es Redaktionen gerne, wenn ein Kundenunternehmen mitschreibt. Überlege Dir dennoch zweimal, ob Du das wirklich tun willst. Zum einen zieht sich durch eine Co-Autorenschaft der Publikationsprozess in die Länge. Zum anderen läufst Du Gefahr, dass die Veröffentlichung Deiner Inhalte trotz Anonymisierung von der Pressestelle des Kunden abgelehnt werden. Plötzlich wollen alle Kundenkollegen (Vorgesetzter, Compliance, Marketing etc.) ihre – meist wenig konstruktive Meinung – zum Text abgeben.

Lesetipp
Das Schreiben eines guten Fachartikels füllt mehrere Bücher. Besonders lesenswert erachte ich das Grundlagenwerk ‚Deutsch für junge Profis: Wie man gut und lebendig schreibt' vom Journalisten-Urgestein Wolf Schneider.

Zusammenfassung

Als Unternehmensberater wirst mit ihnen kein Geld verdienen, sondern kurzfristig erst einmal draufzahlen. Mittel- bis langfristig zahlen sich fundierte Fachartikel in renommierten Fachmagazinen jedoch aus. Publiziertes Wissen in bekannten Publikationsformaten wirkt auf Kunden wertig. Die Folge: Dein Ansehen und die wahrgenommene Kompetenz steigen. Und mit ihnen Dein Tagessatz als Unternehmensberater.

Das Fachbuch – Kompetenz und Erfahrung ausstrahlen

Ein Fachbuch schreiben? Als Berater interessant, vielleicht irgendwann mal! Dabei kost das eigene Werk gar nicht so viel Aufwand. Bereits einen kleinen Wissens-Ratgeber von 30-50 Seiten kannst Du per Books on Demand Services innerhalb weniger Wochen verfassen und an den Markt bringen. Interessenten und Neukunden wissen dann: Hinter Deiner Beratung steckt Substanz. Einzig und allein das Anfangen liegt bei Dir. Nachfolgend die ersten Schritte.

Kategorie

- Zielgruppe: Neukunden, Bestandskunden
- Phase: Interesse, Beziehung
- Aufwand: hoch
- Wirkungstiefe/-dauer: mittel bis hoch, langfristig

Zweck

Mit einem eigenen Fachbuch untermauerst Du Deine Kompetenz in einem von Dir angebotenen Beratungsfeld. Ein Buch strahlt Solidität, Sachverstand und Fundierung aus. In Kombination mit anderen Akquise Tools ist das eigene Werk ein exzellentes Mittel, um Dich vor (potentiellen) Kunden als Themenexperte zu positionieren und die Meinungsführerschaft zu beanspruchen.

Nach über 40 fremdbegutachteten Fachartikeln, meinem Blog Consulting-Life.de sowie zehn Ratgebern im Eigenverlag kenne ich mich mit den Mechanismen des Publizierens aus. Nachfolgend die Basisinfos zum Akquise Tool ‚Eigenes Fachbuch'. Bewusst gehe ich nicht auf Einzelheiten wie Verlagsverhandlungen, Literaturagenten, Buch Exposé etc. ein. Auch konzentriere ich mich nur auf das Fachbuch. Natürlich kannst Du als Berater auch Science-Fiction Romane oder Frühlingsgedichte schreiben. Ob sich diese Schriften als Marketing- und Vertriebswerkzeug für Dein Consulting Angebot eigenen, sei jedoch dahingestellt.

Aufbau

Nachfolgend die charakteristischen Elemente eines Fachbuchs, angeordnet in der Reihenfolge in denen ein Interessent zumeist mit Deinem Buch in Kontakt tritt. Ich nenne diesen Ablauf ‚Customer Journey des Käufers zu Deinem Buch'.

Das Cover

Das Cover ist häufig das erste Element, dass ein potentieller Leser von Deinem Buch wahrnimmt. Anhand von Titel, Untertitel, Autor, Verlag und Abbildung auf dem Einband entscheidet eine Person in wenigen Sekunden, ob sie sich weiter mit Deinen Inhalten beschäftigen möchte. Wähle einen prägnanten Titel, der Nutzen transportiert und die Zielgruppe anspricht. Die Abbildung sollte den Titel unterstützen und im Optimalfall im Kopf eines Betrachters hängen bleiben. Hast Du Dich in einem Themenfeld bereits mit einem eigenen Buch hervorgetan – bist vielleicht sogar bereits ein Bestseller-Autor – zieht natürlich auch Dein Name.

Der Klappentext
Spricht einen Interessenten Dein Buch-Cover an, dann spendiert er Dir weitere 30 Sekunden und studiert als nächstes den Klappentext. Beantworte mit der Kurzbeschreibung drei klassische W-Fragen eines Fachbuchlesers:

1. *„Warum sollte ich das Buch lesen?"* – Deshalb ist Dein **Thema** ein Thema.
2. *„Um was geht es in diesem Buch?"* – Das ist der **Kern** Deines Buches.
3. *„Wobei hilft mir dieses Buch?"* – Diesen **Nutzen** erhält ein Leser.

Einen guten Klappentext zu schreiben ist handwerklich anspruchsvoll. Iteriere mehrmals über die Erstfassung und bitte unabhängige Personen – möglichst aus der Zielgruppe – um ihre Verbesserungsvorschläge.

Die Einführung
Sind Cover und Klappentext für einen möglichen Leser relevant, dann investiert dieser eine weitere Minute und wagt einen Blick in Dein Buch. Entweder online oder offline blättert er durch die ersten Seiten.

Achte darauf, dass der Start Deines Werkes ein regelrechtes Feuerwerk zündet. Ein Interessent muss denken *„Wow, soviel nützlicher Inhalt bereits auf den ersten Seiten. Das Buch muss ich kaufen."*. Biete Übersichtsgraphiken ein, Infoboxen und Kurzzusammenfassungen. Wie bei einem Schaufenster sollte der Leser von der vollen Pracht Deines Buches verzaubert werden.

Über den Autor
Sind Cover, Klappentext sowie die ersten Seiten Deines Buches überzeugend, dann gleitet der Blick eines potentiellen Käufers meist auf den Autor. Seine zentrale Frage: *"Wer steht hinter diesem Buch?"*.

Häufig bieten Online Händler die Option einer virtuellen Autorenbeschreibung. Auch auf dem Buchrücken oder vorne auf den ersten Seiten ist Platz für eine Kurzbeschreibung. Bringe in der ‚Über den Autor' Sektion kurz und bündig Deine Eignung und Kompetenz für das Buch zu Papier. Nutze messbare Größen, zum Beispiel Anzahl an Projekten, Kunden, Trainingsteilnehmern, Erfahrungsjahren, geschriebenen Büchern etc.. Spreche Merkmale an, die die Zielgruppe erwartet und goutiert.

Der Hauptteil
Das ‚Fleisch' Deines Buches findet ein Leser im Hauptteil. Hier präsentierst Du Inhalte. Typisch in von Consultants verfassten Fachbüchern sind Verfahren, Modelle und Konzepte, eingebettet in einen wirtschaftlichen Kontext mit Entwicklungen, Trends, Erfolgen und Krisen.

Dein Hauptteil adressiert die Fragen und Bedarfe Deiner Zielgruppe auf Basis Deiner Ansätze. Dabei gilt: kurz und prägnant gewinnt. Meist haben Leser in Unternehmen wenig Zeit und sind mit Informationen überladen. Spare Dir lange Phrasen, nichtssagende Worthülsen und überflüssige Abbildungen. Komme zum Punkt.

Der Schluss
Falls ein Leser es bis zum Ende Deines Buches schafft, ist das Thema für ihn hochrelevant. Auf den letzten Seiten Deines Werkes sollte daher eine Handlungsaufforderung stehen. Das kann beispielsweise der Hinweis auf eines Deiner weiteren Bücher, ein Link bzw. QR-Code mit begleitendem Material zum Download oder eine Einladung zur Kontaktaufnahme sein.

Mit einer Liste weiterführender Literatur unterstreichst Du Deine Belesenheit. Wiederum hilft ein Index dem Leser, sich in einem seitenstarken Werk rasch zurechtzufinden.

Anwendung

Du besitzt ein Thema, zu dem Du umfassendes Wissen und Erfahrung angesammelt hast und welches Du unbedingt zu Papier bringen möchtest? Klasse! Dann durchläufst Du nun folgende vier Schritte:

1. Hintergrundrecherche durchführen
Stelle Dir vor, Du schreibst über ein Jahr lang an einem Buch. Du hast Zeit und Energie investiert. Jetzt liegt es vor Dir, das eigene Werk. 200 Seiten dick und prall gefüllt mit Deinem Knowhow. Das Problem: das Buch findet keine Käufer.

Damit diese Situation nicht eintritt, ist zu Beginn gründliche Basisarbeit notwendig. Kläre dazu Fragen wie:

- Wer ist die Zielgruppe meines Buches? Welche Bedarfe und Probleme hat diese? Womit verbringt sie einen Großteil ihres Arbeitstages?
- Weshalb sollte ein Leser gerade zu meinem Buch greifen? Was erhält er mit meinem Buch? Was sind die Alleinstellungsmerkmale?
- Welche Wettbewerbsbücher gibt es auf dem Markt? Welche Inhalte bieten diese? Wie oft werden diese verkauft?

Nutze Online Tool wie beispielsweise Google Keyword Planner oder die Amazon Suchvorschläge um ein Gefühl für den Markt Deines Buches zu bekommen.

2. Verlag finden
Im zweiten Schritt entscheidest Du, ob Du Dein Buch über einen Verlag oder im Self-Publishing veröffentlichen willst. Bei Option 1 profitierst Du von der Erfahrung, Reichweite und dem Branding. Ein angesehener Verlagsname veredelt Dein Werk, gibt Dir Hinweise bei der Ausgestaltung und unterstützt Dich bei der Positionierung. Bei Option 2 – der Publikation im Eigenverlag – bist Du maximal flexibel und erhältst zudem einen höheren Anteil pro verkauften Exemplar.

3. Buch schreiben
Steht Dein Publikationskanal fest, heißt es nun in die Laptoptasten zu hauen. Bringe Dein Wissen zu Papier. Gerne kannst Du die Ideen bereits publizierter Fachartikel, Blogbeiträge sowie Newsletter aufgreifen und den Schreibaufwand damit reduzieren.

Plane Zeit für ein Review bzw. Lektorat ein. Auch wenn Du denkst Dein Werk ist bereits perfekt: ein Lektor findet immer noch eine Inkonsistenz, einen Kommafehler bzw. eine sprachliche Optimierungsmöglichkeit. Mangelt es Dir an Zeit oder hast Du kein Händchen, kannst Du das Design des Covers auslagern.

4. Buch vermarkten
Dein Buch ist geschrieben und im Buchhandel erhältlich? Herzlichen Glückwunsch. Im letzten Schritt steht die Vermarktung an. Kündige Dein Werk auf den Dir zur Verfügung stehenden Kanälen an, zum Beispiel Unternehmenswebseite, Newsletter, Blogbeitrag oder Signaturwerbung. Vertiefe Einzelaspekte in Fachartikeln und Fachvorträgen. Natürlich verweist Du in diesen auf Dein Buch.

Sende guten Kollegen, Kunden und Partnern ein Autorenexemplar. Bestückt mit einem persönlichen Gruß festigst Du die Beziehung. Vielleicht ist der ein oder andere Empfänger auch bereit, eine Online Bewertung abzugeben. Bedenke auch die Redaktionen von Wirtschaftsmagazinen mit einem Freiexemplar. Oft stellen die Fachzeitschriften in ihren Ausgaben lesenswerte Bücher vor oder interviewen die Autoren dahinter. Passt Dein Werk thematisch gut rein, so stehen die Chancen auf eine offizielle Rezension nicht schlecht.

Vor- & Nachteile

- Ein eigenes Buch ist ein extrem wirksamer Knowhow-Kommunikator und Erfahrungsbeleg. Speziell wenn Dein Buch das Erste oder Beste im Themenfeld ist, fungiert ein einmal geschriebenes Werk als langfristiges Akquise Tool.

- Ein Buch hilft (bzw. zwingt Dich) eines Deiner Beratungsfelder umfassend zu vertiefen und en Détail in die Materie einzusteigen. Hast Du einmal Deine Themen minutiös zu Papier gebracht, dann verstehst Du diese auch und kannst sie an Kollegen und Kunden kompetent weitergeben.
- Ein Buch generiert einen kleinen aber feinen passiven Einnahmestrom. Egal ob Du im Urlaub ist oder Dich gerade fortbildest – Dein Buch ist verfügbar und generiert für Dich kontinuierlich Erlöse.
- Laut Statistik verkauft sich ein am deutschsprachigen Lesemarkt durchschnittlich nachgefragtes Fachbuch aus dem B2B-Umfeld rund 500 Mal pro Jahr. Bei 2 Euro Erlös pro Exemplar sind das gerade einmal 1.000 Euro Einnahmen. Unversteuert. Reich wirst Du damit nicht.
- Berücksichtige ebenfalls die viele Arbeitszeit, die in ein Buch fließt. Mit dem disziplinierten Schreiben ist noch lange nicht getan. Auch die Koordination von Lektorat und Verlag sowie das sich anschließende Marketing binden Deine Zeit. Gerade wenn der Verkaufserfolg dann ausbleibt oder Deine Klienten dem Buch wenig Beachtung schenken, ist das eine sehr bittere Pille.
- Ein Buch veraltet. Je mehr seine Inhalte von Technologien, wirtschaftlichen Trends bzw. dem Zeitgeist abhängen, desto geringer die Halbwertszeit. Hat Dein Buch erst einmal ein paar Jahre auf dem Buckel, so stehst Du vor zwei Optionen: Aktualisieren oder die sinkende Nachfrage akzeptieren.

Praxistipps

Tipp 1 – Nicht ohne Warm-up
Wie effizient arbeitest Du beim Strukturieren von Texten? Wie gut ist es um Deine Schreibfähigkeit bestellt? Bevor Du Dich in das Abenteuer eigenes Fachbuch stürzt, solltest Du mehrere Fachartikel bzw. Blogbeiträge verfasst haben. Anhand dieser Vorarbeit kannst Du einschätzen, ob Dir das Schreiben liegt, Du lieber einen Ghostwriter engagierst oder das Buchprojekt ganz sein lässt.

Tipp 2 – Im Rhythmus
Sicherlich kennst Du das Sprichwort vom Elefanten. Ein Löwe frisst diesen Dickhäuter nicht im Ganzen, sondern in einzelnen Scheiben. Ganz genauso solltest Du bei Deinem Buchprojekt vorgehen. Lege Dir eine Gewohnheit zu, die Dich jeden Tag 30-45 Minuten an Deinen Inhalten arbeiten lässt. Einschließlich Samstag und Sonntag kommst Du damit rund 4 Arbeitsstunden pro Woche, im Jahr auf stattliche 25 Arbeitstage. Für ein Buch von 20.000 bis 25.000 Worten sollte das locker ausreichen.

Tipp 3 – Agile Buchentwicklung
Früher erschien eine neue Buchauflage höchstens im Jahresrhythmus. Heute kannst Du jede Woche eine Neufassung Deines Buches lancieren. Die Self-Publishing und Books on Demand Angebote bekannter Internet Buchhändler wie

Amazon Kindle Direct Publishing oder Books on Demand erlauben Dir eine kontinuierliche Aktualisierung Deiner Inhalte. Anpassungen und Ergänzungen werden innerhalb von 24 Stunden den Käufern verfügbar gemacht. Teste mit einem 50-Seiten Buch aus, ob das Thema auf Nachfrage stößt. Sollte dies der Fall sein, steckst Du weitere Kraft in das Buch und erweiterst Dein Werk zum ausgewachsenen Fachkompendium.

Tipp 4 – Buchgäste und Multiplikatoren
Verstärkt setzen Musikstars in ihren Alben auf Gasteinlagen von Partnersängern. Der Erfolg gibt den Topkünstlern recht. Die Duette mit Profimusikern und Nachwuchstalenten kommen beim Publikum gut an. Auch als Buchautor kannst Du komplementären Partner Einlass in Dein Buch gewähren. Spendiere ihnen ein Vorwort, einen Zwei-Seiter oder gar ein ganzes Buchkapitel. Achte auf klare Leitplanken, was Textinhalte und Fristen angeht. Als Light-Version bittest Du die Partner um ein Zitat oder einen Tipp für Dein Buch und listest ihre Namen am Buchende auf. Einmal Schwarz auf Weiß in Deinem Werk hinterlegt, agieren diese Co-Kreatoren zukünftig als Deine Buchbotschafter.

Tipp 5 – Story Telling
Inzwischen hat sich der Erfolg der Technik des Geschichtenerzählens auch unter Beratern rumgesprochen. Eine Hauptperson erlebt zu Beginn einen Konflikt und macht sich anschließend auf die Reise. Auf dem Weg kommt es zu Kämpfen, der Protagonist wächst. Kurz vor Schluss der Höhepunkt. Falls gut gemacht, kommen Bücher im Geschichtenmodus gut bei Lesern an. Neben der Botschaft und dessen Anwendung, musst Du zusätzlich an der Story feilen. Mehr Text, mehr Arbeit.

Lesetipp
Vor meinem Erstlingsbuch ‚Brainteaser erfolgreich meistern' habe ich den Ratgeber ‚Die 50 Werkzeuge für gutes Schreiben' von Roy Peter Clark gelesen. Als Schreibneuling findest Du alles, was Du zum Verfassen guter Texte brauchst.

Zusammenfassung

Das eigene Fachbuch ist die Krönung Deiner Expertise. Wenn Du jahrelang in einem Gebiet beraten hast, das Themenfeld immer noch Relevanz genießt und Du bereits einige Schriften anfertigen konntest, ist das eigene Werk fast schon Pflicht. Einmal erstellt und an den Markt gebracht, fungiert Dein Buch fortan als nützlicher Marketing Companion. Ob beim Bestands- oder Neukunden, das Buch belegt Dein Tiefenwissen und Deine Praxiserfahrung.

Der Fachvortrag – auf großer Bühne Interessenten begeistern

Bist Du ein brillanter Redner? Ein echter Top-Speaker, der mit pointierten Themen das Publikum emotional begeistert und inhaltlich einen Schritt weiterbringt? Auch wenn Du als Berater lieber im Hintergrund agierst und das Rampenlicht eher scheust, lohnt sich der Blick auf das Consulting Akquise Tool ‚Fachvortrag'. Mit keinem anderen Werkzeug erreichst Du nämlich in so kurzer Zeit so viele potentielle Neukunden auf persönlicher Ebene. Auf Basis meiner bisher rund 30 gehaltenen Fachvorträge gebe ich Dir nachfolgend praktische Tipp für Deinen nächsten Redebeitrag an die Hand.

Kategorie

- Zielgruppe: Neukunden, Bestandskunden
- Phase: Interesse, Beziehung
- Aufwand: Mittel
- Wirkungstiefe/-dauer: mittel, kurz bis mittelfristig

Zweck

Mit einem Fachvortrag positionierst Du Dich als Experte für ein Thema und erweiterst Dein geschäftliches Kontaktnetzwerk. Die richtigen Inhalte vor dem richtigen Publikum zum richtigen Zeitpunkt präsentiert, verschafft Dir nicht nur Interesse und Beziehung, sondern im besten Fall auch einen Beratungsauftrag.

Dazu ein kleines Gedankenspiel. Angenommen 100 Personen lauschen Deiner Rede und fünf von ihnen schlagen sich tatsächlich mit dem von Dir angesprochenen Problemen herum. Was liege für diese Person ferner, den eben erlebten Sprecher und Experten auf diese Herausforderungen anzusprechen? Immerhin waren sie gerade eben 1 Stunde mit Dir im selben Raum eingesperrt, kennen Dich bereits aus dem Veranstaltungsprogramm, der Kurzvorstellung und dem Vortrag.

Aufbau

Als Informationsrede erfüllt ein guter Fachvortrag zwei wichtige Anforderungen:

- er reist das Publikum emotional mit und
- bietet inhaltlich einen konkreten Nutzen.

Der Buchhandel und das Internet bieten umfassende Informationen zum Design eines eindrucksvollen Vortrags und dessen rhetorischer Ausgestaltung.

Nachfolgend die aus meiner Sicht wichtigsten Punkte für die Nutzung dieses Consulting Tools zur Kundenakquise.

Teil 1 – Ein fulminanter Start
Bereits der Titel Deines Fachvortrags ist eine Einladung an die Teilnehmer, ihre limitierte Tagungszeit in Deine Inhalte und Dich zu investieren. Wähle eine Überschrift die Nützlichkeit, Relevanz und Unterhaltung verspricht und gleichzeitig die Neugier weckt.

Wie bei einer Flugreise oder einem Hollywood-Blockbuster ist ein guter Vortragseinstieg immer auch ein schneller Einstieg. Ein Teilnehmer sollte sich sofort im Geschehen befinden, buchstäblich in das Thema „hineingerissen" werden. Vermeide lange Selbstdarstellung nach dem Motto „Meine Firma – meine Projekte – meine Kunden". Solche selbstreferenziellen Fakten sind für Dich, nicht jedoch für Dein Publikum von Interesse.

Teil 2 – Ein inspirierender Hauptteil
Ein optimaler Vortrag transportiert 2-3 Kernbotschaften. Diese bleiben dem Teilnehmer auch nach der Performance im Kopf und werden mit Dir assoziiert. Verkaufe Ideen, nicht Leistungen. Gesucht sind neue, innovative Ansätze zur Lösung von Problemen. Punkte mit erfrischenden Inhalten, die dem Zuhörer bisher weniger bekannt waren und die er unmittelbar in seinem Arbeitsalltag integrieren könnte. Vermeide zahlenintensive Folien. Diese bremsen den Vortragsfluss. Schiebe diese Details ins Backup oder – noch besser – biete sie dem Publikum als kostenfreien Download gegen Abgabe der E-Mailadresse an. Dein Fokus liegt auf der Tonspur sowie der Körpersprache, nicht auf den Präsentationsfolien.

Diskutiere bekannte Sachverhalte von einem alternativen Blickwinkel. Stelle traditionelle Glaubenssätze in Frage. Habe den Mut, einen provokanten Standpunkt einzunehmen, mit Deinem Redebeitrag zu polarisieren. In einem eintönigen Strom immer gleich dozierter Vortragsthemen wirkt eine kontroverse Meinung wie ein hochexplosiver (und meist auch appetitlich schmeckender) Cocktail. Ergänze dieses spannende Gemisch mit ansprechenden Abbildungen und packenden Stories aus dem professionellen und privaten Alltag.

Teil 3 – Ein einprägsamer Schluss
Am Ende Deines Vortrags fasst Du die wichtigsten Punkte zusammen. Doch anstatt Dich mit einem simplen „Vielen Dank. Kontaktieren Sie mich." mausgrau zu verabschieden, bietest Du weiterführende Checklisten, Publikationen oder Erklärmodelle an. Dieses Bonusmaterial erhält ein Teilnehmer, wenn er Dich per E-Mail kontaktiert bzw. sich (messbar) auf Deiner Webseite registriert.

Anwendung

1. Forum finden

Erstelle in einem ersten Schritt eine Liste von relevanten Vortragsforen. Das sind Veranstaltungen, Konferenzen, Tagungen etc. die zum einen für Deine Zielgruppe attraktiv sind und welchen Du zum anderen interessante Inhalte bieten kannst. In Punkto Zeitplan gilt: Kongresse werden jährlich terminiert, Konferenzen mit sechs Monaten Vorlauf, regionale Veranstaltung mit 3 Monaten im Voraus oder sogar kürzer.

Beachte, dass das Ziel der Veranstalter fast immer darin liegt, möglichst viele Teilnehmer für die Tagung anzuziehen. Das korreliert nicht unbedingt mit spannenden und wichtigen Themen. Bist Du unbekannt und trifft Deine Vortragsexposé nicht einen Trend, geht ein Organisator mit Dir ein Risiko ein. Dann setzt er doch lieber gleich auf einen großen Rednernamen bzw. ein aktuelles Hype-Thema.

Bei einem kleineren Format meldest Du Dich mit einem Vorschlag direkt beim Organisator. Im Falle größere Events bewirbst Du Dich auf Basis eines Call-for-Papers mit einem Abstract bzw. Exposé. Dabei gilt die Formel minimaler Aufwand, maximale Wirkung. Daher: Du musst zum Zeitpunkt des Einreichens Deiner Bewerbung keinen fertigen Vortrag in der Schublade haben. Es genügt die Beschreibung eines spannenden, relevanten und nützlichen Fachvortrags auf einer Seite.

2. Inhalte vorbereiten

Gute Arbeit, Dein Vortragsvorschlag wurde akzeptiert. Bevor Du die Inhalte konzipierst, solltest Du die Rahmenbedingungen abklären. Wer ist die Zielgruppe? Wie viele Personen werden erwartet? Für welche Uhrzeit ist Dein Beitrag eingeplant? Welche technischen und organisatorischen Randparameter gilt es zu berücksichtigen? Nutze Deinen guten Draht zum Veranstalter um auf Basis einer Organisatoren-Checkliste die Hintergrundinformationen abzufragen und den Ablauf abzustimmen.

Signalisiere gleichzeitig Offenheit für Themenschwerpunkte und Fragen der Teilnehmer. Biete beispielsweise an, das Event als [Blogbeitrag](), Deinem [Newsletter]() oder in Deiner [E-Mailsignatur]() samt einem Promo-Code anzukündigen. Oft sind Organisatoren bereit Kollegen, Partnern und Kunden des Redners Rabattkonditionen zu gewähren. So habe ich noch nie einen Veranstalter erlebt, der sich über zu viele Teilnehmer beschwert hat.

Sammle und organisiere Deine Ideen und arbeite einen roten Faden aus. Erstelle anschließend die Präsentationsfolien. Nutze Whiteboard, Flipcharts und Pinnwände nur, wenn diese vom Publikum auch gesehen werden. Geplante

Medienwechsel bringen zwar Abwechslung in Deinen Vortrag, erzeugen aber auch Mehraufwände.

3. Rede proben
Körpersprache und Aussprache bestimmen 2/3 Deiner Kommunikation. Lasse diese Ebenen nicht unter den Tisch fallen, speziell falls Deine Rednerfähigkeiten lange nicht mehr zum Einsatz gekommen sind. Übe laut, am besten in einem Probevortrag vor Kollegen. Feile an Deinen Sprecherqualitäten.

Nimm Deine Performance per Smartphone auf, analysiere den Mitschnitt und verbessere Dich gezielt. Ein Probelauf kann die vorgegebene Zeit gerne um 10 Prozent übersteigen. Aufgrund der Aufregung sprichst Du auf einer Bühne meist schneller bzw. entfallen Dir auch Dinge. Halte die Generalprobe mindestens akustisch fest. Nach Deinem Beitrag kannst Du diesen Wissensbaustein wiederverwerten, beispielsweise als Blogbeitrag.

4. Fachvortrag halten
Überlasse an Deinem Vortragstag nichts dem Zufall. Reise frühzeitig an, teste die Technik, mache Dich mit den Räumlichkeiten, ihren Licht- und Akustikbedingungen vertraut. Frage beim Veranstalter nach, ob Du nützliche und möglichst haptisch attraktive Werbeartikel (Fachartikel, Whitepaper etc.) mit konkreten Bezug zu Deinem Vortrag als Geschenk an die Teilnehmer auf den Sitzplätzen auslegen kannst.

Dein Fachvortrag soll das Publikum stimulieren. Präsentiere geistige Nahrung, kreative Impulse, innovative Ideen – kurzum Inhalte, die zum Nachdenken anregen. Nimm Bezug auf die Inhalte der vorangehenden Redner. Erzähle kleine Anekdoten aus Deinem Projektalltag und zeige anhand konkreter Zahlen, wie Du arbeitest und was Du lieferst. Lasse am Schluss Raum für Fragen und Diskussionen und beschließe Deine Rede mit einem starken finalen Satz.

Nach dem Vortrag bist Du der Star. Du bleibst natürlich im Raum und stehst interessierten Zuhörern für ‚vertiefende Gespräche mit dem Experten' zu Verfügung. Tausche Visitenkarten aus und vereinbare Folgeschritte. Befeuern kannst Du den Ansturm an Interessenten, indem Du während des Vortrags auf ein Werbeartikel oder Fachartikel hinweist, welches der Zuhörer im Nachgang bei Dir abholen kann. Verabschiede Dich mit einem Dank beim Veranstalter.

5. Event nachbereiten
Ein bis zwei Tage nach Deinem Fachvortrag bedankst Du Dich erneut beim Veranstalter für die gelungene Organisation, das großartige Publikum, die spannende Themenauswahl etc.. Regelmäßig stellen Organisatoren auch das

Feedback der Teilnehmer bereit, welches Du auswerten und zur Verbesserung heranziehen kannst.

Kontaktiere alle Teilnehmer, die sich mit Fragen an Dich gewandt hatten und signalisiere Offenheit für weiterführende Diskussionen. Pflege Deine Kontaktdatenbank. Auch lohnt sich ein kleiner Beitrag auf Deiner Webseite, der die zentralen Inhalte und Erkenntnisse Deines Fachvortrags zusammenfasst und zur Kontaktaufnahme animiert.

Gehe zudem durch die Folienunterlagen der anderen Redner. Meist stellen die Veranstalter diese 1 bis 2 Wochen nach dem Event zusammen. Welche Vorträge sind gut verlaufen? Wo kann ich mir eine Scheibe abschneiden? Welche Speaking-Elemente und Folieninhalte könnte ich für zukünftige Fachvorträge übernehmen? Versende das gesamte Konferenzpaket an die Beraterkollegen. Auch Kunden freuen sich über extra für sie zusammengestellte relevante Einzelimpulse einer bekannten Konferenz.

Vor- & Nachteile

- Ein Fachvortrag bringt Dich in intensiven Kontakt mit Deiner Zielgruppe. Für die Dauer der Redeeinlage gehst Du auf Tuchfühlung mit potentiellen Kunden.
- Personen hören Dir (gezwungenermaßen) zu, erleben Dich als Experte und verdauen Deine Denkanstöße.
- Die Fragen der Teilnehmer sind wertvoller Input für Deine Beratungsangebote.

- Reden zu halten ist nicht jedermanns Sache. Auch Bedarf das Referieren Übung und Ausdauer.
- Einen Fachvortrag zu halten ist sehr teuer. Gerade bei unbezahlten Speakings gehst Du mit drei bis vier Tagen investierter Zeit kräftig in Vorleistung.
- Falls der Veranstalter Deine Inhalte (Folien, Videoaufzeichnungen etc.) für sich reklamiert, Du auf einem ungünstigen Vortragsplatz landest oder das mit Budget ausgestattete Entscheider-Publikum ausbleibt, ist ein Fachvortrag eine sehr unwirksames Akquise Tool.

Praxistipps

Tipp 1 – Beharrlichkeit
Bei namenhaften Veranstaltungen ist es nicht einfach, einen der begehrten Vortragsplätze zu ergattern. Der Wettbewerb ist groß. In der Regel favorisieren die Veranstalter einen bekannten Namen der mit hoher Sicherheit den Tagungssaal fühlt statt eines riskanten Neulings ohne Sprecherreputation. Auch wenn Dein Vorschlag auf einen Call for Papers in den ersten zwei bis drei Jahren

nicht genommen wird, solltest Du dranbleiben. Dein Name befindet sich für ein Thema im Spiel, Deine Bekanntheit steigt und früher oder später erntest Du die Früchte Deiner Ausdauer.

Tipp 2 – Von regional zu international
Bei Fachvorträgen ist es wie im Fußball. Du beginnst Deine Rednerlaufbahn in der Kreisklasse und entwickelst Dich systematisch zum Champions League Speaker. Starte mit kleinen Vortragsforen, beispielsweise Arbeitskreise, Themenabende und regionale Verbandstreffen. Sammle mit jedem Vortrag Erfahrung. Welche Themen mag das Publikum? Was kommt gut an? Empfehle Dich mit einer guten Performance für landesweite, nationale und schließlich für internationale Formate weiter.

Tipp 3 – Kontrastprogramm
Oft ist Dein Fachvortrag eingebettet in eine ganze Serie von Beiträgen. Diese finden vor, nach oder parallel zu Deiner Rede statt. Analysiere das thematische Umfeld, die Redner und Themen. Wie passt Dein Fachvortrag da hinein? Setze bewusst Akzente. Du möchtest professionell anders sein, aus dem Brei der PowerPoint Shows und Folien-Dias mit (be-)merkenswerten Inhalten hervorstechen. Baue Videobotschaften ein, organisiere Live-Webcalls, starte eine Kurzumfrage, spiele passende Hintergrundmusik ein, verteile Werbeartikel oder transformiere Deinen Vortrag in einen Team-Workshop samt dem Kleben von Karten.

Tipp 4 – 100 Prozent aufzeigen, 10 Prozent erklären
Gib in Deinem Fachvortrag an ein oder zwei Stellen einen Ausblick auf zusätzliche Inhalte und Mehrwerte ohne diese jedoch detailliert zu erklären. Schaffe auf diese Weise Anknüpfungspunkte. Beispielsweise präsentierst Du auf einer Folie kurz mehrerer Lösungsansätze. Statt alle vorzustellen, pickst Du Dir ein Vorgehen heraus. Falls das zu Grunde liegende Thema ein Problem für den Zuhörer ist, wird er Dich im Nachgang zu Deinem Vortrag auf die angerissenen Ansätze ansprechen.

Tipp 5 – Wiedervermarktung
Ein exzellent ausgearbeiteter Fachvortrag bedeutet Aufwand. Rechne für einen 60-minütigen Redebeitrag mit 15 bis 30 Stunden Vorbereitungszeit. Zeit für An- & Abreise sowie der Teilnahme nicht mitgerechnet. Verwerte daher den einmal ausgearbeiteten Beitrag zu verschiedenen Anlässen erneut, beispielsweise externe Trainings, Inhouse Schulungen oder Messebesuchen. Fertige eine Videoaufnahme des Vortrags an, falls der Veranstalter Dir das gestattet. Vermarkte diesen Mittschnitt zusammen mit den Folien auf Deinem Blog weiter.

Tipp 6 – Das perfekte Timing
Sorge dafür, dass Dein Fachvortrag so früh wie möglich auf einer Veranstaltung

platziert wird. Das Optimum ist der erste Tag direkt früh morgens zum Auftakt. Zu diesem Zeitpunkt ist die Aufmerksamkeit am größten und das Teilnehmerfeld am dichtesten. Das Publikum lernt Dich direkt zu Beginn kennen, hat im Anschluss die Möglichkeit sich mit Dir in Kontakt zu setzen.

Tipp 7 – Der nächste Schritt
Versehe das Ende Deines Vortrages mit einem Folgeimpuls, dem sogenannten Call-to-Action. Beispielsweise verweist Du auf eine in 6 Wochen stattfindende Austauschplattform, einem anstehenden Webinar, weiteren Infos in Deinem Newsletter oder die Möglichkeit einer Kurzberatung in einem von Dir angemieteten Konferenzzimmer. Die Eindrücke der Teilnehmer sind jetzt noch frisch. Stößt Dein Thema auf Interesse, werden diese die von Dir errichtete Kontaktbrücke nutzen.

Lesetipp
Für Unternehmensberater kann das Halten von Fachvorträgen zu einer lukrativen Nebeneinkunftsquelle werden. Wenn Dich das Thema Fachvortrag interessiert empfehle ich Dir das Buch ‚Der Weg zum Topspeaker: Wie Trainer sich wandeln, um als Redner zu begeistern' von Hermann Scherer. Der Self-Made Unternehmer und Speaker Coach erklärt im Detail, wie Du Dich schrittweise vom Trainer zum Redner entwickelst.

Zusammenfassung

Ein Fachvortrag ist ein gutes Consulting Akquise Tool, um mit einer Zielgruppe im direkten Kontakt eine Beziehung aufzubauen und erste Bedarfe zu analysieren. Statt nur zu behaupten, demonstrierst Du durch wertige Inhalte Deine Kompetenz, Deinen persönlichen Stil und Deine Mehrwerte. Viel Erfolg auf der Bühne!

Sichtbarkeit & Interessensgewinn

Das Qualitätssiegel – unabhängige Auszeichnungen nutzen

Und wieder blinkt Dir das orangefarbene Logo von einer Consulting Webseite entgegen. Stolz verkündet es: 'Beste Berater 2018'. Links in Hochschrift liest Du 'Brand eins Thema'. Keine Frage – das Qualitätssiegel als Top-Beratung wirkt. Wer will nicht von einem deutschen Wirtschaftsmagazin als beste Consultancy bezeichnet werden.

Doch wer steckt eigentlich hinter den Auszeichnungen wie 'Beste Berater', 'TOP CONSULTANT' oder 'Best of Consulting'? Und wie kann sich die eigene Beratung für einen Titel qualifizieren? Nachfolgend gehe ich auf die Marketingmaßnahme Qualitätssiegel ein.

Kategorie

- Zielgruppe: Neukunden, Bestandskunden
- Phase: Interesse
- Aufwand: mittel
- Wirkungstiefe/-dauer: mittel, mittel bis langfristig

Zweck

Bei über 20.000 Consultancies und mehr als 124.000 angestellten Beratern ist die Beratungsbranche in Deutschland unübersichtlich. Ein Qualitätssiegel für Consulting Firmen schafft hier eine Win-Win-Win Situation für alle Beteiligten:

- Für **Beratungskunden** verkürzt ein Qualitätssiegel die Suche nach guten Consultants für einen bestimmten Themenbereich. Statt ein x-beliebiges Beratungshaus zu engagieren, wird jene Firma beauftragt, die zuvor durch eine externe unabhängige Organisation mit einer Auszeichnung geehrt wurde.
- Für Dein **Beratungsunternehmen** signalisiert der gewonnene Titel gegenüber Kunden, Partnern und Mitarbeitern Professionalität, Spitzenleistung und Unvergleichbarkeit. Deine Consultancy und ihre Marke hebt sich von Wettbewerbern ab, erlangt Sichtbarkeit und sticht aus dem Einheitsbrei der Beratungsfirmen hervor.
- Für die **Preisverleiher** bringt die Auszeichnung ebenfalls Aufmerksamkeit sowie ein Netzwerk in die Wirtschaft und Forschung. Zudem wird gleichsam

die eigene Marke aufpoliert und mit Verkäufen der Siegelnutzungsrechte ein neuer Erlösstrom erschlossen.

Meine Beratungsunternehmen wurden bisher noch nicht mit einem Qualitätssiegel gekürt. Die Angaben für diesen Beitrag beziehe ich aus eigenen Webrecherchen, Interaktionen mit den Organisatoren sowie Erfahrungsberichte von Trägern eines Siegels.

Aufbau

Anfang 2019 werden in Deutschland drei Auszeichnungen verliehen:

- **Best of Consulting und Best of Consulting Mittelstand** des Düsseldorfer Magazins WirtschaftsWoche
- Beste Berater des Hamburger Magazins brand eins Wissen sowie dem Statistikportal Statista
- **TOP CONSULTANT** für Mittelstandsberater der compamedia GmbH sowie der Wissenschaftlichen Gesellschaft für Management & Beratung (WGMB)

Best of Consulting kürt Beratungsprojekte. TOP CONSULTANT zeichnet Consultancies für den Mittelstand aus, Beste Berater ehrt jede Form von Beratungen. Alle drei Qualitätssiegel werden im Jahresrhythmus verliehen und prämieren Beratungsfirmen bzw. Beratungsprojekte, nicht Einzelberater.

	Best of Consulting	Beste Berater	TOP CONSULTANT
Organisator	WirtschaftsWoche	brand eins, Statista	compamedia, WGMB
Erstauflage	2010	2014	2010
Teilnehmer	• Kleine/mittlere Beratungen (Mittelstand) • Große Beratungen	Alle Beratungen (Klassisch, Beratungszweige von Wirtschaftsprüfern, IT, Inhouse, Insolvenz)	Beratungen mit Kunden im Mittelstand
Preisverleihung	Jährlich (Veröffentlichung im November)	Jährlich (Veröffentlichung im April)	Jährlich (Veröffentlichung im Juni)
Bewertung	Projekt	Beratung	Beratung
Beratungsfelder	• Digitalisierung • Finanz-, Risikomanagement und M&A • Innovation & Wachstum • IT-Management • Marketing & Organisation • Operational Excellence • Pro Bono Consulting • Public Sector • Restrukturierung • Supply-Chain-Management • Wettbewerbsstrategie	• Data Analytics & Big Data • Change Management & Transformation • Digitalisierung • Einkauf & Supply-Chain-Management • Finance & Risikomanagement • Human Resources & Coaching • Innovation & Wachstum • Interimsmanagement • IT-Implementierung • IT-Strategie • Marketing, Marke, Pricing • Mergers & Acquisitions • Nachhaltigkeit & Sustainability • Operations Management • Organisation • Restrukturierung • Strategieentwicklung • Vertrieb, After Sales & CRM	• IT-Beratung • Managementberatung • Personalberatung • Organisationsentwicklung • Technische Beratung
Auswahl	• Befragung Beratung • Bewertung durch Fachbeirat und Jury	• Befragung Beratung (Partnern & Projektleiter) • Befragung von leitenden Angestellten aller Unternehmensgrößen • Befragung leitende Angestellte aus DAX-, M-DAX-, S-DAX-, und TEC-DAX-Unternehmen	• Befragung Beratung • Befragung 10-20 Referenzkunden
Kosten	3.900 – 14.900 Euro (bei Auszeichnung)	Nutzung für Wort- & Bildmarke und Profilanzeige	~6.000 – 7.000 Euro (bei Auszeichnung)

Dr. Christopher Schulz | Consulting-Life.de
Quelle: Eigene Webrecherche + Angabe der Organisatoren, 01/2019

Auszeichnungen Top-Beratungen in Deutschland

Obere Tabelle fasst die Qualitätssiegel zur Top-Beratung zusammen. Die detaillierten Bewerbungs- und Veröffentlichungsmodalitäten der aktuellen Periode erfährst Du auf den jeweiligen Webseiten.

Anwendung

1. Bewerbung ankündigen
Das genaue Vorgehen bei Bewerbung und Auswahl richtet sich nach dem Qualitätssiegel. Kontaktiere bei 'Best of Consulting' bis einschließlich Mai eines laufenden Jahres die Wirtschaftswoche-Redaktion. Auch bei 'Beste Berater' nimmst Du per E-Mail Kontakt mit den Veranstaltern brand eins wissen auf. Für 'TOP CONSULTANT' registrierst Du Dich bis Anfang März eines Jahres direkt auf der Webseite.

2. Bewerbungsdaten übermitteln
Die WirtschaftsWoche möchte von Deiner Beratung eine Selbsteinschätzung sowie Details zum Consulting Projekt samt Kunden. Anschließend urteilen ein Fachbeirat und eine Jury. Auch brand eins setzt sich nach Deinem Bewerbungsschreiben mit Dir in Kontakt. Zusätzlich werden leitende Angestellte aus der Wirtschaft zu Deiner Beratung befragt. Schließlich erhältst Du bei 'TOP CONSULTANT' ebenfalls einen Fragebogen. In Ergänzung fragen die Organisatoren 10 bis 20 Deiner Referenzkunden ab.

3. Qualitätssiegel erhalten
Wurde Deine Beratung von den Organisatoren prämiert, dann wird Dir ein Qualitätssiegel überreicht. Dieses darfst Du - nach Entrichtung der entsprechenden Gebühren - online wie offline nutzen. Neben dem Siegel erhältst Du bei 'TOP CONSULTANT' einen 80-seitigen Positionierungs-Benchmark, ein Webporträt sowie positive Presse. Zudem bist auf Preisverleihung dabei. Auch bei 'Best of Consulting' der WirtschaftsWoche werden die Sieger in einer Preisverleihung mit einer Trophäe geehrt und erscheinen in einer Ausgabe des Magazins. Brand eins wissen und Statista publizieren die Gewinner gleichsam im Heft sowie auf der interaktiven Webseite. Als 'Beste Berater' erhältst Du zudem das gedruckte Magazin sowie eine Urkunde.

Vor- & Nachteile

- Ein Gütesiegel einer Organisation wirkt analog einer <u>Referenz</u>. Es unterstreicht die Qualität Deiner Unternehmensberatung und senkt damit die Risikoschwelle für Neukunden.

- Die Nutzung des Gütesiegels kostet. WirtschaftsWoche, brand eins Wissen/Statista und compamedia/WGMB lassen sich die vergebenen Titel jährlich versilbern.
- Administration, Befragung, Ankündigung beim Referenzkunden, Rücksprachen mit den Organisatoren - das alles kostet Zeit. Dieses solltest Du bei der Bewerbung um ein Qualitätssiegel mitbringen.
- Die Halbwertszeit der Güteetiketten ist mit einem Jahr knapp bemessen. Geschickterweise trägt jedes Siegel die Jahreszahl im Bild. So musst Du jedes Jahr erneut ran und Dich um die Auszeichnung bewerben.

Praxistipps

Tipp 1 - Unterlagen wiederverwenden
Du hast Dein Unternehmen bereits einmal für ein Consulting Qualitätssiegel beworben? Verkürze den administrativen Prozess und nutze die Unterlagen für das nächste Jahr als Ausgangsbasis.

Tipp 2 - Das Siegel kreativ nutzen
Deine Beratung bzw. ihre Projekte wurden prämiert? Herzlichen Glückwunsch. Die Nutzung des Qualitätssiegels für die Firmen-Webseite sowie dem Briefpapier liegen auf der Hand. Doch was ist mit alternativen Verwendungsformen? Beispielsweise könntest Du einen kleinen Image-Film drehen, in dem das Siegel wirksam in Deine Beratungsfirma einführt. Oder Du druckst das Logo auf Werbeartikeln wie dem Jahreskalender ab. Für ein Jahr ziert die Auszeichnung dann auch die Bürowände Deiner Kunden.

Zusammenfassung

Egal ob 'Best of Consulting', 'Beste Berater' oder 'TOP CONSULTANT' – ein Qualitätssiegel einer dritten Organisation dient Deiner Unternehmensberatung als Referenz. Wenige Kunden werden genau wissen wollen, welche Fragen für die Auszeichnung als Top-Beratung gestellt wurden, wie viele Berater und Klienten befragt wurden und auf welche Weise die Auswertung erfolgte. Das lassen die Webseiten der Preisverleiher nämlich offen.

Hast Du ein spannendes Projekt mit zufriedenen Kunden und scheust weder Aufwand noch Kosten, dann solltest Du Dich für ein Qualitätssiegel bewerben. Eine Erfahrung ist es allemal wert.

Der Newsletter – mit Interessenten stetig in Kontakt stehen

Hand aufs Herz: im Berateralltag – welche E-Mails liest Du wirklich gerne? Sicherlich nicht die staubtrocknen Infos zu Deinen laufenden Projekten. Diese Nachrichten bedeuten meist viel Arbeit. Wenig spannend auch die Standardrundschreiben zu Änderungen in der Organisationspyramide oder jüngsten Anpassungen in den unternehmensweiten Informationssicherheitsrichtlinien. Viel interessanter sind da regelmäßige Newsletter mit nützlichem Wissen und unterhaltsamen Inhalten – Beiträge zu Methoden, Techniken und Praktiken, die Du direkt auf Deine Consulting Arbeit übertragen kannst. Auch Deine Kunden und Interessenten begrüßen informative Newsletter. Wie Du diese erstellst und Dich damit dauerhaft im Kurzzeitgedächtnis der Abonnenten verankerst, erfährst Du nachfolgend.

Kategorie

- Zielgruppe: Neukunden, Bestandskunden
- Phase: Interesse, Beziehung
- Aufwand: gering bis mittel
- Wirkungstiefe/-dauer: gering bis mittel, kurzfristig

Zweck

Ein Newsletter, manchmal auch Infopost oder Verteilernachricht genannt, ist ein regelmäßiges Rundschreiben an Deine Kunden, Interessenten und Partner. Heutzutage handelt es sich in der Regel um eine E-Mail, die Du an abonnierende Empfänger in einem festen Turnus versendest. Mit einem redaktionell gestalteten Newsletter…

- demonstrierst Du **Kompetenz** und Knowhow,
- festigst Du die **Vertrauensbeziehung** zwischen Dir und dem Leser sowie
- positionierst Dich wiederkehrend im **Gedächtnis** (potentieller) Kunden.

Im Durchschnitt erhält ein Büroangestellter rund 600 E-Mails pro Monat. Je höher dabei sein Rang, desto mehr E-Post trifft pro Tag in der virtuellen Eingangsbox ein. In so einem Berg von elektronischen Nachrichten überhaupt wahrgenommen zu werden, ist herausfordernd. Dennoch besitzt der Newsletter gegenüber anderen Akquise Tools den Vorteil, dass er aktiv in die sorgfältig umhegte E-Mailbox des Beratungskunden ‚gepusht' wird. Ein Empfänger wird sich – wenn auch nur für extrem kurze Zeit und sehr oberflächlich – mit Deinen Inhalten beschäftigen und von diesen beeinflusst werden.

Nachfolgend konzentriere ich mich auf die Struktur und das Vorgehen bei der regelmäßigen Erstellung eines lesenswerten Consulting Newsletters. Nicht im Fokus stehen die verschiedenen Mailing Tools, rechtliche Aspekte sowie die Newsletter Inhalte. Zu ersterem findest Du im Internet umfassende Informationen und Softwareangebote. Auch bietet das Web zahlreiche Details zu gesetzlichen Vorgaben wie beispielsweise Double Opt-in, Entkopplungsverbot oder den Umgang mit personenbezogenen Daten. Schließlich hängen die konkreten Themen eines Newsletters von Deinen Zielkunden und Deiner Angebotspyramide ab.

Aufbau

Ein Newsletter ist ein Interaktionspunkt eines (potentiellen) Kunden entlang der Customer Journey zu Deinem Beratungsangebot. Versende nur E-Mails, die Du auch selbst erhalten möchtest. Halte die Infopost im Corporate Design Deiner Consultancy. Das betrifft die Farbwahl, den Schriftstil, die Logoeinbindung etc..

Stecke Zeit und Detailliebe in die Struktur und das Layout. Optisch ansprechend und wertvoll sollte die E-Mail daherkommen. Zudem sollte sich der Text sowie zentrale Abbildungen sowohl am PC Bildschirm als auch am Smartphone Display mühelos erkennen und genießen lassen. Nachfolgend die Komponenten eines handwerklich gut gemachten Consulting Newsletters.

Der Betreff
Die wichtigste Zeile in Deinem Newsletter ist der Betreff. Diesen liest der Empfänger. Garantiert! Anschließend entscheidet dieser, ob er Deine E-Mail öffnet, löscht, verschiebt oder liegenlässt.

Wähle einen aussagekräftigen Titel. Dieser sollte Neugierde wecken, Leselust wachrufen und Nutzen transportieren. Ich habe gute Erfahrung mit Fragen, provokativen Thesen und unerwarteten Aussagen gemacht. Alles was von der Norm abweicht aber noch im akzeptablen Rahmen liegt, ist erlaubt.

Der Einführungstext
Ebenfalls bedeutend sind die ersten beiden Sätze Deines Newsletters. Die meisten PC und Smartphone E-Mail Apps zeigen diese zwei Zeilen als Vorschau an. Wie bei einem Hollywood Film sollte Deine Nachricht mit einem Kracher beginnen. Das Ziel: der Leser soll die E-Mail öffnen und im Stück durchlesen.

Der Hauptteil
Der Kern Deiner E-Post enthält nützliche, relevante und aktuelle Informationen für Deine Zielgruppe. Es gilt: weniger ist mehr. Überfrachte den Leser nicht. Eine kurze Einführung in ein Thema nebst Link auf den gesamten Beitrag ist meist die bessere Variante. Ein No-Go sind rein werbliche Inhalte. Nach der Lektüre soll ein

Empfänger des Newsletters denken: *"Mein Zeiteinsatz hat sich gelohnt."* plus *"Beratung XY hat mich geistig einen Schritt weitergebracht."*.

Lockere zudem Deine Nachricht mit Abbildungen auf. Zwar unterdrücken E-Mailprogramme wie Microsoft Outlook die Anzeige von Bildern, die meisten Smartphones sollten jedoch Diagramme, Schaubilder oder andere visuelle Elemente problemfrei anzeigen.

Die Handlungsaufforderung
Die für Dich wichtigste Komponenten eines Newsletters ist der Apell, auch Handlungsaufforderung, Folgeimpuls oder Call-to-Action genannt. Daher: Was soll ein Leser tun, nachdem er Deinen Newsletter gelesen hat? Typische Beispiele:

- Die E-Mail schließen mit dem Gedanken: *"Das ist spannend, was die da von Beratung XY schreiben. Das muss ich gleich mal an den Müller weiterleiten."*.
- Das im Newsletter verlinkte Whitepaper herunterladen mit der Intention: *"Hoch relevant für uns. Mal sehen was das verlinkte Papier hergibt."*.
- Auf das in der elektronischen Nachricht vorgeschlagene Business Breakfast navigieren mit der Absicht: *"Toller Event. Da muss ich mich gleich anmelden."*.
- Deine Beratung für einen neu konzipierten 1-Tages-Workshop buchen mit dem Ziel: *"Wir brauchen Hilfe. Consultancy XY ist genau die Richtige für uns."*.

Es gilt die eiserne Regel: ein Newsletter, genau ein Appell. Zwei oder mehr Handlungsaufforderungen verwirren den Empfänger. Platziere den Call-to-Action in der Mitte und noch einmal am Schluss Deines Rundschreibens. So kannst Du sichergehen, dass der aufmerksame Leser erinnert wird, der flüchtige E-Mail-Scroller mindestens einmal von Deinem Vertiefungsangebot erfährt.

Die Fußzeile
Im Abschlussbereich des Newsletters befinden sich die Kontaktdaten Deiner Firma (Anschrift, Handelsregister, Umsatzsteuer-Identifikationsnummer), ein Link zum Impressum sowie die Möglichkeit zur Abmeldung von der E-Post.

Anwendung

Regelmäßigkeit ist bei einem Newsletter Pflicht. Sende mindestens im Quartals- besser im Monats- bzw. Zwei-Wochenrhythmus eine Nachricht an Deine Verteilerliste. Mit einem konstanten Rhythmus signalisierst Du Zuverlässigkeit und Relevanz, bleibst gleichzeitig im Gedächtnis der Empfänger. Folgende vier Schritte durchläufst Du für jeden E-Brief.

1. Newsletter schreiben
Überlege Dir zu Beginn, was Dein Newsletter beim Leser bezwecken soll? Richte daraufhin Deine Inhalte aus. Verfasse die E-Mail wie einen Blogbeitrag oder

Fachartikel – in einer konzentrierten Arbeitsstunde. Nutze ruhige Monate (im Consulting meist Januar und August) bzw. die Periode zwischen zwei Projekten ‚on the Beach', um mehrere Newsletter auf Vorrat zu produzieren. Viele E-Mailing-Tools erlauben die Planung von Versendeterminen. So kannst Du bereits das nächste Quartal mit relevanter E-Post vorbestücken.

2. Newsletter versenden
Lasse Dir vor dem finalen Versand unbedingt eine Testnachricht zuschicken. Sind Grammatik & Orthographie korrekt? Stimmen Design & Layout? Ein guter Kollege hilft mit einem neutralen und frischen Blick. Nichts kratzt mehr an Deiner Consulting Professionalität, als eine fehlerhafte Nachricht, die an 1.000 Empfänger herausgeht.

Verschicke den Newsletter zu einem Zeitpunkt, zu dem Deine Zielgruppe maximal empfangsbereit ist. Aus meiner Erfahrung ist im B2B-Umfeld kurz vor Feierabend ein attraktives Zeitfenster. Deine Mail landet ganz oben im Postfach und bleibt bis nächsten Morgen mit hoher Wahrscheinlichkeit auch dort hängen. Als Versendetag hat sich für mich der Donnerstag bewährt. Die Akteure haben den (meist ruhigeren) Freitag die Gelegenheit, zu lesen, nachzudenken und zu reagieren.

3. Resonanz messen
Wie viele Interessenten haben den Newsletter tatsächlich geöffnet? Welche Links wurden angeklickt? Wie viele haben sich vom Verteiler abgemeldet? Das Gros der Mailing-Tools ermöglicht Dir eine Analyse der Versende-Statistik. Nutze diese Infos um Folge-Newsletter zu optimieren. Bei einer eindeutigen Öffnungsrate (einmalige Zählung Öffnung pro Empfänger) von 30 Prozent bist Du gut dabei.

4. Newsletter bewerben
Was bringt der beste Newsletter, wenn keine Person diesen empfängt. Sorge dafür, dass Klienten und Partner von Deiner E-Post erfahren und den regelmäßigen Rundbrief auch abonnieren. Verweise in anderen Akquise Tools auf den Newsletter und dessen Vorteile, zum Beispiel auf der Unternehmenswebseite, in Deiner E-Mailsignatur oder im Blogbeitrag.

Vor- & Nachteile

- Totgesagte leben länger. Auch in Zeiten von Smartphones, Video Calls und Sozialen Netzwerken ist der gute alte E-Mail Newsletter noch immer ein verlässlicher, skalierbarer und kostengünstiger Zugangskanal zum (potentiellen) Kunden.
- Manager, Inhaber und Entscheider lesen täglich Dutzende von Nachrichten, sind das Hantieren mit elektronischer Post gewöhnt. Mit sehr hoher Wahrscheinlichkeit lesen sie auch Deinen Newsletter, zumindest die

Betreffzeile. Damit bleibt der Newsletter weiterhin ein effektives Tool aus dem Direkt Marketing.
- Ein Newsletter hängt von dritten Plattformen ab, sondern bleibt vollständig unter Deiner Kontrolle.

- Auch ein Newsletter generiert Aufwand, und zwar nicht nur einmalig, sondern wiederkehrend. Selbst wenn Du bereits erstellte Inhalte in Deiner E-Post nur zusammenstellst, musst Du pro Ausgabe mit mindestens einer Stunde Arbeitszeit rechnen. Kreierst Du neuen Content, steigt Dein Zeitbedarf natürlich rasch an.
- Die Rückmeldung der Leser ist nur sehr unscharf. Häufig sind die Öffnungs- und Link-Klick-Statistiken das einzige Feedback, welches Du nach Versand eines Newsletters erhältst.
- Nur selten erhältst Du weiterführende Fragen, Diskussionen und Kommentare als Resonanz zu Deinem Rundschreiben. Für einen fachlichen Dialog sind andere Akquise Tools wie beispielsweise die Abendveranstaltung, das Webinar oder der Fachvortrag besser geeignet.

Praxistipps

Tipp 1 – Alles, bloß nicht ‚Newsletter'
Zugegeben: dem Begriff ‚Newsletter' haftet wenig wertiges und exklusives an. Fast jede kommerzielle Internetseite lockt heutzutage Interessenten mit einem News-Abo an. Verwende daher eine weniger abgedroschene Bezeichnung. Was hältst Du von ‚Web Update', ‚Impulse Post' oder ‚E-Depesche'? Gerne in Kombination mit dem Namen Deiner Beratung.

Tipp 2 – Wiederverwendung hoch 2
Gute Newsletter-Texte kosten Zeit. Als Unternehmensberater bist Du weder Buchautor noch Journalist. Betreibe Wiederverwendung. Möglichkeit 1: Du listest im E-Brief eine Zusammenstellung der Einführungstexte von 2-3 thematisch verwandten und bereits verfassten Blogbeiträgen oder Fachartikeln auf. Möglichkeit 2: Ein neuer Beitrag von Dir erscheint zunächst als Newsletter, später dann 1:1 im Blog.

Tipp 3 – Schneller zur gefüllten Empfängerliste
Du sendest regelmäßig Newsletter, bisher ist Deine Empfängerliste jedoch nur zweistellig? Belohne einen Interessenten dafür, dass er Deine E-Post abonniert. Biete ihm im Gegenzug zu seiner E-Mail neben Deinem Newsletter einen zusätzlichen Nutzen an. Das kann ein eBook sein, eine Checkliste, oder ähnliche digitale Dokumente. Hauptsache, das Material ist hochwertig, stiftet für den neuen Abonnenten einen Mehrwert und steht im direkten Zusammenhang mit Deiner Beratungsleistung. Empfehle zudem flüchtige Business Kontakten von

Messen, Fachvorträgen, Konferenzen und Abendveranstaltungen Deinen Newsletter. Am besten richtest Du dazu einen einprägsamen Link ein.

Tipp 4 – Vertrauensbildung durch eine E-Mailserie
Neben der regelmäßigen Post kannst Du einem neuen Leser auch eine E-Mailserie versprechen. Im Abstand von 2, 5, 7 oder mehr Tagen enthält ein frisch eingetragener Abonnent dann aufeinander aufbauende Nachrichten. Vorteil für Dich: der Interessent gewöhnt sich an die Post von Dir. Er schöpft Vertrauen. Je größer der Mehrwert pro Nachricht für ihn, desto höher steigst Du in seiner Gunst.

Tipp 5 – Die Sonderausgabe
Verschickte statt elektronischer Post einmal im Jahr eine Papierfassung Deines Newsletters, gerne in Kombination einer Neujahrskarte. Zwar sind die Konzeption und Zustellung bedeutend aufwendiger, dafür werden die Empfänger positiv überrascht sein und die Inhalte viel intensiver konsumieren. QR-Codes und Kurzlinks helfen, die Brücke zu Deinen Online Inhalten zu schlagen.

Lesetipp
Das Themenfeld E-Mail-Marketing, speziell Newsletter ist riesig. Ruth Swienty hat den kleinen, aber feinen Ratgeber ‚E-Mail-Marketing: Mit Know-how und Strategie zum Erfolg' geschrieben. Auf rund 150 Seiten erklärt die Autorin unter anderem, wie Du Newsletter Verteilerlisten aufbaust, E-Mail-Kampagnen konzipierst und gute Mailing Texte verfasst.

Zusammenfassung

Vielleicht wirkt die Newsletter E-Mail gegenüber modernen Social Media, Business Netzwerken oder Messenger Diensten etwas angestaubt – im Marketing Mix von Beratern ist sie jedoch ein verlässlicher Baustein. Überlege Dir zu Beginn, mit welchem Zielen und zu welchem Aufwand Du an welche Empfängergruppe welche Art von Infopost senden möchtest. Messe den Erfolg Deiner Newsletter und justiere Ausgabe für Ausgabe nach.

Der Quick Check – mit Selbstauskunft Interesse generieren

Du kennst Sie aus Illustrierten, Zeitschriften und Unterhaltungsportalen: die Quick Checks. Kurzweilige Mini-Befragungen die auf Basis einer überschaubaren Menge von Fragen Auskunft über Dich, Deine Präferenzen und Eignung geben. Auch im Business sind Menschen an einer Einschätzung ihrer Rolle, ihres verantworteten Bereiches bzw. ihres Unternehmens interessiert. Nutze diese Neugier nach Erkenntnissen und stelle Interessenten Deiner Beratungsleistung einen webbasierten Quick Check zur Verfügung.

Kategorie

- Zielgruppe: Neukunden, Bestandskunden
- Phase: Interesse
- Aufwand: mittel
- Wirkungstiefe/-dauer: gering bis mittel, kurzfristig

Zweck

Sie heißen ‚Quick Check', ‚Web Umfrage', ‚Kurzumfrage' oder schlicht ‚Online Test' – kleine, auf den Webseiten der Unternehmen eingebettete Befragungen. Mit Hilfe eines Quick Checks ermittelt ein Besucher mit Hilfe weniger Fragen, wo er bezüglich eines bestimmten Sachverhalts steht. Meist erhält er auch noch erste hilfreiche Hinweise für die nächsten Schritte.

Insbesondere bei Medienportalen und Marketingagenturen sind Quick Checks beliebt. Aber auch für Dich als Unternehmensberater eigenen sich die Checks, um Teilnehmern mit Deinen Leistungen vertraut zu machen und ihre Bedarfe zu ermitteln. Dabei ist das Thema eines Quick Checks beliebig, solange dieses bei einem Teilnehmerkreis auf Interesse stößt. ‚Gefragte' Inhalte im Jahr 2019 sind beispielsweise der Lean-Reifegrad der Fachprozesse, die Agilität der Organisation oder Potentiale für die unternehmensweite Digitalisierung.

In meiner Beraterlaufbahn habe ich viele langweilige Quick Checks absolviert. Teilweise umfassten die Tests mehr als 50 Fragen, waren gespickt mit verschachtelten Unterpunkten. Statt wie angekündigt 10 Minuten, benötigte ich über 30 Minuten für die vollständige Beantwortung. Mein Erkenntnisgewinn? Minimal. Ich fühlte mich ausgequetscht. Neben meiner Zeit habe ich mit meinen beruflichen und persönlichen Daten bezahlt.

Dabei kann ein Quick Check ein leistungsstarkes Akquise Tool sein. Für Studien, Marketing-Zwecke und Kooperationsprojekte habe ich in den vergangenen

Jahren mehrerer solcher Online Tests entwickelt. Hier meine Hinweise zur Konzeption, Umsetzung und Optimierung.

Aufbau

Ein guter Quick Check besteht aus drei Teilen: Einführung, Fragen & Antworten und Auswertung. Die Elemente im Einzelnen:

1. Einführung
Je mehr Nutzer Deinen Quick Check durchführen, desto besser. Lade Interessenten daher auf der Startseite des Tests herzlich und verbindlich zur Teilnahme ein. Liste den Mehrwert an Erkenntnissen und Wissen auf, der sich nach Beantwortung der Fragen einstellt. Nenne einen ehrlichen Zeitbedarf als Investment für den Teilnehmer. Weise ebenfalls darauf hin, dass die erhobenen Daten nur anonymisiert und in aggregierter Form von Deinem Unternehmen weiterverwendet werden.

2. Fragen & Antworten
Das Herzstück Deines Quick Checks sind seine Fragen und Antworten. Ich gehe hier nicht in die Details guter Fragebögen. Nur so viel: Fragen und Antworten müssen für einen Nutzer eindeutig, stimmig und einfach verständlich sein. Weniger ist mehr. Verwende am besten beim Großteil der Antworten eine 5-stufige Likert-Skala. Zudem stellst Du eine offene abschließende Frage und bittest um Antwort in einem Freitextfeld.

3. Auswertung
Hat sich ein Teilnehmer durch die Fragen Deines Quick Checks gekämpft, schuldest Du ihm Dank. Und die Ergebnisse in Form einer – im Optimalfall grafischen attraktiv aufbereiteten – Übersicht. Der Nutzer soll das Gefühl haben, dass sich seine aufgebrachte Zeit und Mühe gelohnt haben. Schließlich rundest Du den Test mit einer Handlungsaufforderung ab. Das kann beispielsweise der Download der Ergebnisse gegen Abgabe der E-Mailadresse oder die Kontaktaufnahme des Beraterexperten für weiterführende Diskussionen sein.

Anwendung

Ein Quick Check zu erstellen ist kein Hexenwerk. Der Kernteil – seine Fragen und Antworten – kommen von Dir. Alle anderen Aufgaben wie Technik, Marketing oder Testing kannst Du an Kollegen, Mitarbeiter oder externe Partnerfirmen auslagern.

1. Ziel definieren
Auch wenn er nur wenige Fragen enthält: einen guten Quick Check zu erstellen erzeugt nennenswerte Aufwände. Neben dem Design von Fragen und Antworten,

muss der Check auf eine technische Plattform überführt und ausgiebig getestet werden. Definiere daher zunächst die Ziele des Marketing-Projektes. Wozu der Check? Was soll ein Teilnehmer nach Beantwortung der Fragen tun? Warum lohnt sich die Teilnahme für einen Nutzer? Wo willst Du mit dem Check mittelfristig hin?

2. Konzipieren
Steht das ‚Warum', heißt es nun den Test zu realisieren. Bevor Du Dich mit Online Umfragetools und Software-Erweiterungen für Deine Webseite herumschlägst, solltest Du Dein Hauptaugenmerk auf die Fragen und Antworten legen. An diesen – und nicht der Technik – steht und fällt ein guter Quick Check.

3. Testen
Nach Fertigstellung des Checks empfehle ich Dir diesen umfassend zu testen. Inhaltlich sollten für einen Teilnehmer keine Verständnisfragen entstehen. Technisch verläuft die Beantwortung reibungsfrei in einem Fluss. Lasse einen unvoreingenommenen Praktikanten oder Werkstudenten den gesamten Test durchführen. Arbeite das Feedback ein gib dem Check einen letzten Schliff.

4. Verbreiten
Tue Gutes und sprich darüber. Das gilt auch für Deinen brandneuen Quick Check. Kündige den Online Test auf Deiner Unternehmenswebseite, dem Newsletter und über die sozialen Kanäle an. Gerne mehrmals im Wochenrhythmus. Argumentiere mit Hilfe des Nutzens für den Teilnehmer oder errege Aufmerksamkeit mit ersten verblüffenden Erkenntnissen. Verweise beim Kundengesprächen, auf Abendveranstaltungen sowie in Deiner E-Mailsignatur auf den Quick Check.

5. Auswerten
Haben mindestens 50 Teilnehmer Deinen Quick Check vollständig beantwortet, ist die Zeit reif die Datenbasis auszuwerten. Zunächst kann das ein Blogbeitrag sein. Findet dieser Anklang, dann entwickelst Du einen Fachartikel. Sende die Ergebnisse an alle Teilnehmer, die ihre E-Mailadresse nach Absolvierung des Quick Checks hinterlassen haben. Sie hatten Interesse am Test und sind für weiterführende Infos empfänglich.

Vor- & Nachteile

- Ein Quick Check ist eine tolle Sache um hochautomatisiert mit einer (theoretisch unbegrenzten) Menge von potentiellen Kunden in Kontakt zu treten.
- Zum einen lernen Teilnehmer auf Basis der Fragen Dich und Deine Beratungsschwerpunkte kennen. Zum anderen kannst Du die wachsende Datenbasis als Türöffner für Gespräche bei der Neukundengewinnung einsetzen.

- Einige Nutzer geben ihre Kontaktdaten direkt an Dich weiter und signalisieren damit ihren Bedarf an einem vertiefenden Austausch.
- Die inhaltliche Konzeption eines guten Quick Checks gestaltet sich anspruchsvoll, kostet Zeit und verlangt Dir Fachwissen ab.
- Die Überzeugung vieler Nutzer am Check vollständig teilzunehmen ist zwingend für den Erfolg des Akquise Tools notwendig. Relevanz, geringer Zeitaufwand sowie messbarer Nutzen der Testergebnisse begünstigen eine hohe Teilnahme- und Beendigungsquote.

Praxistipps

Tipp 1 – Kürzen, kürzen, kürzen
Je schneller die Durchführung des Quick Checks für einen Teilnehmer, desto höher die Wahrscheinlichkeit das er bis zum Ende dabeibleibt.
Fokussierte Fragen, pfiffige Antworten und minimaler Text lautet die Zauberformel. Der Facebook Like Button ist deshalb so erfolgreich, weil die menschliche Interaktion so gering wie möglich ausfällt. In der Vergangenheit habe ich gute Erfahrung mit 10-minütigen Tests gemacht. Der Erkenntnisgewinn war mit rund 15 Fragen ausreichend, die Abbruchquote lag bei unter 30 Prozent.

Tipp 2 – Win-Win Allianzen
Um Deinem Quick Check eine höhere Schlagkraft zu verleihen, kannst Du Dich mit wissenschaftlichen Einrichtungen (Universitäten, Fraunhofer Institut etc.) bzw. komplementären Firmen (Marktforschungsunternehmen, Medienagenturen, anderen Beratungen etc.) zusammenzuschließen. Wo Du an den Kontaktdaten der Teilnehmer interessiert bist, geht es Deinem Umfragepartner vielleicht vielmehr um die Erkenntnisse.

Tipp 3 – Einprägsame Webadresse
Niemand behält ellenlange Internetadressen im Kopf. Verpasse Deinem Quick Check einen einprägsamen Link, den Du auch per Telefon (beispielsweise bei der Kaltakquise) zurufen, auf Visitenkarten notieren oder bei einem Fachvortrag mündlich mitgeben kannst. Gib dem Check ebenfalls einen merkenswerten Namen, beispielsweise ‚Lean Index Check' oder ‚Agile Reifegrad Test'.

Tipp 4 – Nachträgliche Aufwertung
Nach Erstveröffentlichung des Quick Checks, solltest Du seine Fragen und Antworten nicht mehr anpassen. Ansonsten läufst Du Gefahr, dass die Antwortdaten nicht mehr vergleichbar sind. Das gilt nicht für den Einführungs- und Auswertungsteil. Menschen vergleichen sich bzw. ihr Unternehmen gerne mit einem Maßstab. Sobald Du einige Datenpunkte einsammeln konntest,

ergänzt Du den Test um Benchmark-Werte. Für die Teilnehmer wird der Test damit attraktiver.

Lesetipp
Für die Umsetzung eines guten Online Checks empfehle ich Dir das Buch ‚Evaluation Online: Internetgestützte Befragung in der Praxis' von Udo Kuckartz et al.. Zusätzlich findest Du im Internet nutzerfreundliche Tools zur technischen Umsetzung des Quick Checks. Vergewissere Dich in den allgemeinen Geschäftsbedingungen, wie der Hersteller mit den Umfragedaten umgeht.

Zusammenfassung

‚Quick' kommt von schnell. Und genau dieses Versprechen sollte Dein Quick Check beim Teilnehmer einlösen: dem Nutzer mit wenigen aber konzentrierten Fragen erste individuelle Erkenntnisse über (D)ein Themenfeld liefern – ein Augenöffnen innerhalb weniger Minuten. Das dabei Umfragedaten entstehen, die Du anonymisiert weiterverwerten kannst und Kontakte abfallen, die sich für Dein Beratungsangebot interessieren, sind beides positive Nebeneffekte.

Die Signaturwerbung – mit einem Satz Neugier wecken

Sie kostet fast nichts, ist fix realisiert und erreicht zielgenau das richtige Publikum: die E-Mailsignaturwerbung. Bei einer Signaturwerbung handelt es sich um Deine Absenderangabe in E-Mails die Du um einen attraktiven Werbesatz anreicherst. Wie das geht und mit welchen Tricks Du das Maximum aus Deiner E-Mailsignaturwerbung herausholst, zeige ich Dir nachfolgend.

Kategorie

- Zielgruppe: Neukunden, Bestandskunden
- Phase: Interesse
- Aufwand: gering
- Wirkungstiefe/-dauer: gering bis mittel, kurzfristig

Zweck

Im Regelfall besteht Deine E-Mailsignatur aus dem Firmennamen, Unternehmenssitz, Registergericht, Handelsregisternummer, Geschäftsführer sowie meist auch freiwilligen Angaben wie Deine Position im Unternehmen und Kontaktdaten. Diese gewohnten Formvorschriften ergänzt Du nun um einen kurzen und unerwarteten Zusatztext – der E-Mailsignaturwerbung. Setze auf diese Weise Deine elektronische Kommunikation als dezenten, aber wirkungsvollen Marketingbotschafter ein.

Aufbau

Im Optimalfall besteht Deine E-Mailsignaturwerbung aus einem einzigen Satz der mit einem Link auf weiterführende Infos verweist. Dieser ‚Capture-Phrase' bzw. Handlungsaufforderung oder Folgeimpuls weckt beim Leser Neugier und animiert ihn zu einem Mausklick. Das kann eine aufrührende Frage sein, bewegende Themen in der Branche, eine polarisierendes These, Verweis auf Dein neues <u>Beratungsprodukt</u> etc.. Hauptsache der Leser empfindet persönlichen Mehrwert, wenn er sich mit der Aussage beschäftigt und per Klick weitere Infos anfordert.

Positioniere den Satz am besten direkt über Deine Kontaktdaten. Damit steht er unmittelbar unter Deiner Grußformel, dort wo der Leser normalerweise ein ‚P.S.' – ein post scriptum – erwartet. Das P.S. ist übrigens ein sehr oft gelesener Abschnitt in einem Brief bzw. elektronischen Nachricht. Es steht abgerückt am Schluss, hebt sich damit optisch vom übrigen Fließtext ab.

Beispiele

Beispiele für Werbesätze in E-Mailsignaturen sind (unterstrichen der Link):

- Sie besuchen im Juni die Hannover-Messe? Vereinbaren Sie jetzt <u>mit uns</u> einen Termin in Halle 7, Stand X15.
- Industrie 4.0 ist im Mittelstand angekommen – laden Sie sich <u>hier</u> die aktuelle Studie herunter.
- Compliance in Zeiten der Digitalisierung – melden Sie sich jetzt zu unserem <u>Webinar</u> am 12. April an.

Anwendung

Hast Du einen guten Aufforderungssatz parat, dann erstellt Du eine E-Mailsignaturwerbung in weniger als 60 Sekunden. Öffnen dazu einfach Dein E-Mailprogramm, kopiere die aktuelle Signatur in die Vorlage, lege eine neue Signatur an und ergänze Deine Handlungsaufforderung. Fertig.

Beim E-Mailschreiben kannst Du jetzt zwischen Deiner Werbesignatur und der Normalsignatur wählen. Lösche die Werbesignatur wieder, sobald das Thema nicht mehr aktuell ist. Hinweise auf veraltete Infos verwirren nur den Empfänger und untergraben Deine Professionalität.

Vor- & Nachteile

- Klarer Vorteil der E-Mailsignaturwerbung sind ihre Kosten. In wenigen Minuten trägt jede Deiner elektronischen Nachrichten automatisch eine Werbebotschaft in das Postfach Deiner Korrespondenzpartner.
- Je öfter Du per E-Mail in Kontakt mit (potentiellen) Kunden stehst, umso besser wirkt das Akquise Tool.
- Die Werbung wird nicht von Spam-Filtern, Sekretärinnen oder ähnlichen aussortiert. Sie ‚klebt' buchstäblich am Inhalt der E-Mail und erreicht ihr Ziel.

- Für die Signaturwerbung brauchst Du natürlich ein Thema, welches bei einem breiten Publikum auf Interesse stößt. Interessiert beispielsweise das neue <u>Webinar</u>, der publizierte <u>Fachartikel</u> oder der anstehende <u>Fachvortrag</u> nur einen von zehn Empfängern, solltest Du Dir überlegen ob diese ‚Neuigkeiten' wirklich in die Signatur gehören. Alternativ verwendest Du mehrere Sätze, musst dann aber immer bewusst zwischen den Absenderinfos umschalten.

Praxistipps

Tipp 1 – Ausschließlich Buchstaben
Verwende ausschließlich Textzeichen und Links in Deiner E-Mailsignaturwerbung. So kannst Du sicher sein, dass die Inhalte auch in E-Mailprogrammen angezeigt werden, die eingebettete Graphiken unterdrücken. Auch mobile Geräte sollten mit Texten kein Problem haben.

Tipp 2 – Aufmerksamkeit++
Du möchtest noch mehr Aufmerksamkeit für Deine Signaturwerbung? Dann ändere die Schriftart, beispielsweise in **fett** oder *kursiv*. Toppen kannst Du das ganze durch die Wahl einer anderen Farbe. Treibe es jedoch nicht zu ‚bunt'. Die E-Mailsignatur bleibt weiterhin Dein Aushängeschild und solle die Corporate Identity Deines Unternehmens einhalten.

Tipp 3 – Gezielter Einsatz
Verwende Deine E-Mailsignaturwerbung bewusst, daher wenn Du davon ausgehst, dass der Empfänger die Nachricht vollständig bzw. mit großer Sorgfalt lesen wird. Handelt es sich hingegen um ‚Projektnachrichten' in denen die Aufgaben- und Ergebniskoordination zwischen im Teamkollegen im Vordergrund stehen, kannst Du die Signatur auch getrost weglassen.

Tipp 4 – Aufrufzähler
Profis verknüpfen ihren E-Mailsignaturwerbung mit einem präparierten Link, in der Fachsprache dem Campaing Link. Dieser zeigt ebenfalls auf die Zielwebseite mit den weiterführenden Informationen, lässt jedoch zusätzlich den Aufruf aus der E-Mailsignatur heraus mittels Analytiksoftware eindeutig nachvollziehen.

Tipp 5 – Nur in individuellen E-Mails
Der deutsche Bundesgerichtshof sieht E-Mails mit Anzeigehinweisen momentan als Werbung an. Die Zusendung von Werbe-Nachrichten ist zulässig, falls der Adressat Dir erlaubt hat mit ihm per E-Mail in Kontakt zu stehen. Binde daher E-Mailsignaturwerbung nicht in automatischen (Massen-)E-Mails ein, speziell, wenn eindeutig der Verkauf und nicht der Kundennutzen im Vordergrund steht.

Zusammenfassung

In meiner Beratungspraxis verwende ich die E-Mailsignatur, um auf neue Austauschplattformen, Quick Checks oder Blogbeiträge hinzuweisen, die den Empfängern ebenfalls gefallen könnten. Meine Erfahrung dabei: kurze und bündige Teaser-Sätze mit klarem Mehrwert am Ende der Nachricht stimulieren den Empfänger Dabei muss die Aussage nicht richtig, jedoch verständlich sein.

Die Unternehmenspräsentation – beim Erstkontakt punkten

Fast immer kommt sie im Initialmeeting beim potentiellen Neukunden zum Einsatz. Aber auch in Verhandlungen mit Partnerfirmen oder beim Onboarding von Junior Consultants wird sie gezückt: die Unternehmenspräsentation. Ihr wichtigstes Ziel: die Beschreibung der Beratungsfirma, ihren Leistungen und Vorzügen. Zahlen, Daten, Fakten geben den Ton an, es gilt das Motto „Unser Haus, unsere Autos, unsere Erfolge.".

Doch sind selbstreferentielle Beweihräucherungsfolien tatsächlich so spannend? Langweilen sie den Zuhörer nicht eher, schläfern ihn ein, stoßen ihn im schlechtesten Fall sogar ab? Wie Du bereits in der Unternehmenspräsentation auf den potentiellen Kunden eingehst, ihn abholst und in eine spannende Diskussion einbindest, erfährst Du nachfolgend.

Kategorie

- Zielgruppe: Neukunden
- Phase: Interesse
- Aufwand: mittel
- Wirkungstiefe/-dauer: mittel, mittelfristig

Zweck

Nüchtern betrachtet dient eine Unternehmenspräsentation einem einzigen Ziel: der bestmöglichen Vorstellung des eigenen Beratungshauses. Dem möglichen Kunden soll in kurzer Zeit ein Gefühl vermittelt werden, mit wem er es bei Dir und Deiner Firma zu tun hat.

Diese Sichtweise springt jedoch zu kurz. Als guter Berater setzt Du die Unternehmenspräsentation ein, um zusätzliche Ziele zu erreichen.

- Beim Gegenüber **Neugierde** auf die ‚die Firma dahinter' wecken.
- **Bedarfe** wachrufen bzw. Handlungsdruck generieren.
- **Basis-, Leistungs- und Begeisterungsanforderungen** ermitteln.
- Positive **Emotionen** hervorrufen und Sympathien erzeugen.
- Die **Basis für einen Folgetermin** zur fundierten Bedarfsermittlung legen.

Wie bei jeder professionellen Präsentation gilt: nicht Du, Dein Unternehmen oder die Beratungsthemen stehen im Vordergrund. Stattdessen rückt Deine Firmenpräsentation den Wissensbedarf und die Informationswünsche des Interessenten in den Mittelpunkt. Die Unternehmenspräsentation gilt ihm, schließlich kennst Du die Details zu Deinem Unternehmen.

Aufbau

Häufig fungiert die Unternehmenspräsentation in der Akquise als Einstieg in einen Kennenlerntermin oder eine Bedarfsanalyse mit einem Interessenten. Das Dokument bildet die Grundlage für den weiteren Verlauf eines Gesprächs. Machen Dir bewusst, dass Geschäftsführer, Führungskräfte und Entscheider notorisch wenig Zeit haben und auch ihre Aufmerksamkeitsspanne immer weiter sinkt. Fasse Dich kurz. Mehr als 15-20 Minuten sollten die Präsentation Deiner Firma nicht füllen.

Für die Folien ist das Corporate Design Pflicht. In PDF-Format verschickt, übersteigt die Größe des Info-Pakets nicht mehr als 3 MByte. Bei mehr Speicherbedarf riskierst Du, dass nicht alle E-Mailserver die Nachricht und Datei akzeptieren. Inhaltlich geht die Präsentation auf folgende Punkte ein:

1. Zahlen, Daten, Fakten – *„Wer ist diese Beratung und was macht sie?"*
Die wichtigsten Fakten zu Deinem Beratungshaus bilden das Fundament der Unternehmenspräsentation. Als Orientierungsrahmen leiten Dich W-Fragen.

- Warum? – Ziele, Vision, Mission und Leitwerte Deiner Beratung
- Wann? – Gründungsjahr, Historische Meilensteine, Geschäftsvolumen
- Wer? – Gründer, Management, Partner, Belegschaft, Organisationsstruktur
- Wo? – Standorte, Märkte, Einsatzgebiete
- Was? – Consulting Services, <u>Beratungsprodukte</u>, ggf. Softwaretools
- Wozu? – (messbarer) Nutzen der Produkte und Services
- Wie? – Vorgehensweise, Methodik, Ansätze, Best-Practices

Der Fokus der Unternehmenspräsentation liegt auf dem ‚Was' und dem ‚Wozu'. Beide Fragen sind wichtig für den Kunden, da sie sein Problem adressieren. Spare mit Details zu allen anderen Punkten. Oft sind diese irrelevant für den Zuhörer.

2. Alleinstellungsmerkmale – *„Warum diese Beratung?"*
Beratungen gibt es wie Sand am Meer. Hebe auf Deinen Folien bestimmte Alleinstellungsmerkmale hervor, Eigenschaften Deines Beratungsangebotes, die Dich vom Wettbewerber unterscheiden und dem Kunden Vorteile verschaffen.

- das engmaschige Standortnetz und damit die direkte Nähe zum Kunden
- der rigorose Recruiting-Prozess, der dem Kunden Top-Berater zusichert
- die vielen Uni-Kontakte die dem Kunden neuestes Wissen nahelegen

Im Optimalfall setzt Du diese Alleinstellungsmerkmale in Bezug zum Kundenunternehmen, dem Beratungsprojekt bzw. dem Kundenproblem.

3. Referenzkunden & Projekte – „Wen hat die Beratung wie unterstützt?"

Gehe in Deiner Unternehmenspräsentation auch auf Kunden ein, die vor einem ähnlichen Problem wie der potentielle neue Klient standen. Skizziere kurz den Lösungsweg und den Mehrwert für die Referenzen. Die Gesprächspartner sollen an Deinem beruflichen Alltag teilhaben und das Vorgehen und die Ergebnisse nachvollziehen können.

Sehr verbreitet in Unternehmenspräsentationen sind Folien mit Kundenlogos bzw. Zitate von Kundenmitarbeitern. Stelle vor Verwendung dieses Materials die Rechtslage sicher. Speziell große Mittelständler und Konzerne lassen es nicht ohne weitere zu, dass ihr geistiges Eigentum auf den Präsentationen ihrer Dienstleister in einen anderen, möglicherweise falschen, Kontext gerückt wird.

4. Schlussbemerkung – „Worin besteht der nächst Schritt?"

Widme die letzte Folie Deiner Unternehmenspräsentation einer Schlussbemerkung. Das kann ein Satz sein wie *„Packen wir es an!"* oder *„Gemeinsam zum Erfolg!"*. Vielleicht besitzt Deine Beratung auch einen Firmenslogan oder Claim, der gut auf die letzte Seite passt. In jedem Fall sollte die Schlussbemerkung zur Handlung motivieren. Im direkten Gespräch ist das beispielsweise die Einladung zur Fragerunde, bei der Versendung der Unterlagen der Aufruf zur Kontaktaufnahme.

Anwendung

1. Konzipieren & weiterentwickeln

Eine gute Unternehmenspräsentation ist auf Deinen Gesprächspartner zugeschnitten. Mit ihr gehst Du auf seine Informationsbedarfe ein. In Konsequenz gibt es daher nicht die ‚eine Unternehmenspräsentation'. Vielmehr existieren verschiedene individualisierte Fassungen, die alle auf einer unternehmensweiten einheitlichen Grundlage fußen – der sogenannten Master-Präsentation. Einmal erstellt, wird dieses aus 30-40 Folien bestehende Basisdokument zentral gepflegt und weiterentwickelt.

Achte darauf, dass Du den aktuellen Folien-Master für Deine maßgeschneiderte Präsentation heranziehst. Stelle Dir bei der Anpassung auf das anstehende Kundengespräch drei Fragen:

- Warum sollte der **Kunde** Deiner Unternehmenspräsentation zuhören?
- Auf welchem **Informationsstand** befindet er sich?
- Welche **Ziele** möchtest Du mit der Präsentation erreichen?

Ergänze, ändere und entferne Inhalte im Master bis Du die passende Unternehmenspräsentation erhältst. Kürze den Umfang am Schluss soweit wie möglich ein. Stehen Dir 15 Minuten zur Verfügung und rechnest Du 2 Minuten pro Folie, sollte der gesamte Satz nicht mehr als 10 Folien beinhalten (inklusive Titel- und Abschlussfolie). Natürlich sind diese Slides maximal relevant für den möglichen Kunden.

2. Prüfen & korrigieren
Häufig ist die Unternehmenspräsentation Deine erste Arbeitsprobe, die Du Deinem potentiellen Neukunden überreichst. Achte darauf, dass das Dokument inhaltlich und optisch auf Topniveau rangiert. Lasse die Texte, Abbildungen, Quellennachweise und Foliensymbole mehrmals auf Korrektheit, Verständlichkeit und Konsistenz prüfen. Klarheit, Einfachheit und Prägnanz zeigen Deine Wertschätzung und betonen Deinen Qualitätsanspruch.

3. Einüben & testen
Die Unternehmenspräsentation ist ein Werkzeug. Im Mittelpunkt Deiner Vorstellung beim Kunden stehst jedoch Du als Vortragender. Trainiere die Vorstellung der Inhalte. Deine Ausführungen sollten professionell und abwechslungsreich sein. Probe die Präsentation mit Kollegen, beispielsweise an einem Freitagnachmittag.

4. Vorstellen & verbessern
Frage den möglichen Kunden vor Beginn Deiner Präsentation, welche Informationen ihn wirklich interessieren. Kennt er schon Deine Beratung? Hat er sich auf Deiner <u>Unternehmenswebseite</u> bereits informiert? Einen <u>Fachvortrag</u> gehört? Dann kannst Du einen Großteil der Folien in der Präsentation auch wegfallen lassen.

Präsentiere Dein Unternehmen entlang der Informationsbedarfe der Zuhörer und nehme dabei Fragen und Anmerkungen auf. Diese sind wertvoller Input für eine verbesserte Folgefassung.

Statt einmal im Jahr die Unternehmenspräsentation auf den aktuellen Stand zu bringen, solltest Du das Feedback aus dem letzten Gespräch sofort einfließen lassen. Alternativ meldest Du Verbesserungsvorschläge an die interne verantwortliche Stelle.

Vor- & Nachteile

- Auch in Zeiten von Hochglanz-Webseiten, Facebook-Präsenzen und LinkedIn-Auftritten hat die Unternehmenspräsentation ihren festen Platz im Kennenlerngespräch mit einem Neukunden.
- Angepasst auf die Zielgruppe und die Gesprächsziele, bringt das Dokument die wichtigsten Infos zu Deinem Unternehmen auf den Punkt.

- Eine Gefahr einer Unternehmenspräsentation ist ihre Tiefe und ihr Volumen. Schnell sind Zahlen, Daten und Fakten zur eigenen Beratung zusammengesucht und in langatmige Folien gegossen. Ob diese dem Gesprächspartner helfen oder zumindest interessieren, wird dann rasch zur Nebensache.
- Eine weitere Gefahr einer Unternehmenspräsentation ist ihre Aktualität. In der Hitze des Projektalltages wird das Dokument oft vernachlässigt und nur dann aufgefrischt, wenn ein Neukundengespräch ins Haus steht. Ob sich die hektisch nachgebesserten Fakten dann mit den Infos auf der Webseite oder in den Messe-Broschüren decken, wird dann meist übersehen.

Praxistipps

Tipp 1 – Zentriert auf den Kunden
Jeder predigt es, die wenigsten berücksichtigen es bereits in ihrer Unternehmenspräsentation: die Kundenorientierung. Gehe durch Deine Folien und spüre alle Sätze die mit dem Wort ‚Wir' beginnen auf (*„Wir unterstützen..."*, *„Wir entwickeln..."*, *„Wir sind erfolgreich in..."* etc.). Ersetze diese Passagen durch die Kundensicht *„Sie erhalten..."*, *„Sie profitieren..."*, *„Sie gewinnen..."* etc.. Spare beim Einsatz von Fachbegriffen. Diese verwirren oftmals und werden vom Kunden im Zweifelsfall falsch interpretiert. Vermeide ebenfalls komplizierte Tabellen, detaillierte Graphiken und überfrachtete Modelle. Im Zweifelsfall sollte das Dokument auch ohne Deine mündlichen Ausführungen verstanden werden.

Tipp 2 – Modulare Struktur
Bei den in einer Unternehmenspräsentation aufgeführten Beratungsangeboten habe ich gute Erfahrungen mit einer modularen Struktur gemacht. Jedes Beratungsangebot verpackst Du dazu in drei Folien. Die erste Folie motiviert das Thema, beispielsweise durch eine ansprechende Abbildung oder einen interessanten Fakt. Die zweite Folie zeigt ein Modell oder eine Methode, welche als Diskussionsgrundlage fungiert und Deine Kompetenz nachweist. Die dritte Folie unterstreicht Deine Expertise anhand von Projekten, Publikation und Zertifizierungen und bewegt zur Kontaktaufnahme. Je nach Kunde, enthält Deine Präsentation ein bis drei Module.

Tipp 3 – Inklusive Tonspur
Es gibt in Deiner Unternehmenspräsentation Projektinfos, Kunden- und Partnerlogos oder andere Firmenangaben, die Du nicht erklären kannst? Verbanne diese Elemente von Deinen Folien! Das Dokument beinhaltet ausschließlich Material, zu welchem Du Stellung beziehen – bzw. noch besser – kleine Anekdote oder Geschichte aus dem Projektleben erzählen kannst.

Tipp 4 – Abbildungen statt Texte
Menschen können sich eine durch ein Bild dargestellte Information viel besser

merken, als wenn derselbe Fakt textuell wiedergegeben wird. Reduziere die Menge und Länge der Textblöcke. Nutze stattdessen visuell ansprechende Schaubilder, Grafiken oder Diagrammen. Als Faustregel gilt: 50 Prozent der Folienfläche sollte aus Text, 50 Prozent aus Abbildungen bestehen. Falls es Euer Unternehmensstil zulässt, verwendest Du professionelle Fotos von Deinen Kollegen und Dir bei der Arbeit. Das wirkt authentisch, emotional und direkt aus dem Beraterleben.

Tipp 5 – Obacht bei Übersetzungen
Vorsicht bei Übersetzung Deiner Unternehmenspräsentation. Häufig reicht eine simple 1:1 Übersetzung der Vorlage in eine andere Landessprache nicht aus. Spezialbegriffe, Datumsformate, Maßeinheiten und Schreibweisen sowie weiche Faktoren wie Kultur und Nationalwerte sind tückisch. Auch Farbsprache, Design und Layout nehmen die verschiedenen Kulturkreise unterschiedlich wahr.

Tipp 6 – Kundenindividueller Ablauf
Jeder Kunde seine eigenen Präsentationsverlauf? Das geht! Setze dazu Hyperlinks auf Deine Agendapunkte. Diese erlauben Dir im Präsentationstermin direkt zu den entsprechenden Teilthemen zu springen, je nach Wissensbedarf des Interessenten. Auch für Dein Logo versiehst Du mit einem Link, der wiederum zurück zur Agendafolie führt. Frage im Gespräch Deinen Kunden nach seinen Wünschen und klicke Dich parallel interaktiv durch den Foliensatz.

Zusammenfassung

Auf wenigen Folien fasst die Unternehmenspräsentation die zentralen Angaben zu Deiner Beratung zusammen. Sorge dafür, dass Dein Kunde einen Mehrwert von den Inhalten erhält. Rücke seine Themen in den Vordergrund und nutze die Präsentation um Fragen zu stellen und Deine Expertise nachzuweisen.

Die Unternehmenswebseite – Besucher 24/7 informieren

Eigentlich ist doch alles klar. Geschäftskunden suchen im Netz – auch nach den Leistungen von Unternehmensberatungen. Beim kurzen Überflug über die Webseiten von Consulting Firmen fällt jedoch auf: viele Beratungen rücken sich selbst, statt den Leser ins Zentrum ihrer Online-Präsenzen. Da ist von ‚wir' und unseren ‚erprobten Methoden' die Rede. Treibende Gründe, interessante Inhalte und nutzbringenden Ergebnisse? Sucht der Besucher vergeblich! Nachfolgend meine Tipps für Deinen optimalen Consulting Webauftritt.

Kategorie

- Zielgruppe: Neukunden, Bestandskunden
- Phase: Interesse
- Aufwand: mittel
- Wirkungstiefe/-dauer: mittel, kurz bis mittelfristig

Zweck

Als Consultant ist sie für Dich absolut Pflicht: Deine Unternehmenswebseite. Als erweiterte Visitenkarte stellt Sie Dich, Dein Leistungsportfolio und Deine Branchenkenntnisse vor und regt den Besucher zur Kontaktaufnahme an. Analog eines Geschäftes in einer Ladenzeile präsentierst Du Dich mit der Internetpräsenz der Außenwelt. *„Das bin ich!"*, *„Von dieser Expertise können Sie profitieren!"* und *„So arbeite ich!"* – alles Punkte, welche die Webseite Deines Unternehmens klärt.

Im Web gilt die Regel: Weniger Text ist mehr. Inhaber, Entscheider und Budgetverantwortliche scannen mehr durch die Texte, als dass sie diese lesen. Für Dich heißt das, in knappen Sätzen mit den branchen- und domänenspezifischen Fachbegriffen auf den Punkt zu kommen. Deine Webseite unterstreicht, dass Du Experte für Deine Leistungen bist, vertrauenswürdig handelst und bei Deinen Kunden einen Mehrwert lieferst.

Nicht nur potentielle und bestehende Kunden interessieren sich für Deine Webpage. Auch mögliche Mitarbeiter und Geschäftspartner sowie ab und zu auch Deine Wettbewerber informieren sich auf den Online-Seiten. Primär relevant für Dich sind natürlich die Kunden, gefolgt von Jobbewerbern. Auf diese beiden Gruppen solltest Du Deine Unternehmenswebseite optimieren.

Aufbau

Seit 2008 habe ich bei der Konzeption und Umsetzung von sieben professionellen Unternehmenswebseiten mitgewirkt. Nachfolgend gehe ich auf die Consultingspezifischen Inhalte einer Unternehmenswebseite ein. Standardelemente wie **Impressum**, **Datenschutz** und **Kontaktinformationen** sind in Deutschland gesetzliche Pflicht bzw. gehören immer auf Deine Online-Präsenz.

Erster Aufschlagpunkt für Besucher Deiner Unternehmenswebseite ist die **Startseite** bzw. Homepage. Diese sollte in knappen Worten Dein Angebot, Deine Zielgruppe und den Mehrwert zusammenfassen. In nur 5 Sekunden muss ein Besucher wissen, dass sich hinter der Webpräsenz eine Beratung verbirgt und in welchen Belangen diese Firma unterstützt. Mögliche Elemente sind:

- Situationen, Herausforderungen und Bedarfe in bzw. mit denen typische Kunden Dein Unternehmen kontaktieren.
- Aktuelle Neuigkeiten wie Blogbeiträge, Fachvorträge oder Austauschplattform-Events.
- Die Unternehmenspositionierung, dargestellt beispielsweise in einem Erklärvideo oder einem kleinen Animationsfilm.

Zentraler Bereich Deiner Webseite ist Dein **Beratungsportfolio**, auch Leistungen, Kompetenzen oder Funktionen genannt. Jeden Leistungsbaustein beschreibst Du kurz und bündig nach identischem Muster:

- Zunächst die **Motivation für die Beratungsleistung** – das ‚Warum'. Hier gibst Du dem Leser zu verstehen, dass Du den Grund für die Beratungskompetenz verstanden hast und Dich im Feld auskennst.
- Anschließend Deinen **Leistungsumfang** – das ‚Was'. Sachlich schilderst Du hier, welche Aufgaben und Ergebnisse Du für den Kunden übernimmst. Gerne in Form von Spiegelstrichen mit den fünf relevantesten Hauptleistungen.
- Direkt nachfolgend notierst Du den einhergehenden **Kundennutzen** – die positiven Auswirkungen. Schildere den Mehrwert Deiner Leistung aus Sicht und in der Sprache des Kunden. Hebe auch Deine USPs – die Unique Selling Propositions – hervor.
- Letztes Element im Beratungsportfolio ist die **Handlungsaufforderung** – der Appell. An dieser Stelle motivierst Du den Leser mit Dir – den Consulting Experten für die Leistung – in Kontakt zu treten.

In der Regel hast Du Deine Consulting Leistungen in bestimmten Branchen unter Beweis gestellt. Dieses Fachwissen solltest Du in Deinem **Branchenportfolio** festhalten. In der Kurzfassung besteht dieses aus zwei Elementen:

- Eine **Einführung** in die Situation der Branche, die aktuellen Herausforderungen, Entwicklungen und Trends. Du outest Dich mit diesen Zeilen als Kenner der Zunft.

- Die **Aufgaben**, welche Du und Deine Firma für genau diese Branche übernimmst und der damit verbundene Gewinn für den Kunden.

Im Kopf des Kunden ergibt sich damit ein Kreuzprodukt aus Leistungen und Branchen. Ob Du tatsächlich für jede Branche alle Deine Kompetenzen zur Anwendung gebracht hast, ist aus meiner Erfahrung sekundär.

Ein weiterer wichtiger Bereich Deiner Consulting-Webseite sind **Informationen zum Unternehmen**. Hier erfährt ein Leser, wer sich hinter dem Beratungsunternehmen versteckt. Wichtige Bestandteile sind:

- Angaben zum **Management**, daher wer leitet das Geschäft seit wann.
- Falls vorhanden, das **Leitbild**, zentrale Werte, die Vision und die Mission.
- **Referenzen** von zufriedenen Beratungskunden.
- Weitere Angaben wie **Firmenstruktur, -partner** und **-standorte**.

Ein Beratungsunternehmen benötigt Berater. Daher widmet sich der letzte Bereich auf Deiner Webseite potentiellen Mitarbeitern. Unter der Überschrift **Karriere** listest Du offene Stellen, Erfahrungsberichte von Mitarbeiter sowie Fakten zum Bewerbungsprozess auf.

Anwendung

Anders als ein gedrucktes Fachbuch ist Deine Unternehmenswebseite nie wirklich fertig. Stetig erweiterst Du Inhalte, passt vorhandene Absätze an oder streichst obsolete Passagen raus. Damit gleicht Deine Seite einem Organismus, der sich stetig verändert, für Besucher damit aber auch interessant bleibt.

Setze Dir einmal im Monat einen wiederkehrenden 30-Minuten Termin und überprüfe die Inhalte. Stelle Dir dabei Fragen wie die folgenden:

- Passen die angegebenen Leistungen der Angebotspyramide noch zum Unternehmen? Sollten diese präzisiert werden?
- Welche neu hinzugekommenen Referenzen können ergänzt, welche Kunden hinzugefügt werden.
- Gibt es Neuigkeiten, die dem Leser nutzen? Interessiert ihn vielleicht der neue Blogbeitrag, der letzte Fachvortrag oder die geplante Fachmesse?

Gehe schrittweise vor und optimiere Deine Texte kontinuierlich. Insbesondere zum Start wirst Du viel Zeit in Deine Seite stecken. Steht diese erst einmal, dann geht es um kleine Adaptionen.

Aus meiner Sicht überschätzt ist Layout und Design einer Beratungspräsenz. Richtig ist, dass Dein Online-Auftritt klar strukturiert und aufgeräumt erscheinen sollte, sowohl am Desktop-PC als auch am Smartphone. Die Seite ist ein Spiegel Deiner Leistung. Das heißt aber nicht, dass Du alles auf Hochglanz herausputzen musst. Schließlich verbringst Du die meiste Zeit bei Deinen Kunden und nicht im Programmcode Deiner Webseite.

Vor- & Nachteile

- Kunden suchen online nach Lösungen. An einer Unternehmenswebseite kommst Du als Berater daher nicht mehr vorbei.
- Gerade zu Beginn generiert die Online-Präsenz hohen Konzeptaufwand hat aber auch den Vorteil, dass Du Dich mit Deinem Unternehmen, dem Geschäftsmodell, den Leistungen und Zielkunden beschäftigst.
- Die Kosten für die technische Plattform, den Betrieb und die Web-Software sind mit wenigen Euros pro Jahr zu vernachlässigen. Agenturen, Webdesigner und Anwaltskanzleien unterstützen Dich bei der technischen Realisierung, Gestaltung, beim Texten und in Fragen des Datenschutzes.
- Einmal aufgebaut, ist Dein Online-Auftritt immer für jeden von überall geöffnet und wirkt dauerhaft als Marketing Maßnahme.

- Die regelmäßige Aktualisierung der Inhalte benötigt Zeit und kann nur von Dir bzw. sachkundigen Kollegen übernommen werden.

Praxistipps

Tipp 1 – Von den Besten lernen
„Das Rad nicht neu erfinden." lautet auch das Motto für die Firmenwebseite. Im Klartext: studiere die Webseiten erfolgreicher Beratungsunternehmen wie The Boston Consulting Group oder McKinsey. Wie haben diese Ihre Webpräsenz aufgebaut? Vergleiche mit den Online-Auftritten mittelständischer Beratungen und picke Dir die besten Elemente für Deine Webseite heraus. Sei besser! Sei anders! Dunkelblaue Farbdesigns mit lachenden Geschäftspersonen und plakativen Phrasen gibt es im Consulting Umfeld bereits genug.

Tipp 2 – Auf Suchmaschinen optimieren
Stelle Dir vor, ein potentieller Kunde recherchiert mit einer bekannten Suchmaschine nach ‚Beratung + Leistung' und stößt direkt auf der ersten Ergebnisseite auf Deine Webseite. Ein Traum oder? Optimiere Deine Inhalte auf Suchmaschinen, das Stichwort ist Search Engine Optimization (SEO). Wissensspeicher wie ein Blogbeiträge, Fachartikel sowie eingehende Links von anderen Seiten sorgen ebenfalls für eine erhöhte Visibilität im Netz.

Tipp 3 – Aus der Perspektive des Lesers
Besucher Deiner Webseite interessieren sich für Dich und Dein Unternehmen in zwei Belangen: entweder als Problemlöser oder Arbeitgeber. Rücke daher den

Leser ins Zentrum Deiner Texte. Statt von ‚Wir erarbeiten...' sprichst Du von ‚Sie profitieren...'. Statt Fremdworte und Floskeln verwendest Du kurze und verständliche Begriffe. Auch solltest Du Verneinungen und das Wort 'nicht' aus den Texten verbannen. Menschen können nicht an Nichts denken.

Tipp 4 – Teilbare Inhalte
Soziale Netzwerke sowie die großen Onlineportalen machen es vor: das Teilen von Inhalten. Auch Du kannst Deine Unternehmenswebseite mit sogenannten ‚Sharing-Links' an Twitter, Facebook, Xing oder E-Mail versehen. Stelle ebenfalls Publikationen bereit, die das System unter der Angabe der E-Mailadresse dem Leser zukommen lässt. Nebenbei entsteht somit eine Mailliste von Interessenten.

Tipp 5 – Nutzen, Nutzen, Nutzen
Ein Leser denkt an sich und seine Probleme, wenn er Deine Webseite ansurft. Argumentiere daher nicht mit Methoden, Ansätzen oder Modellen sondern mit den Vorteilen Deiner Beratungsleistung. Biete erste Antworten auf Fragen, verbreite Ideen und setze Impulse. Offeriere Fachartikel oder unterbreite Angebote für Webinare oder das Abo Deines Newsletters.

Tipp 6 – Vertrauen durch Logos
Binde auf Deiner Webseite die Logos von Kunden und Partner ein. Je bekannter die dahinterliegenden Organisationen sind, desto besser. Logos stiften Vertrauen, zeugen von Kompetenz und unterstreichen Projekterfolge. Beachte, dass Du Dir vor der Verwendung auf Deiner Webseite die Nutzungsrechte an der Bildmarke einholen musst. Bei großen Unternehmen kontaktierst Du dazu die Presse- bzw. Public Relation Abteilung, bei mittleren und kleinen Firmen direkt den Kunden. Einige Firmen fordern die Einhaltung von bestimmten Regeln für ihre Logos, beispielsweise der Abstand zu anderen Abbildungen oder die textuellen Inhalte vor und nach dem Logo. Falls vorhanden, verlinke die Logos mit Case Studies bzw. Referenzen, erneut in Absprache mit dem Kunden.

Zusammenfassung

Vor der Kontaktaufnahme per E-Mail oder Telefon dient die Unternehmenswebseite potentiellen Kunden, Geschäftspartnern und Mitarbeitern als Informationsquelle. In Minuten entscheiden diese, ob Deine Leistungen für sie in Frage kommen.

Gestalte Deine Webseite einladend und gibt den Besuchern einen Grund mit Dir in Kontakt zu treten. Als erste Arbeitsprobe spiegelt die Seite Dein Unternehmen, dessen Werte, Arbeitsweise, Ziele und Erfolge wider. Ein überzeugender, professioneller und kompetenter Eindruck ist hier die Pflicht und nicht die Kür.

Das Webinar – im Online Meeting an Profil gewinnen

Einige bezeichnen sie spöttisch als virtuelle Kaffeefahrten, andere sehen in ihnen die ultimative Lead-Maschine: Webinare, auch Web-Meetings oder Online Konferenzen genannt. Fakt ist: in den vergangenen Jahren sind die Live-Internetpräsentationen in ihrer Popularität für Beratungsunternehmen gestiegen. Kein Wunder, holst Du mit ihnen potentielle Kunden mit Deinen Themen dort ab, wo sie sich befinden: im Büro, auf Reisen oder im Home-Office. Erfahre nachfolgend, was ein gutes Webinar ausmacht, wie Du diese umsetzt und wie Du Deine Teilnehmer begeisterst.

Kategorie

- Zielgruppe: Neukunden, Bestandskunden
- Phase: Interesse, Beziehung
- Aufwand: mittel
- Wirkungstiefe/-dauer: mittel, kurzfristig

Zweck

Ein Webinar (oder Web-Seminar) ist eine Live Internet-Sitzung zu einem definierten Thema an einem festgelegten Termin. Im Zentrum steht der Wissensaustausch, der gemeinsame Dialog.

Für ihre Teilnahme am Webinar müssen sich die Interessenten im Vorfeld registrieren. Und hier liegt auch der Charme des Online Seminars als Akquise Tool: bei der Anmeldung geben Dir die Teilnehmer zum einen zu verstehen, dass sie Interesse am Thema haben und sie mit Dir in Kontakt treten wollen. Zum anderen erhältst Du Kontaktdaten sowie Rückfragen zu Deinem Thema.

Aus Perspektive eines Teilnehmers wiederum sind Webinar praktisch. Fast immer kostenfrei, keine Anreisezeit, kurzfristige Absage, aufbereitetes Wissen und Flexibilität im Teilnahmeort – alles Gründe warum sich Webinare einer großen Beliebtheit erfreuen. Überdies findest Du im Internet zahlreiche kostenfreie und kostenpflichtige Tools samt guter Dokumentation zur technischen Realisierung.

Aufbau

Konzipiere ein Webinar immer von Ende kommend. Welche Aktion sollte ein Teilnehmer durchführen, nachdem das Webinar vorüber ist? Im Optimalfall ist das eine Kontaktaufnahme mit Dir und der Bitte um Unterstützung. Alternativ ist das die Buchung Deines Beratungsproduktes oder der Kauf Deines Fachbuches.

In Abhängigkeit des messbaren Zieles entwickelst Du dann das Konzept für Dein Webinar. Als bewährt hat sich in meiner Praxis die Struktur einer Case Study erwiesen. Dazu gliederst Du die Online Sitzung in die drei Abschnitte: Problem, Lösung und Ergebnisse. Deine Teilnehmer lernen, wie Du an Probleme herangehst, welche Arbeitsweise Dich auszeichnet und worin der Mehrwert Deiner Beratungsleistung besteht. Der Fallstudie kannst Du einen offenen Frage-Antwort-Teil anschließen.

Anwendung

Wie eine Telefon- und Videokonferenz untergliedert sich auch das Webinar in die drei Phasen Vorbereitung, Durchführung und Nachbereitung.

1. Vorbereiten
Ob Du nun Deine Inhalte per Foliensatz, mehreren Flipcharts oder Whiteboard transportierst bleibt Dir überlassen. Wichtig ist, dass sich Teilnehmer schnell in das Thema einfinden und Du Dich beim Präsentieren sicher fühlst. Bereite neben dem offiziellen Material ebenfalls ein Drehbuch vor. Dieses fasst wichtige organisatorische Schritte und Inhaltliche Schwerpunkte zusammen.

Erstelle für Dein Webinar eine Landingpage, daher eine Webseite auf denen sich Teilnehmer über den Nutzen und die Inhalte der Online Sitzung informieren und auch direkt anmelden können. Wähle unbedingt ein Datum, welches gut für Deine Zielgruppe passt (Donnerstag kurz vor Feierabend, Freitagvormittag etc.). Kündige Dein Webinar an. Nutze dazu die verfügbaren Kundenkanäle wie den Newsletter, die Unternehmenswebseite und die Signaturwerbung.

Da ein Webinar deutlich unverbindlicher als eine Austauschplattform ist, springen erfahrungsgemäß 30 bis 50 Prozent der Interessenten ab (‚No-Show-Quote'). Erinnere daher die registrierten Teilnehmer am Tag des Webinars und eine Stunde vor Beginn noch einmal an den Event und betone erneut dessen Wert.

Teste im Vorfeld unbedingt Dein technisches Equipment. Der Teufel steckt im Detail. Sind die Teilnehmer nach Eintritt stumm geschalten? Ist das Chat-Fenster aktiviert? Können Personen, die zu spät kommen, auch nachträglich dem Webinar beitreten? Ein Webinar ist live – Anfängerfehler, Verzögerungen und technische Pannen strahlen direkt auf Deine Kompetenz ab. Sorge für eine stabile und ausreichend dimensionierte Internetverbindung, nutze ein Headset und stelle ein Glas mit Wasser bereit. Lege am besten eine Checkliste an.

2. Durchführen
Fünf Minuten vor Webinarbeginn öffnest Du den virtuellen Veranstaltungsraum für die Teilnehmer. Zur Auflockerung begrüßt Du diese mit dem Namen und fragst nach den aktuellen Aufenthaltsorten. Zudem stellst Du eine

Aktivierungsfrage, beispielsweise *„Was wollen Sie aus dem Webinar mitnehmen?"* oder *„Welche Punkte liegen Ihnen in den nächsten 30 Minuten besonders am Herzen?"*. Anschließend folgst Du Deinem Drehbuch und präsentierst die Inhalte.

Bewahre Dir unbedingt Energie bis zum Schluss auf. Nicht nur, um die Fragen der Teilnehmer zu beantworten, sondern auch um Deine Handlungsanweisung – dem Call-to-Action – kompetent und schlüssig zu platzieren. Bedanke Dich für die Aufmerksamkeit und wünsche den Teilnehmern eine gute Woche.

3. Nachbereiten
In der Regel folgt nur ein Bruchteil der Teilnehmer Deiner Handlungsanweisung. Sende daher nach dem Webinar eine E-Mail mit einer Dankesbotschaft, zusätzlichen nutzbringenden Inhalten sowie die wichtigsten Erkenntnisse des Events. Platziere in dieser Nachricht ebenfalls erneut Dein Angebot. Mit den gewonnenen Kontaktdaten kannst Du alternativ den Teilnehmern eine kleine E-Mailserie zukommen lassen. Übertreibe es aber bitte nicht. Zu viele, zu eng getaktete oder inhaltslose Meldungen beschädigen Deinen Ruf, statt lose Kontakte zu festigen.

Vor- & Nachteile

- Webinare eignen sich bestens dafür, Interessenten zu erreichen und diesen im persönlichen Gespräch Deine Kompetenz zu demonstrieren.
- Insbesondere bei neuen Beratungsangeboten bzw. Zielgruppen bieten die Online Sitzungen eine prima Möglichkeit, rasch einen hohen Bekanntheitsgrad zu erlangen und Kontaktdaten von potentiellen Kunden einzusammeln.

- Ein Webinar ist ein Live-Event und erfordert eine sorgsame Vorbereitung. Diese kostet Zeit, vier bis acht Stunden solltest Du aus meiner Erfahrung für Deine erste Online Sitzung auf jeden Fall einplanen.
- Auch sind gute Webinar-Konferenzsysteme nicht kostenfrei: 50 bis 100 Euro Lizenzgebühren pro Monat musst Du für ein solides System einplanen. Für die erste Sitzung reicht aus meiner Sicht ein einfaches Videokonferenzsystem wie Skype. Teilnehmer registrieren sich bei Dir per E-Mail. Bei hoher Nachfrage schaltest Du in Folgesitzungen auf ein professionelles Webinar-Tool um.
- Rechne damit, dass sich nur wenige bis keine Teilnehmer für Dein Webinar registrieren, der viele Vorbereitungsaufwand damit (fast) umsonst war. Speziell wenn Du über Kontaktdaten verfügst bzw. Dein Unternehmen für das Webinar-Thema keine Sichtbarkeit besitzt, kann es passieren, dass Du vor leeren virtuellen Rängen referierst.

Praxistipps

Tipp 1 – Alternative Benennung
Leider missbrauchen einige Unternehmen das Webinar-Konzept als reine Verkaufsveranstaltung. Die Folge: der Begriff ‚Webinar' besitzt nicht wirklich den besten Ruf, frei nach dem Motto *„Was nichts kostet, taugt auch nichts."*. Gebe Deinem Webinar daher einen alternativen Namen, beispielsweise ‚Web-Session', ‚Internet Conference' oder ‚Online Seminar'.

Tipp 2 – Offen für den Leidensdruck
Biete den Teilnehmern bereits mit der Registrierung an, ihren Leidensdruck und Wünsche zu äußern. Nutze dazu ein Freitextfeld direkt im Anmeldeformular (*„Ich interessiere mich besonders..."*) oder alternativ eine Auswahlliste, die abfragt in welcher Entscheidungsphase sich ein Interessent befindet. Gehe dann im Webinar neben Deinen Inhalten auch auf die verschiedenen Themenwünsche ein.

Tipp 3 – Abschlussgeschenk
Um die Teilnehmer bis zum Webinar-Ende im virtuellen Konferenzraum zu halten (und damit von Deinem gesamten Leistungsspektrum zu überzeugen), solltest Du direkt zu Beginn ein Geschenk ankündigen. Das kann ein eBook, eine Checkliste oder ein 30-Minütiges Telefonat mit Dir sein. Wichtig ist, dass das Geschenk den Teilnehmern einen Nutzen stiftet, sie motiviert bis zum Ende dabei zu bleiben.

Tipp 4 – Fokus auf Interaktionen
Im Unterschied zu einem Fachvortrag schenken Dir die Teilnehmer in einem Webinar nur einen Teil Ihrer Aufmerksam. Viele surfen parallel auf anderen Webseiten, räumen ihren Schreibtisch auf oder bearbeiten E-Mails. Um das Interesse für Deine Inhalte hoch zu halten, solltest Du regelmäßig – auch während Deines Vortrages – offene Fragen stellen und um Antworten per Chat bitten. Auch der Aufruf zur Abstimmung und die Bitte um eine Meinung regt die Interaktion an. Biete zudem Abwechslung. Wechsle beispielsweise rasch zwischen Folien mit großflächigen Bildern. Aktiviere zudem Dein Kamerabild, sobald Du eine Frage am Whiteboard erklären möchtest.

Tipp 5 – Weniger ist mehr
Überfrachte Dein Webinar nicht mit zu vielen Inhalten. Drei nützliche Kernbotschaften – verpackt in einen explosiven Start und ein knackiges Ende – sind ausreichend. Keiner mag es, vollgetextet zu werden. Lasse hingegen Luft für Fragen und Erfahrungen. Falls das Webinar dann früher als geplant endet, wird es Dir keiner Übel nehmen. Im Gegenteil. Die Teilnehmer behalten Dich als den Berater im Hinterkopf *„...der vor dem Ende alle Ziele erreicht"*. Positiver Nebeneffekt: Du bewahrst Dir Wissen, welches Du Interessenten im zweiten Gang servierst.

Tipp 6 – Recycling der Inhalte
Fertige von jedem Deiner Webinare eine Aufzeichnung an die Du anschließend den Teilnehmern als kleines Souvenir an den gemeinsamen Event exklusiv zur bereitstellst. Weise die Teilnehmer vor Beginn der Sitzung auf die Aufzeichnung hin. Andere Formen die Inhalte wiederzuverwerten sind beispielsweise als <u>Blogbeitrag</u> oder <u>Fachvortrag</u>.

Tipp 7 – Freundliche Terminverschiebung
Es kam wie es kommen musste: plötzlich hat sich ein Kunde für die Uhrzeit angekündigt, für die Du eigentlich Dein Webinar eingeplant hast. Statt jetzt allen Teilnehmern abzusagen oder dem Kunden vor den Kopf zu stoßen kannst Du auch den Termin freundlich und dezent auf später verlagern. Unterrichte Deine Teilnehmer einfach darüber, dass das Webinar auf erfreulich hohes Interesse stößt und der geplante Terminslot bereits ausgebucht sei. Verschiebe dann auf einen anderen Zeitpunkt den Du als Zusatztermin kommunizierst.

Tipp 8 – Der Gastexperte
Lade in Dein nächstes Webinar einen komplementären Partner Deiner Beratung ein. Beispielsweise zu einem Interview oder mit der Bitte seine Perspektive auf einen Sachverhalt zu teilen. Schaffe damit eine Win-Win-Win Situation. Die Teilnehmer profitieren von einem zusätzlichen Vortragenden. Dein Partner und Du wiederum nützt die erweiterte Reichweite, immerhin geht die Webinar-Einladung nun an zwei <u>Kontaktnetzwerke</u>.

Lesetipp
Du möchtest Deine Kompetenzen im Akquise Tool Webinar ausbauen? Eine detaillierte Schritt-für-Schritt-Anleitung und zahlreiche Tipps findest Du im Buch ‚Online-Trainings und Webinare: Von der Vermarktung bis zur Nachbereitung' von Silvia Luber und Inga Geisler.

Zusammenfassung

Der große Vorteil eines Webinars liegt in seinem Kosten-Nutzen-Verhältnis: mit überschaubaren Organisationsaufwand machst Du Interessenten in kurzer Zeit auf Deine Beratungsangebote aufmerksam und sammelst zudem noch ihre Kontaktdaten ein. Wiederhole ein Webinar mehrmals im Jahr und verwende dazu die identischen Präsentationsinhalte. In jedem Durchgang lernst Du aus den Fragen mehr über die Bedarfe potentieller Kunden. Und verbesserst ganz nebenbei Deine Vortragsfähigkeiten. So macht Akquise Spaß!

Der Werbeartikel – mit Giveaways im Kopf verankern

Jedes Jahr erinnert er Dich zuverlässig an den bevorstehenden Winterreifenwechsel: Dein Eiskratzer. Nicht irgendein Eiskratzer. Sondern ein Werbegeschenk Deines Reifenhändlers direkt um die Ecke. Die Botschaft des kleinen Helferleins ist klar: „Wenn Du mich verwendest, sind die Straßen glatt und erfordern Winterreifen.". Natürlich stehen Telefonnummer, Webseite und Öffnungszeiten des Reifenhändlers gut lesbar auf dem Gratis-Kratzer. Spätestens Ende November fährst Du dann als Bestandskunde bei ihm vor. Eigentlich praktisch so ein Werbeartikel...

Kategorie

- Zielgruppe: Neukunden, Bestandskunden
- Phase: Interesse, Beziehung
- Aufwand: mittel
- Wirkungstiefe/-dauer: mittel, langfristig

Zweck

Ein Werbeartikel – neudeutsch Giveaway – ist ein haptisches Geschenk an Deinen Kunden. Mit einem Aufdruck, Gravur oder einer Prägung weist der Artikel auf Dein Unternehmen bzw. das Beratungsangebot hin. Speziell bei der abstrakten Dienstleistung ‚Consulting' eignet sich die haptische Verkaufshilfe um...

- **geistige Ideen** für den Beschenkten begreifbar zu machen,
- **komplexe Sachverhalte** zu erklären sowie
- **wiederkehrendes Interesse** für ein Thema zu wecken.

Auch Du nutzt beruflich und privat Werbeartikel. Oft sind es viel mehr Produkte, als Du zunächst vermuten würdest. Wirf bei Gelegenheit einen Blick in Dein Auto bzw. falls Du keines hast, in das Fahrzeug Deines Kollegen. Neben dem Eiskratzer findest Du dort typische KFZ-Werbegeschenke wie die Parkuhr, den Schwamm, das USB-Ladegerät oder den Scheibenschutz. Oft ist unklar, wann genau Du die Präsente erhalten hast. In jedem Fall erfüllen sie ihren Zweck und erinnern Dich wiederkehrend an ein Unternehmen und dessen Leistungen.

Aufbau

Prinzipiell wird zwischen zwei Formen von Werbeartikeln unterschieden:

- **Streuartikel** kommen insbesondere auf Konferenzen, Messen oder anderen Promotion-Aktionen als verkaufsfördernde Maßnahmen zum Einsatz. Sie

besitzen nur einen geringen Einkaufswert und werden in großen Mengen verteilt.
- **Höherwertige Werbeartikel** sind individuelle für einen ganz bestimmten Zweck gestalte Präsente. Sie dienen der Pflege etablierter Kundenbeziehungen oder der Vermarktung qualitativ besonders hochwertiger Produkte & Services.

Im Consulting kommen beide Formen zum Einsatz. Je konkreter dabei die Beauftragung zum Projekt bzw. je fester die Kundenbeziehung, desto höherwertig meist auch der Werbeartikel.

Je nach Zielgruppe, Preisklasse und Anlass gibt es eine große Auswahl an Werbeartikeln. Typische Geschenkprodukte für Beratungsunternehmen sind:

- Terminhilfen wie Jahreskalender und Tagesplaner
- Büromaterial wie Kugelschreiber oder Textblöcke (inklusive Wasserzeichen Deiner Firma)
- Wissensprodukte wie Infoposter und Nachschlagebücher
- Elektronisches Equipment wie Mausematten oder USB-Sticks
- Kaffeeküchenutensilien wie Tassen und Becher

Ein guter Werbeartikel stiftet Deinem Kunden regelmäßig einen – Deiner Beratungsleistung möglichst eng verwandten – Nutzen. Außerdem passt er zu Deinem Unternehmen und bringt ein gewisses Maß an Originalität mit. Jahreskalender, Mintdrops und Notizblöcke – kennt und hat jeder. Besondere Giveaways hingegen bleiben in den Köpfen Deiner Kunden und sorgen für Gesprächsstoff unter den Kollegen. Sie zu besitzen ist einfach cool.

Auf keinen Fall sollte Dein Werbeartikel billig wirken. Des Öfteren erhalte ich auf Messen und Tagungen schlecht funktionierende Kugelschreiber. Die mindere Produktqualität übertrage ich dann implizit auf das aufgedruckte Unternehmen. Wie soll dieses mein komplexes Problem lösen oder mir ein 1A-Produkt bereitstellen, wenn bereits die Kugelschreiber nur Mittelklasse sind?

Anwendung

Wie die Bestellung eines Produktes, ist auch das Ordern einer großen Menge von Werbeartikeln in Zeiten des eCommerce kein Hexenwerk. Lediglich die Adaption auf Dein Unternehmen unterscheidet sich zum herkömmlichen Online-Shopping.

1. Aussuchen
Abhängig von Deiner Zielgruppe, dem Zweck und dem verfügbaren Budget suchst Du Dir bei einem Werbemittelhändler einen oder mehrere passende Artikel aus.

Tritt mit dem Händler in Kontakt und übermittle ihm eine Vektordatei Deines Logos, Schriftzugs oder Bildes.

Die Kosten für Werbeartikel variieren je nach Anbieter, Qualität und Menge. Generell gilt: je höher die Stückzahl, desto größer der Mengenrabatt. Nicht selten verdoppeln die unternehmensspezifischen Anpassungen des Produktes – beispielsweise durch Aufdruck eines Logos – dessen Preis.

Am besten Du vergleichst verschiedene Anbieter und wählst das beste Preis-Leistungsverhältnis. Berücksichtige beim Preis den tatsächlichen Endpreis, daher inklusive aller anfallenden Nebenkosten. Einige Händler lassen sich Beratung, Muster, Versand etc. extra bezahlen. In Sachen Leistung zählen insbesondere die Qualität der Ware, die Möglichkeiten der Anpassung sowie die Konditionen zur Rückgabe.

2. Testen
Bestellst Du das erste Mal bei einem Händler oder setzt Du einen bestimmten Werbeartikel neu ein ist es ratsam, Dir zuvor ein Musterexemplar zukommen zu lassen. Überprüfe dieses auf seine Wirkung, Funktionalität, Qualität und mögliche Mängel. Gehe ruhig ruppig mit dem Produkt um und teste es einige Tage unter Extrembedingungen. Schreibt der Kugelschreiber auch nach 100-maligen Ein- und Ausfahren? Erstrahlt Dein Unternehmenslogo auf der Kaffeetasse selbst nach dem fünften Geschirrspülgang weiterhin kraftvoll?

Beachte, dass speziell veränderte oder angefertigte Werbeartikel nur schwer bis gar nicht wieder zurückgegeben werden können. Die letztendlich bestellten Werbeartikel können trotzdem je nach Material, Oberfläche oder Gravur unwesentlich abweichen.

3. Verteilen
Wie bei der Visitenkarte ist der direkte Kontakt der beste Moment, um einen Werbeartikel an den Mann oder die Frau zu bringen. Mit der persönlichen Übergabe stärkst Du die Bindung zwischen Deinem Unternehmen und dem Kunden. Überlege Dir einen smarten Satz beim Überreichen des Artikels und verankere Deine Leistung damit haptisch, visuell und auditiv im Gedächtnis Deines Klienten.

Vor- & Nachteile

- Laut Studien prägen sich Werbeartikel viel besser in den Köpfen von Personen ein als klassische Print- und TV-Werbung.
- Weitere Umfragen haben gezeigt, dass sich mehr als zwei Drittel der Menschen über Werbeartikel freuen, und dass Verbraucher und

- Geschäftskunden ein Unternehmen, das Werbeartikel verteilt, als sympathisch einstufen.
- Ebenfalls liegt ein großer Vorteil im Gefühl der Reziprozität, dass ein Werbegeschenk beim Empfänger auslöst. Nach Erhalt eines für ihn wertvollen Geschenkes möchte dieser an Dich zurückgeben.
- Nicht jeder Werbeartikel passt zu jedem Beratungsunternehmen. Bewusst nehmen Top-Consultancies wie McKinsey & Company Abstand von klassischen Werbegeschenken wie Kugelschreibern oder Terminkalendern und verteilen stattdessen ausnahmslos Informationsprodukte. Damit bewahren sich die US-Berater nicht nur ihren exzellenten Ruf, sondern sparen nebenbei noch ein nennenswertes Werbebudget ein.

Praxistipps

Tipp 1 – Im Rahmen der Steuervorgaben
Kostet ein Werbeartikel weniger als 10 Euro, so definiert ihn das deutsche Gesetz als einen Streuartikel. Seine Ausgaben sind in einfacher Form von der Steuer absetzbar. Liegen seine Kosten höher, muss Dein Unternehmen buchhalterisch genau festhalten, wer den Artikel erhalten hat. Die Höchstgrenze für die steuerliche Absetzbarkeit von Geschenken als Betriebsausgabe liegen 2019 bei 35 Euro pro Jahr und Empfänger. Erkundige Dich für aktuelle Zahlen beim Steuerberater und Finanzamt.

Tipp 2 – Im Rahmen der Compliance-Regeln
Ein Werbeartikel soll für einen guten Eindruck und positive Stimmung sorgen und den Empfänger zu nichts verpflichten. In viele großen und öffentlichen Organisationen gelten spezifische Compliance-Regeln ob bzw. bis zu welchem Wert ein Mitarbeiter Geschenke annehmen darf. Prüfe diese vor dem Schenken sowie den Umstand, ob Dein Werbepräsent beim Empfänger zu einem geldwerten Vorteil führt und von diesem als Einkommen zu versteuern ist.

Tipp 3 – Quell der Inspiration
Lasse Dich durch selbst erhaltene Giveaways – gerne auch aus anderen Branchen – sowie den Katalogen der Werbemittelhändler inspirieren und wählen ein originelles sowie nützliches Produkt. Ein Kochbuch von Prozessberatern? Eine Rettungsdecke von Krisenmanagern? Eine Originalzeitung vom Geburtstag des Stammkunden? Ein Jahreskalender mit einer individuellen merkenswerten Abbildung? Kreativität und Gehirnschmalz schlagen Massenware! Im Idealfall transportiert der gewählte Artikel alle Werte Deines Unternehmens, wie beispielsweise Loyalität, Kompetenz und Souveränität.

Tipp 4 – Der passende Aufdruck
Entscheiden Dich für eine nicht entfernbare Anbringung Deines Firmennamens,

Logos und/oder Firmenslogans. So erinnert der Artikel Deine Kunden auch noch Jahre später an die gemeinsame Projektarbeit.

Tipp 5 – Knapp & wertvoll
Jeder verschenkte Werbeartikel kostet Dein Unternehmen Geld. Sorge durch wertige Präsente und gezielte Verteilung dafür, dass die Empfänger Deine Artikel schätzen und nicht verramschen. Sorgen für Knappheit, ohne dabei geizig zu sein.

Tipp 6 – Giveaways als Kontaktgenerator
Speziell Wissensprodukte eigenen sich hervorragend zur Generierung von Neukundenkontakten. Biete auf Deiner Unternehmenswebseite ein Infoposter oder eine Ratgeberbroschüre zur kostenfreien Bestellung an. Hübsch verpackt mit einem persönlichen Gruß und Deiner Leistungsbroschüre versendest Du den Werbeartikel an Interessenten. Und fragst natürlich eine Woche später, ob alles gut eingetroffen ist und ob weiterführende Fragen bestehen. Gut auch kombinierbare Wissensprodukte deren Wirkung zusammen steigt. Verteile beispielsweise Wissenskarten mit nützlichen Informationen, die ein Kunde in einem kleinen Wissensbüchlein sammeln kann.

Lesetipp
‚Haptisches Marketing' ist ein spannendes Thema an welchem die Wissenschaft und Industrie momentan noch viel forschen. Nach einer Quellenrecherche kann ich Dir das Buch ‚Touch! Der Haptik-Effekt im multisensorischen Marketing' von Olaf Hartmann und Sebastian Haupt zur praxisnahen Vertiefung empfehlen.

Zusammenfassung

Ob auffällig platziert oder unscheinbar versteckt – auch Du besitzt mehrere Werbegeschenke. Regelmäßig erinnern sie Dich an Unternehmen und ihre Angebote. Überlege Dir, welche Produkte Deinen Zielkunden wiederkehrend einen Mehrwert stiften und zu Deiner Beratung passen. Warum diese kleinen Helfer nicht als Werbepräsente an gute Bestandskunden verteilen? Im Optimalfall nimmt der Kunde den Werbeartikel als Geschenk war und setzt diesen sofort im Alltag ein.

Kontakt & Beziehungsaufbau

Die Abendveranstaltung – Wissen tanken + Kontakte knüpfen

Auf Neudeutsch heißen sie ‚Get Together', ‚Inspiration Dinner' oder ‚Facts & Snacks' – lokale Abendveranstaltungen in denen Vertreter verschiedener Unternehmen für einen Austausch zusammenkommen. Im Vordergrund des Abends stehen Wissenstransfer und Diskussion – abteilungs-, unternehmens- und branchenübergreifend. Für Dich als Unternehmensberater sind die offenen Events eine gute Gelegenheit, um mit Kunden in Kontakt zu treten. Und nebenbei etwas über das Veranstaltungsthema sowie die brennenden Fragen zu lernen.

Kategorie

- Zielgruppe: Neukunden, Bestandskunden
- Phase: Interesse, Beziehung
- Aufwand: gering bis mittel
- Wirkungstiefe/-dauer: gering bis mittel, kurzfristig

Zweck

Eine ganze Reihe von Gründen spricht dafür, warum Du als Berater regelmäßiger Gast auf Abendveranstaltungen (bzw. Networking Events, Business Breakfast etc.) sein solltest. Zunächst gehst Du immer schlauer aus einem Event heraus, erwirbst mit ihm Wissen, Impulse und Ideen. Zusätzlich zum geistigen Input erfährst Du von den themenverwandten Fragen und Herausforderungen der Teilnehmer. Im Klartext: akute Probleme, für die Du Beratungsprodukte und -Services entwickeln kannst.

En passant erhöhst Du mit dem Besuch die Sichtbarkeit Deines Unternehmens und baust – last but not least – Dein Kontaktnetzwerk zu Neu- und Bestandskunden sowie potentiellen Mitarbeitern aus. Bis auf die zeitliche Investition spricht also nichts gegen Deine regelmäßige Teilnahme an einer Abendveranstaltung.

Aufbau

Das Gros der Abendveranstaltungen widmet sich einem trendigen Thema, angefangen bei neuen Führungsmethoden und Technologien bis hin zu vielversprechenden Managementansätzen und Vorgehensmodellen. Dabei unterteilt sich ein typischer Event in drei Phasen.

- **Warm-Up:** Vor dem offiziellen Beginn haben die Teilnehmer Gelegenheit Kontakte zu knüpfen und sich bei Getränken und kleinen Snacks zu stärken.
- **Vortrag:** Der Hauptakt ist oft ein Fachvortrag, präsentiert von einer (mehr oder weniger) bekannten Person aus Wirtschaft oder Forschung. Alternativ referiert ein Redner eines renommierten Unternehmens.
- **Cool-Down:** Im Nachgang zum Vortrag erhalten die Teilnehmer erneut die Möglichkeit zu diskutieren und sich mit Getränken zu erfrischen.

Als Veranstaltungsplattform dienen Regionalgruppen, Stammtische, Verbandsabende, Arbeitskreise etc. sowohl öffentlicher als auch privatwirtschaftlicher Veranstalter. Die Organisatoren nutzen ihre Webseite, Soziale Netzwerke (Eventbrite, Xing, Meetup etc.) sowie Mund-zu-Mund Propaganda für die Ankündigung eines Events und den Registrierungsprozess.

Für Dich als Berater besteht der Hauptzweck einer Abendveranstaltung in der Vergrößerung Deines Kontaktnetzwerkes. Nimm daher an den Veranstaltungen teil, die auch von Deiner Zielgruppe aufgesucht werden.

Anwendung

Ein zweistündiger Themenabend kostet Dich mit Vorbereitung, An- und Abfahrt sowie Nachbereitung etwa 3 bis 4 Stunden. Damit sich diese Akquiseinvestition auszahlt, solltest Du systematisch an eine Veranstaltung herangehen.

1. Sammeln

Gerade in den Wirtschaftszentren wie München, Berlin oder Köln brummen die Themenabende. Häufig finden an einem Tag mehrere spannende Events parallel statt. Identifiziere daher zunächst die relevanten Veranstaltungen des bevorstehenden Monats und qualifiziere. Wo und wann findet ein Event statt? Wer ist der Organisator? Welches Interesse verfolgt dieser? Passt der Abend in meinen Terminkalender? Wer wird höchstwahrscheinlich auch kommen? Handelt es sich um meine Zielgruppe? Wähle die aussichtsreichsten Veranstaltungen aus und melde Dich an.

2. Vorbereiten

Blocke Dir einen Tag vor der Veranstaltung 10-15 Minuten und bereite den Termin vor. Richtig – den Termin. Eine Abendveranstaltung ist ein Geschäftstermin. Reaktiviere Deinen Elevator Pitch, lege Visitenkarten zurecht und präpariere zwei bis drei passende Smalltalk-Themen. Hast Du Zugriff auf die Teilnehmerliste? Meist ist diese offen sichtbar für Events, die über Online Business Netzwerke organisiert werden. Welche Gäste sind Akquise-relevant? Gibt es weitere Berater vor Ort? Mit wem solltest Du unbedingt sprechen?

3. Teilnehmen
Jetzt erfolgt die Umsetzung. Deine Vorbereitungsmaßnahmen sollten nun greifen. Spreche während des Events mit so vielen Personen wie möglich. Entwickle eine Beziehung und sammle Visitenkarten ein. Verabrede Folgeaktivitäten und Anknüpfungspunkte wie die Zusendung eines Fachartikels oder der Hinweis auf ein von Dir organisiertem Webinar. Meide Schwätzer und andere Consultants. Nutze die Zeit stattdessen für Dialoge mit smarten Wissensträgern und Interessenten Deines Beratungsangebots.

Vereinbare direkt vor Ort einen Folgetermin, falls sich das Gespräch in eine positive Richtung entwickelt und Dein Gegenüber Entscheidungs- und Budgethoheit in seinem Unternehmen besitzt. Scheue nicht davor zurück, eine Veranstaltung frühzeitig zu verlassen, falls Du feststellst, dass sich auf ihr nur Juniorkräfte ohne Budgethoheit tummeln oder der Event zur Party verkommt.

4. Nachbereiten
Erfülle alle auf dem Event getroffene Zusagen wie die Zusendung eines Fachartikels oder die Bekanntmachung mit Deinem Kontaktnetzwerk direkt am Folgetag. Das signalisiert dem Teilnehmer Deine Verlässlichkeit. Gehe durch den Stapel von Visitenkarten und danke den Gesprächspartnern in einer kurzen E-Mail für das bereichernde Gespräch. Packe Nutzen in Deine Nachricht. Einen individuellen Buchtipp oder eine thematisch verwandte Folgeveranstaltung begrüßt (fast) jeder.

Vor- & Nachteile

- Preislich und zeitlich sind lokale Abendveranstaltung ein attraktives Akquise Tool. Inklusive gastronomischer Verköstigung investiert Du weniger als 30 Euro in einen solchen Abend. Für die Teilnahme investierst Du 3 bis 4 Stunden, außerhalb der regulären Arbeitszeiten. Auch die Anreise zum Veranstaltungsort reduziert sich auf ein Minimum.

- Leider skalieren Abendveranstaltungen nicht. Damit die Maßnahme greift, musst Du diese persönlich wahrnehmen, dabei Zeit, Energie sowie Gesprächsthemen mitbringen. Nicht immer fällt es nach einem harten Projekttag leicht, sich für einen Themenabend aufzuraffen.
- Ein zweiter Nachteil ist Dein Status. Du bist nur Teilnehmer, genießt nicht den guten Ruf des kompetenten Veranstalters.
- Die Veranstaltungen pulsieren insbesondere in den großen Städten. Berätst Du aktuell in einer ländlichen Region, musst Du anreisen oder bist außen vor.

Praxistipps

Tipp 1 – Vor- und Nachbereitung
Eine Abendveranstaltung ist dann erfolgreich, wenn Du mit mindestens einem potentiellen Kunden eine Beziehung aufgebaut hast und ihr ein gemeinsames Folgegespräch vereinbart habt. Diesen ‚Best Case' erreichst Du mit Hilfe einer guten Vor- und Nachbereitung. Stelle sicher, dass die richtigen Personen einen persönlichen Eindruck von Dir gewinnen und dieser weit nach der Veranstaltung positiv in Erinnerung bleibt.

Tipp 2 – Reisezeit ist Veranstaltungszeit
Für ein Projekt bist Du auswärts unterwegs, übernachtest dazu mehrere Nächte während der Woche im Hotel? Statt nach der Arbeit im Hotelzimmer zu schmoren und auf den Laptop zu starren, kannst Du die freigespielte Zeit auch für eine Abendveranstaltung nutzen. Gerade große Metropolen wie Hamburg, Frankfurt oder Stuttgart bieten eine Fülle an Gelegenheiten für die ‚Consulting After Work Akquise'.

Tipp 3 – Rhythmus & Gewohnheit
Mache Abendveranstaltungen zu einem festen Ritual Deiner Akquisetätigkeiten. Ich besuche im Monat genau einen für mich relevanten Event. Im Jahr qualifiziere ich mich damit 12 Mal weiter und treffe so mindestens 120 potentielle Neukunden. Netter Nebeneffekt: Organisatoren und regelmäßige Teilnehmer treffe ich mehrmals und entwickle zu diesen eine Bindung.

Tipp 4 – Für die Organisatoren organisieren
Meistens sind Abendveranstaltungen nicht einmalig, sondern wiederkehrende über das Jahr verteilte Events. Es lohnt sich für Dich einen guten Draht zu den Organisatoren aufzubauen. So erhältst Du auch noch kurzfristig einen freien Platz für den bereits überbuchten Themenabend bzw. profitierst von den guten Beziehungen der Veranstalter. Unterstütze die Organisatoren, zum Beispiel durch Weiterleitung des Events an Dein <u>Kontaktnetzwerk</u> oder Empfehlung eines eloquenten Gastredners.

Tipp 5 – Berater im Schafspelz
Keine Lust mehr auf die ewig gleichen Themen mit immer denselben Leuten? Mutiere zum Exoten und wechsle gezielt an einem Abend zu einer ganz anderen Disziplin. Auch Ärzte, Juristen oder Banker organisieren regelmäßig spannende Events. Meist lernst Du während fachfremden Veranstaltungen viel mehr, betrachtest die Probleme aus anderen Blickwinkeln, triffst auf bereichernde Austauschpartner. Übertrage die Ansätze, Methoden und Modelle dann auf die Dir vertrauten Beratungsdomänen.

Tipp 6 – Positiv in den Vordergrund
Ein zielführender (wenn auch nicht ganz vornehmer) Weg sich gegenüber anderen Teilnehmern der Abendveranstaltung ist der folgende: Bei der Eröffnung der Fragerunde zum Vortrag meldest Du Dich sofort per Handzeichen. Erteilt Dir der Redner bzw. Moderator dann das Wort, stellst Du Dich vollständig mit Namen Unternehmen und Firmenslogan vor und nennst Deine kreative – gerne auch etwas polarisierende – Frage. Spreche klar und deutlich. Mache die Bühne des Redners (und die damit verbundene Aufmerksamkeit) zu Deiner Bühne.

Tipp 7 – Die Juniors schicken
Führst Du Consulting Mitarbeiter und kannst selbst nicht an einem Themenabend teilnehmen, dann solltest Du die Juniors ins Feld schicken. Auch Jungberater können Visitenkarten bzw. Fachartikel verteilen und kreative Fragen stellen. Der Abend zahlt zeitgleich auf ihre soziale und fachliche Ausbildung ein. Einige Beratungen verpflichten ihre Junior Consultants per Zielvereinbarung zur Teilnahme an einem Event pro Quartal.

Zusammenfassung

Aus meiner Erfahrung sind Abendveranstaltungen wahre Kontaktmaschinen. Bei geringer finanzieller Investition blieb bei so manchem Event mehr an Wissen und Kontakten hängen, als bei einer Konferenzteilnahme in zwei Tagen. Nutze das Internet und filtere die aussichtsreichsten Veranstaltungen für Dich heraus. Wenn bei einem Event nur ein relevanter Kontakt herausspringt, dann hat sich der Abend aus Akquisesicht bereits für Dich gelohnt.

Die Austauschplattform – im eigenen Forum netzwerken

Für Unternehmensberater bieten <u>Abendveranstaltungen</u>, Messen und <u>Konferenzteilnahmen</u> gute Rahmenbedingungen für den Neukundengewinn. Wirkungsvoller für die Akquise ist jedoch eine eigene Austauschplattform, ein Forum für eine ganze Serie von Events. Auf Deinen Veranstaltungen bist Du der Hausherr, bestimmst die Diskussionsthemen, Gästeliste und Abläufe. Keine Angst! Du musst nicht Event Management studiert haben, um eine Austauschplattform mit einem ersten attraktiven Treffen auf die Beine zu stellen. Nachfolgend meine Tipps.

Kategorie

- Zielgruppe: Neukunden, Bestandskunden
- Phase: Interesse, Beziehung
- Aufwand: hoch
- Wirkungstiefe/-dauer: mittel bis hoch, kurz bis mittelfristig

Zweck

Auch in Zeiten elektronischer Kommunikation lieben Menschen den persönlichen Austausch zu Konzepten, Erfahrungen und Best Practices. Die Austauschplattform bietet eine exzellente Möglichkeit diesen Bedarf nach Wissenstransfer und gemeinsamer Reflexion zu stillen. Als Berater nutzt Du die auf Basis einer Plattform organisierten Events primär zur Gewinnung und Vertiefung von Beziehungen. Darüber hinaus hilft Dir eine Plattform die Sichtbarkeit und den Expertenstatus Deines Unternehmens für spezifische Themen zu stärken.

Gängige Formate für Consulting Austauschplattformen sind:

- Ein zweimal im Jahr stattfindender halbtägiger **Think Tank**, der ein Leitthema aus unterschiedlichen Perspektiven beleuchtet.
- Ein **Business Breakfast** zwischen 8 und 10 Uhr einmal im Quartal zur Diskussion von Trendthemen und neuen Entwicklungen in der Branche.
- Ein regelmäßig durchgeführter **Strategy Lunch** in Innenstadtlage mit Redebeiträgen von bekannten Vordenkern und Analysten.
- Ein im Winter organisierter **Kaminabend** ab 17 Uhr mit inspirierenden Vorträgen renommierter Wissenschaftler.

Das Thema ‚Veranstaltungsorganisation' füllt mehrere Bücher. Im Folgenden erfährst Du, worauf es insbesondere bei einer Austauschplattform in der Beratungsbranche ankommt. Dabei gehe ich von Events zwischen 10 bis 100 Personen aus und konzentriere mich auf den Aspekt der Neukundenakquise.

Aufbau

Eine gute Austauschplattform steht und fällt mit guten Events. Diese vermitteln den Teilnehmern in jeweils zwei bis drei Redebeiträgen nützliches Wissen zu aktuellen Fragen aus Wirtschaft und Forschung. Zudem gibt jedes Event Raum für Diskussionen. Neben Impulsen, Tipps und Ideen für den Projektalltag, fungiert eine Plattform damit als Netzwerkdrehscheibe zwischen Gleichgesinnten.

Die Austauschplattform lebt von der Diversität und Offenheit ihrer Teilnehmer. Sorge für ein spannendes Publikum, das das Investment an Zeit und Aufwand (½ - ¾ Tag für Teilnahme plus An-/Abfahrt) sowie die anfängliche Unsicherheit nicht bereut. Um der Plattform nicht den Anstrich einer Verkaufsveranstaltung zu geben, solltest Du neutrale Veranstaltungsorte wählen. Hotels, Bürovermieter und Event-Veranstalter schnüren attraktive Paket aus Räumen, Technik und Speisen.

Unterschätze nicht die Abwechslung, die eine Plattform den Anwesenden in ihrem eintönigen Office-Alltag bietet. Wer möchte nicht auch im November seinem grauen Bürozimmer entfliehen, um stattdessen spannende Neuigkeiten aus der Industrie auf einem hochkarätig besuchten Treffen zu diskutieren?

Anwendung

Den ersten Event Deiner Austauschplattform solltest Du klein starten. Nichts ist peinlicher, als mit sieben Teilnehmern in einem für 100 Personen ausgelegten Raum zu interagieren. Für jede Veranstaltung durchläufst Du folgende Schritte.

1. Organisieren
Bei einem Event fließen 80 Prozent der Aufwände in die Vorbereitung. Abgeleitet von Deiner Zielgruppe und ihren Bedarfen entwickelst Du zunächst ein attraktives Programm. Kommt für einen Geschäftsführer ein kurzer Impuls Lunch in Frage, darf es für den Team- bzw. Abteilungsleiter der inspirierende Halbtages-Workshop am Donnerstagnachmittag sein.

Frage bei den Referenten für einen Gastbeitrag an, angefangen bei der Person die Dir am wahrscheinlichsten zusagen wird. In Folgegesprächen mit weniger geneigten Partnern liegen damit bereits mehrere Gründe für den Event auf der Hand (bzw. in der Gästeliste). Hilfreich sind Sätze wie *„Person XY ist ebenfalls bereits dabei."* oder *„Für Sie haben wir neben Person XY noch einen Referentenslot reserviert."*.

Steht der inhaltliche Rahmen, mietest Du einen logistisch gut erreichbaren Veranstaltungsort an. Organisiere ebenfalls Getränke und Snacks und stelle die technische Ausstattung sicher. Kündige parallel den Event auf Deiner

Unternehmenswebseite, dem Newsletter sowie mittels Online Business Netzwerken wie Xing, Eventbrite oder Meetup an. Alternativ versendest Du Einladungsschreiben an Deine Wunschteilnehmer die Du mit „Persönliche Einladung" kennzeichnest. Aus meiner Erfahrung kommt ein auf hochwertigem Papier gedrucktes Einladungsschreiben immer gut an. Zumindest eine Rückmeldung solltest Du bekommen.

2. Durchführen
Am Veranstaltungstag schlüpfst Du in drei verschiedene Rollen: Gastgeber, Themenexperte und Vertriebler. Bringe Personen miteinander in Kontakt, stelle smarte Fragen und weise auf spannende Fragen hin. Höre zu und konzentriere Dich auf die Inhalte. Kein Anbiedern oder Zutexten mit Verkäuferfloskeln.

Stattdessen lässt Du die Qualität der Veranstaltung für Deine Beratung sprechen und Dich. Verweise Neulinge an Deine Bestandskunden. Andersherum regst Du Deine Klienten zum Dialog mit Interessenten an.

3. Nachbereiten
‚Danken und den Kontakt halten' – so Deine Devise nach dem Event. Qualifiziere die hergestellten Kunden- und Partnerkontakte in die drei Kategorien ‚nicht weiterverfolgen', ‚informiert halten' und ‚aktiv nachfassen'. Je nach Kategorie startest Du dann vertiefende Akquisetätigkeiten.

Schicke allen Teilnehmern eine Dankesnachricht mit den präsentierten Redeinhalten als PDF-Dokument. Exklusiver geht es mit einer optisch und haptisch ansprechenden Grußkarte sowie dem gebundenen Ausdruck der vorgestellten Folien. Die versendeten Info-Pakete gelangen bis auf die Schreibtische der Entscheider und sind dort physisch präsent. Kündige in Deiner Nachricht anstehende Veranstaltungen Deiner Austauschplattform an und schlage die Eintragung in Deinen Plattform-Mailverteiler vor.

Vor- & Nachteile

- Mit einer Austauschplattform positionierst Du Dich und Deine Beratung außenwirksam als Themenführer.
- Während eines Events schnappst Du in Vorträgen, Fragerunden und Gesprächen sowohl Trends als auch Entwicklungen auf und erfährst Details zu akuten Herausforderungen potentieller Kunden.
- Als Veranstalter hast Du das Hausrecht. Du bestimmst die Referenten, Teilnehmer und Ausgestaltung. Dir und Deinem Unternehmen gilt die ungeteilte Aufmerksamkeit.
- Durch die Plattform schaffst Du ein starkes persönliches Kontaktnetzwerk von Partnern, Verbündeten und Klienten.

- Eine Austauschplattform ist ein hoher zeitlicher und finanzieller Aufwand für eine begrenzte Anzahl von Personen. Ein gelungener Event erfordert mehrere Arbeitstage für die Vorbereitung. Auch bewegen sich die Kosten bei einem schicken Veranstaltungsort und gehobenen Catering im vierstelligen Euro-Bereich.
- Die notwendige physische Präsenz der Teilnehmer bedingt, dass Du mit dem Akquise Tool hauptsächlich lokale Kunden ansprichst. Mehr als 1 Stunde Anreise nehmen nur die wenigsten Interessenten in Kauf.

Praxistipps

Tipp 1 – Wertigkeit durch Teilnahmegebühr
Die Austauschplattform kostenfrei oder kostenpflichtig? Ich habe gute Erfahrung mit beiden Formaten gemacht. Erhebe keine Gebühren, wenn Du die Veranstaltung für einen ausgewählten Kreis von eingeladenen Teilnehmern ausrichtest. Spare Dir auf diese Weise administrativen Aufwand. Setze eine Gebühr fest, falls Du einen offenen Event durchführst. Falls ein Teilnehmer etwas bezahlt, misst er der Veranstaltung einen höheren Wert bei und erscheint zu dieser auch mit hoher Wahrscheinlichkeit. Netter Nebeneffekt: Du deckst einen Teil Deiner Aufwände für Kost und Logis und sendest gleichzeitig ein Qualitätssignal. Anbieter wie Xing oder Eventbrite unterstützen Dich bei der Zahlungsabwicklung und Bekanntmachung Deines Events.

Tipp 2 – Win-Win Kooperation
Eine Austauschplattform gewinnt an Attraktivität und Reichweite, wenn Du diese zusammen mit einer Partnerorganisation veranstaltest. Diese verfügt über ein zu Deinem Unternehmen komplementäres Wertangebot. Beispielsweise hatten wir als Business/IT-Beratung 2014 gemeinsam mit einer Wirtschaftsprüfung einen erfolgreichen ‚Carve-Out Summit' auf die Beine gestellt. Auch Kooperation mit Universitäten sind gut geeignet. Vor einem hochkarätigen Publikum dozieren Professoren gerne über ihren aktuellen Forschungsarbeiten und stellen dazu manchmal sogar auch ihre modernen Universitätsräume zur Verfügung.

Tipp 3 – Der beste Zeitpunkt
Platziere Dein zeitlich Event geschickt immer entlang Deiner Zielgruppe. Ist diese beispielsweise sportaffin, meidest Du eine Veranstaltung parallel zu einem großen Fußballspiel. Aus meiner Erfahrung ist der Donnerstag der ideale Tag für die Events Deiner Austauschplattform. Freitag ist zu spät, die Teilnehmer liebäugeln nun bereits mit dem Wochenende. Am Donnerstag liegt der Hauptteil der Woche bereits zurück, nur noch ein Arbeitstag steht auf dem Programm. Gerade bei <u>Abendveranstaltungen</u> bleiben die Teilnehmer häufig länger, getreu dem Motto „Den Freitag bekomme ich auch noch irgendwie rum.".

Tipp 4 – Schützenhilfe für die Weiterempfehlung
Eine Austauschplattform ist ein prima Vehikel für Empfehlungen. Frage bei Deinen Bestandskunden an, welche weiteren Entscheider noch von Deiner Leistung profitieren können. Statt dem empfohlenen potentiellen Neukunden direkt ein Beratungsprojekt anzubieten, lädst Du ihn zum nächsten Event ein. Das Risiko für den Interessenten Dein Unternehmen und Dich kennenzulernen sinkt. Auch Dein Bestandskunde ist eher geneigt Empfehlungen auszusprechen, wenn sich für ihn die Risiken negativer Konsequenzen auf ein Minimum beschränken.

Tipp 5 – Limitierte Teilnehmerzahl
Gerade für die Auftaktausgabe Deiner neu lancierten Austauschplattform ist es schwierig, die Resonanz der Teilnehmer abzuschätzen. Wird die Erstveranstaltung überrannt oder interessiert sich keiner für das Thema? Begrenze die Teilnehmerzahl auf 25 Personen und kommuniziere diese Schwelle. Verknappung schafft Begehrlichkeiten. Zudem kannst Du während des Events mit jedem Teilnehmer kurz sprechen und die Bindung stärken. Last but not least halten sich auf diese Weise die Kosten in Grenzen.

Tipp 6 – Invite Only
Verleihe Deinem Event einen exklusiven Touch, indem Du die Teilnahme nur auf Basis einer persönlichen Einladung ermöglichst. Interessenten fühlen sich geschmeichelt, wenn sie von Dir mit Hinweis auf das Event freundlich kontaktiert und dem Zusatz „Wir schließen die Anmeldung in 48 Stunden ab." oder „Wir haben nur noch drei Plätze frei." sanft gedrückt werden. Auch hier kannst Du durchscheinen lassen, welche interessanten Personen bereits auf der Teilnehmerliste stehen.

Tipp 7 – Bestandskunden als Marketingbotschafter
Mache Deine Bestandskunden zu exklusiven Gästen des Events. Nichts kommt bei potentiellen Neukunden besser an als Klienten, die sich positiv über die veranstaltende Beratung äußern. Dein Kunde ist an einem Redebeitrag interessiert in dem er sich mitteilen kann? Klasse! Schlage ihm vor, auf großer Bühne zu Eurem gemeinsamen Erfolgsprojekt zu referieren.

Tipp 8 – Der exklusive Redner
Externe Speaker bzw. Moderatoren zeugen von einer Wertschätzung und Anerkennung gegenüber dem Publikum. Sie vermitteln bewusst oder unbewusst die Nachricht: *„Wir haben uns bemüht, ein hochwertiges Programm zusammenzustellen – weil Sie es verdient haben.".* Die Folge: die Teilnehmer Deiner Plattform fühlen sich geschätzt sind zufriedener. Überlege welche Person mit welchen Inhalten Dein Event veredeln könnte.

Tipp 9 – Das praktische Giveaway
Lege Werbeartikel an den Plätzen der Teilnehmer aus, welche diese während des

Events sofort zum Einsatz bringen können. Giveaways wie Kugelschreiber oder Notizblöcke generieren sofort einen Nutzen. Fast immer nimmt ein Gast diese Helfer dankenswert an und nutzt diese auch nach der Veranstaltung weiter.

Tipp 10 – Feedback leichtgemacht
Keiner füllt nach einem langen Themenabend gerne Umfragebögen zu den Inhalten und der Organisation aus. Um trotzdem Rückmeldungen zu erhalten nutzt Du am besten ein Happyness Board. Klebe dazu eine Flipchart Papier mit der Überschrift „Wie hat es Ihnen gefallen?" sowie drei Spalten mit einem freundlichen, mittleren und traurigen Smiley direkt vor die Ausgangstür. Gleichzeitig bietest Du Klebepunkte an. Geht ein Teilnehmer, kostet ihn sein Klebepunkt-Feedback auf eine der drei Spalten weniger als 10 Sekunden. Lege ebenfalls einen Stift für Freitextkommentare bereit.

Lesetipp
Dein erster Event hatte Erfolg und Du möchtest die Folgeveranstaltungen noch perfektionieren? Dazu empfehle ich Dir das Buch ‚Events professionell managen: Das Handbuch für Veranstaltungsorganisation' von Melanie von Graeve.

Zusammenfassung

Statt Themenabende, Expertenkreise und Fachtreffen nur als Gast unter vielen zu besuchen, solltest Du Dir überlegen eine Austauschplattform mit zwei jährlichen Events ins Leben zu rufen. Als Top-Berater schaffst Du auf diese Weise ein Forum für den Dialog. Besitzt Du bereits ein umfangreiches Kontaktnetzwerk, steht einem ersten kleinen Format nichts im Weg.

Die Competitive Battle Card – Wettbewerber entzaubern

Bisher verlief die Bedarfsanalyse mit dem potentiellen Beratungskunden perfekt. Das Problem ist gemeinsam umrissen, Dein Beitrag beschrieben, der Nutzen Deiner Beratung expliziert und die finanziellen Konditionen angesprochen. Nichts könnte besser sein. Doch aus heiterem Himmel spricht der Interessent plötzlich den Wettbewerb an und konfrontiert Dich mit dessen Vorzügen. Genau der richtige Moment für den Einsatz einer Competitive Battle Card.

Kategorie

- Zielgruppe: Neukunden, Bestandskunden
- Phase: Bedarf, Angebot
- Aufwand: mittel
- Wirkungstiefe/-dauer: gering, mittelfristig

Zweck

Eine Competitive Battle Card (manchmal auch Competitor Battle Card, Market Battle Card bzw. euphemistisch 'Kill Sheet') unterstützt Dich bei der Bedarfsanalyse und Angebotsdiskussion mit dem potentiellen Kunden. Wann immer dieser einen spezifischen Wettbewerber sowie dessen Vorzüge anspricht, liefert Dir die Battle Card passende Fakten über die Nachteile des Marktbegleiters bzw. Vorteile Deiner Beratung.

Bereits die Entwicklung einer Competitive Battle Card unterstützt Dich, da Du Dich mit Deinen Konkurrenten, seinen Beratungsangeboten sowie der Marktposition auseinandersetzt. Automatisch gleichst Du Deine Leistungen und Alleinstellungsmerkmale mit den Wettbewerbern ab. Dies ist wiederum Input für die Justierung des Geschäftsmodells und der Strategie Deiner Beratungsfirma.

Bekannt ist das Konzept insbesondere bei Verkauf von Produkten wie Fahrzeugen oder Smartphones. Aber auch für die abstrakte Dienstleistung wie Consulting lässt sich das Tool brauchbar einsetzen.

Aufbau

Bei einer Competitive Battle Card gelten zwei Grundregeln

- Je Wettbewerber eine eigene Karte.
- Jede Karte umfasst genau eine DIN-A4 Seite (bzw. Folie).

Durch die Limitierung auf eine Seite fokussierst Du und notierst tatsächlich nur die Quintessenz zu einem Wettbewerber. Da jeder Konkurrent auf einer eigenen Karte notiert ist bleiben die Karten handhabbar und lassen sich unabhängig voneinander aktualisieren.

Je nach Deinen Zielkunden (z.B. Abteilungsleiter, Vorstand), Deiner Zielbranche (z.B. Maschinenbau, Handel) und Zielfunktion (z.B. Produktion, Forschung & Entwicklung) und Deinem Beratungsangebot (z.B. Training, Implementierung) variierst der Aufbau einer Competitive Battle Card. Bewährt in meiner Praxis hat sich nachfolgende Struktur.

Der **Titel** der Battle Card enthält das Wettbewerbersunternehmen, den Kartenautor und das Datum der letzten Aktualisierung.

Es folgt eine Tabelle. Die **Tabellenzeilen** enthalten…

- Fakten zum **Wettbewerbsunternehmen** (Zeile 1) wie Vision, Wachstum und Marktpräsenz,
- seinen **Beratungsangeboten** (Zeile 2) wie Trainings, Analyse oder Implementierung sowie
- den **Alleinstellungsmerkmalen** (Zeile 3) wie Reputation, Novität und Referenzen.

Die **Tabellenspalten** geben Auskunft über die…

- **Außendarstellung** des Konkurrenten (Spalte 1, *„What they say"*) wie Wachstumsambitionen, Kundenzufriedenheit oder Tagessatz,
- die **Gegenantwort** Deines Beratungsunternehmens (Spalte 2, *„What we say"*) wie eigene Fallbeispiele, Tatsachenberichte von Kunden oder Studien externer Quellen sowie
- den **Vorteilen** Deiner Firma (Spalte 3, *„Where we perform"*) wie Kompetenzschwerpunkte, Expertennetzwerk oder Ausbildungszertifikate.

Ob auf Unternehmens-, Angebots- oder Alleinstellungsmerkmalsebene: für jeden Einwand des möglichen Kunden mit Verweis auf Deinen Wettbewerber besitzt Du dank der Battelcard ein passendes Gegenargument. Und ein alternatives Thema, welches Du dem Kunden als Diskussionsangebot unterbreitest, damit also seine Aufmerksamkeit lenkst.

Eine Competitive Battle Card ist keine Detailstudie eines Wettbewerbers. Vielmehr enthält sie den wesentlichen Zahlen, Daten und Fakten zum Konkurrenten und die passende eigene Gegenantwort.

Anwendung

1. Wettbewerber identifizieren
Als erstes notierst Du Deine Wettbewerber in einer Liste. Wen beauftragt der Kunde für identisches Wertangebot statt Deiner Beratung? Welche Firma erhält bei einem Beratungsangebot statt Deinem Unternehmen den Zuschlag?

2. Competitive Battle Card erstellen
Für jeden Wettbewerber erstellst Du eine Battle Card. Nutze die Unternehmenswebseite Deines Konkurrenten als Quelle. Gehe durch seine Whitepapers, Fachartikel, Webinare etc.. Was bringt er an, was nicht? Ziehe Analysen von Dritten wie Marktforschungsinstitute oder soziale Netzwerke hinzu. Auch Anrufe von Kunden oder ehemaligen Mitarbeitern geben Aufschluss darüber, wie der Marktbegleiter positioniert ist.

Entwickle für jeden Kernaspekt Deines Wettbewerbers eine Entkräftungsstrategie. Notiere auch positive Themen, die nach Deinem Gegenargument stattdessen mit dem Kunden besprechen willst. Im Optimalfall lernst Du die Battel Card auswendig. Alternativ druckst Du diese auf DIN-A5 aus und verstaust die zwischen Deinen Unterlagen.

3. Competitive Battle Card nutzen
Spreche in Kundengesprächen niemals den Wettbewerb an. Erst wenn der Kunde auf den Konkurrenten mit Sätzen wie *„Wo seid Ihr denn anders, als Eure direkten Wettbewerber"* zu sprechen kommt, nutzt Du die auf der Karte notierten Gegenargumente und Ausweichthemen. Greife den Einwand positiv auf. Je Kunde greifen andere Argumente.

4. Competitive Battle Card aktualisieren
Auf Basis der Fragen Diskussionen mit Interessenten verfeinerst Du Deine Battlecards. Welche Punkte hat der potentielle Kunde bei Wettbewerbern mehrfach hervorgehoben? Wie hat er auf das Alternativthema reagiert? Auch der Konkurrent entwickelt sich weiter. Verpasse Deinen Competitive Battlecards daher einmal pro Jahr ein Update.

Vor- & Nachteile

- Die Competitive Battle Card liefert Dir in Kundengesprächen eine Basis sachlicher Fakten, mit denen Du die Position eines Wettbewerbers argumentativ schwächen und Deine Vorteile herausstellen kannst.
- Dank der Battle Card hat eine Analyse Deiner Wettbewerber ein konkretes Ergebnis, das Du fortan in Akquisegesprächen einsetzen kannst.

- Konzentration auf Wettbewerber bringt weder Dich, Deine Partner, Deine Mitarbeiter noch Deine Kunden einen Schritt weiter.

Praxistipps

Tipp 1 - Auf den Punkt kommen
Notiere Stichworte auf der Battle Card. 3-5 Punkte pro Zelle sind ausreichend. Komme in der Argumentation mit dem Interessenten zum Punkt. Halte Dich zu lange am Wettbewerber auf und gehe stattdessen auf die Stärken Deiner Firma sein.

Tipp 2 - Die eigene Battle Card anfertigen
Fertige für Dein Unternehmen eine Battle Card aus Sicht eines Wettbewerbers an, beispielsweise auf Basis einer SWOT Analyse. Welche Stärken hat Deine Firma? Durch welche Fakten lassen sich diese entkräften? Wo liegen eigene Schwächen? Die Reflexion hilft Dir, bessere Wettbewerber Battle Cards zu erstellen.

Tipp 3 - Battle Cards vertraulich behandeln
Die auf der Battle Card notierten Infos sind vertraulich. Gib nicht (versehentlich) die Informationen an Kunden, Interessenten oder Partner heraus. Scanne den Foliensatz durch, welchen Du im Nachgang zum Termin an den potentiellen Klienten versendest.

Tipp 4 – Junior Consultants mit Erstellung beauftragen
Beziehe für die Erstellung der Competitive Battle Cards Juniorkräfte ein. Diese lernen Recherchetechniken (z.B. Desk Research), das Wettbewerbsumfeld sowie die Vorteile der eigenen Beratung während der praktischen Arbeit kennen.

Lesetipp
Eine Möglichkeit über den Wettbewerb zu lernen ist mit Kunden zu telefonieren. Wie das funktioniert erklärt Kristin Zhivago in ihrem lesens- und hörenswerten Buch ‚Roadmap to Revenue: How to Sell the Way Your Customers Want to Buy'.

Zusammenfassung

"Was unterscheidet Ihren Beratungsansatz von dem bei Consulting Firma XY?" – Fragen wie solche solltest Du mit Hilfe einer vorentwickelten Competitive Battle Card ohne zu Zögern beantworten können. Ganz nebenbei zwingen Dich die kondensierten Wettbewerberkarten analog dem <u>Kundenprofil</u> oder der <u>Unternehmenspräsentation</u> Dich mit Deinem Marktumfeld zu beschäftigen. Ein doppelter Gewinn, noch bevor das Beratungsmandat gewonnen ist.

Der Elevator Pitch – in 30 Sekunden ins Gespräch kommen

In der Werkskantine. Der Leiter der Abteilung Logistikplanung – Herr Müller – steht hinter Dir in der Schlange. Logistik: Das ist Dein Fachgebiet. In den zwei vergangenen Jahren hast Du vier internationale Kunden in ihren Transportprojekten beraten und zu verschiedenen Problemen innovative Lösungen erarbeitet. Sicherlich schlägt sich auch Herr Müller mit Themen herum, hat Fragen, auf die Du fundierte Antworten hättest. Langsam schiebt sich die Warteschlange in Richtung Essensausgabe. Dir bleiben noch ungefähr 30 Sekunden. Wie stellst Du Dich in der verbleibenden Zeit Herrn Müller vor, schaffst Interesse und gewinnst ihn für einen Ersttermin?

Kategorie

- Zielgruppe: Neukunden
- Phase: Interesse
- Aufwand: gering
- Wirkungstiefe/-dauer: gering bis mittel, kurzfristig

Zweck

Du kennst sie. Im beruflichen und privaten. Chancen, die plötzlich vor einem stehen aber auch ganz schnell vorüberziehen. Wie ein Hochgeschwindigkeits-ICE, der in einem Bahnhof halt macht und seine Reise nach einem kurzen Stopp fortsetzt. Ob nun mit Dir, oder ohne Dich.

Auch im Consulting begegnen sie Dir. Die Momente, in denen Dir ein potentieller Kunde gegenübersteht und sich die Möglichkeit für eine kurze Ansprache bietet. Nutze für solche Augenblicke der Wahrheit den Elevator Pitch, zu Deutsch Fahrstuhlgespräch.

Ein Pitch ist eine bildhafte und emotionale Kurzpräsentation mit der Du Dein Gegenüber auf Deine Beratungsleistung und dem damit verbundenen Nutzen neugierig machst. Richtig angewendet, kann diese 30-sekündige Ansprache für Dich zum Türöffner zu neuen Kunden und spannenden Projekten werden.

Nützlich ist der Elevator Pitch nicht nur bei der Ansprache von Neukunden. Auch zur Gewinnung von Kollegen, Partnern und Mitarbeitern kannst Du das Akquise- & Überzeugungswerkzeug einsetzen. ‚Pitche' beispielsweise…

- auf **Veranstaltungen** wie Messen, Abendveranstaltungen und Austauschplattformen,
- bei der **Präsentation** von Ideen an Vorgesetzte, Kollegen und Partner,

- im **Bewerbungsgespräch**, sobald Du „etwas über Dich erzählen" sollst,
- in **Projekten**, wenn Du das Team von einem Ziel bzw. Methode überzeugen möchtest und
- im **Freundes- und Familienkreis** immer dann, wenn Du Dein Anliegen durchsetzen willst.

Aufbau

Positiv, prägnant und verständlich – das sind drei wesentliche Eigenschaften eines guten Elevator Pitches. Das Hauptanliegen: Interesse wecken. Interesse an Dir, Deinem Beratungsangebot und den damit verbundenen Nutzen für den Zuhörer. Nachfolgend die fünf Elemente eines optimalen Elevator Pitches:

1. Zielgruppe
Ein Elevator Pitch adressiert immer eine bestimmte Zielgruppe. Dies kann eine Menge von Personen (zum Beispiel Projektleiter Engineering deutschsprachiger Unternehmen im Mittelstand) aber auch eine einzelne Zielperson (zum Beispiel Entscheider im Unternehmen ABC) sein. Je besser Du die Zielgruppe sowie ihre Probleme, Wünsche und wiederkehrenden Aufgaben kennst, desto passgenauer kannst Du Deinen Pitch formulieren. Nutze am besten eine Buyer Persona.

2. Anspracheziel
Steht Deine Zielgruppe fest, solltest Du Dir über das Ziel klar werden, was Du bei dieser durch den Pitch erreichen möchtest. Im Consulting ist das im Optimalfall das unterzeichnete Beratungsangebot. Jedoch wirst Du nur selten unmittelbar dieses Endziel erreichen. Überlege Dir daher erstrebenswerte Zwischenschritte, beispielsweise die Vereinbarung eines Bedarfsanalysetermins, die Empfehlung an einen Kollegen oder die Einladung zu einem Webinar.

3. Interessenkatalysator
Bereits der erste Satz in Deinem Elevator Pitch muss sitzen. Seine Aufgabe ist es, Dein Gegenüber neugierig zu machen und ihm zum weiteren Zuhören zu bewegen. Hole Deinen Kunden mit diesem ‚Capture-Phrase' dort ab wo er steht. Betrachte dazu seine Absichten, Befürchtungen und Vorstellungen. Sprache diese Probleme und Wünsche in Deinen ersten Zeilen unmittelbar an. Und gewinne damit die Aufmerksamkeit Deines potentiellen Neukunden.

4. Nutzenversprechen
Im Elevator Pitch transportierst Du stets einen Mehrwert Deiner Beratungsleistung. Das kann die Lösung eines spezifischen Kundenproblems (Beispiel: Bestehen des Wirtschaftsprüfer-Audits) sein oder die Generierung eines angestrebten Mehrwerts (Beispiel: Reduktion der Gewährleistungskosten um 25

Prozent). Nenne diese, ohne bei maximal 30 Sekunden Redezeit zu sehr in die Tiefe zu gehen. Alle technischen Details können auf einen Folgetermin warten.

5. Folgeschritt
Dein Elevator Pitch ist ein Appetitmacher. Nach Deiner kurzen Ansprache sollte Dein Gegenüber so interessiert an Dir und Deinem Nutzenversprechen sein, dass er Eure Interaktion verlängern möchte. Auf die Sprünge hilfst Du ihm mit einer Einladung zur Vertiefung des Themas. Alternativ versprichst Du zusätzlichen Mehrwert bei Weitergabe der Visitenkarte.

Anwendung

Steht das Geschäftsmodell Deiner Unternehmensberatung und ist dieses bereits erprobt, fällt die Entwicklung eines überzeugenden Elevator Pitches gar nicht so schwer. Problem Deiner Zielgruppe und Mehrwert Deines Angebots sind dann nämlich bereits definiert und haben sich als relevant erwiesen. Nun geht es darum, diese in eine knackige, merkenswerte und Neugier-weckende Ansprache für Neukontakte zu überführen.

1. Konzipieren
Einen Elevator Pitch bereitest Du schriftlich vor. Lasse Dir dazu die folgenden Fragen durch den Kopf gehen:

- Worin besteht mein **Beratungsangebot**? Und wie unterscheidet sich dies zum Otto-Normal-Consultant? Was ist das Besondere?
- Welches **Problem** bzw. welchen **Nutzen** generiere ich mit meiner Consulting-Leistung für den Kunden?
- Welche **Schlagwörter** sollte ich unbedingt in meinem Elevator Pitch aufnehmen, da die Zielgruppe auf diese anspricht?
- Wie reagiere ich auf **Desinteresse**, ablehnende Haltung oder gar Zurückweisung auf meine Ansprache?

Priorisiere die Inhalte. Du hast nur wenige Sekunden Zeit. Ein Spannungsbogen ist gut, jedoch nicht, falls Du zu weit ausholen musst. Hebe Dir Detailfakten als Bonusmaterial auf. Notiere Deinen Pitch an einer prominenten Stelle, die Du häufig siehst. Das kann der Badezimmerspiegel sein, das Hintergrundbild Deines Smartphones, die Innenseite Deiner Tasche etc..

2. Trainieren
Ein Elevator Pitch ist wie ein kleines Theaterstück. Dein Gesprächspartner und Du spielt die Hauptrolle. Kennst Du ein Theater in denen die Schauspieler nicht proben? Studiere Deinen Elevator Pitch daher ein. Nicht nur der Inhalt muss sitzen, sondern ebenfalls die Körpersprache, Stimme, Betonungen... Klingt

anstrengend? Ist es zu Beginn auch. Es ist wie im Schauspiel. Mit jedem Durchlauf verbessert sich Dein Redefluss und Deine Selbstsicherheit.

3. Anwenden
Teste Deinen Elevator Pitch in der Praxis. Zunächst bei wohlgesonnenen Personen wie Freunden und Kollegen. Später dann in persönlichen Treffen beispielsweise in einer Meeting-Vorstellungsrunde oder auf Messen. Systematisch erweiterst Du Deinen Personenkreis von einfach bis anspruchsvoll. Je mehr Übung desto besser.

Wie immer gilt: der Inhalt ist das Eine, wie Du pitchst das Andere. Lasse in Deiner Stimme, Deiner Mimik und Gestik sowie Deiner gesamten Körperhaltung die Begeisterung mitschwingen. Du stehst hinter dem Pitch, Deine Persönlichkeit schimmert aus ihm heraus.

Vor- & Nachteile

- Bei der Entwicklung eines Elevator Pitches beschäftigst Du Dich automatisch mit Dir und Deinem Geschäftsmodell. Wofür stehe ich? Warum holt mich der Kunde? Warum gerade mich?
- Ein Pitch hilft Dir Deinem Mehrwert ein klares Profil zu geben und aus Kundensicht prägnant zu formulieren. So wachsen Dein Selbstvertrauen und Deine Überzeugungskraft.
- Dein Elevator Pitch hilft Dir bei Deinen Gesprächspartnern die Spreu vom Weizen zu trennen. Innerhalb von wenigen Minuten wissen Du und Dein Gegenüber, ob ihr gemeinsame Anknüpfungspunkte habt. Dank der Auswahlfunktion, die der Pitch übernimmt, spart ihr beide kostbare Zeit. Besonders wichtig bei <u>Abendveranstaltungen</u> und <u>Konferenzen</u> mit vielen potentiellen Kunden.

- Der Elevator Pitch ist keine Wunderwaffe. Er hilft Dir einen guten ersten Eindruck zu hinterlassen. Mehr aber auch nicht.
- Sollte Dein Gesprächspartner nach der ersten Vorstellung weiteren Redebedarf haben, dann helfen Dir Smalltalk Techniken und Inhalte weiter.

Praxistipps

Tipp 1 – Sprechende Worte
Nutze für Deinen Pitch ausdrucksstarke Begriffe aus dem Wortschatz Deines Gegenübers. Gerne können diese etwas exotisch sein. Auch Metaphern und Beispiele eignen sich gut. Hauptsache, Du langweilst Deinen Gesprächspartner nicht, sondern bleibst vielmehr in seinem Kopf hängen.

Tipp 2 – Aktivierung
Fordere in Deinem Elevator Pitch Dein Gegenüber auf, etwas zu tun. Handlungen

erreichst Du zum Beispiel mit einer Frage, zwei bis drei gut platzierte Pausen oder einer konkreten Vereinbarung. Aktivierte Personen sind viel stärker an der Fortführung des Gesprächs mit Dir interessiert. No-Gos sind das Monologisieren und das Zutexten.

Tipp 3 – Wow-Effekt
Ein hohes Maß an Aufmerksamkeit erregst Du, wenn Du Deinen Elevator Pitch mit einer polarisierenden Aussage garnierst. Auch ungewöhnliche Fakten stechen aus der Masse heraus und sorgen beim Gesprächspartner für Interesse. Beispielsweise beginnst Du Deinen Pitch auf die Frage *„Was machen Sie?"* mit dem (etwas provokanten) Statement *„Ich rette die Welt!"*.

Tipp 4 – Perspektivenwechsel
Lasse einen Deiner Bekannten oder Kollegen einmal Deinen Elevator Pitch nutzen. Wie kommt dieser bei Dir an? Ist er einfach und direkt verständlich, oder sollte er weiter vereinfacht werden. Der Wechsel der Blickrichtung sorgt für neue Erkenntnisse. Versprochen.

Lesetipp
Das Netz und die Buchläden sind voll von Literatur zum Thema Elevator Pitch. Für die Vertiefung kann ich Dir das Büchlein ‚Elevator-Pitch: Emotionale Kurzpräsentation in 50×2 Minuten' von Joachim Skambraks empfehlen. Kurz und prägnant findest Du hier weiterführende Tipps und zahlreiche Beispiele zur Optimierung Deiner Kurzansprache.

Zusammenfassung

‚Pitch Anything' lautet der Titel eines englischsprachigen Buches zum Elevator Pitch. Seit den 1980er Jahren erfreut sich die Kurzansprache einer anhaltenden Beliebtheit. Hartnäckig hält sich der Mythos, dass zu jener Zeit junge Startup-Gründer den gesamten Tag im Fahrstuhl verbrachten, nur um irgendwann den zusteigenden Venture Capital Entscheider ihren Pitch vorzutragen. Sicherlich hast Du besseres zu tun. Übrigens: wie lautet eigentlich Dein Elevator Pitch?

Die Kaltakquise – systematisch qualifizierte Leads generieren

Kaltakquise? Das ist doch Klinkenputzen. Unternehmensberater sind doch weder Staubsauger- noch Versicherungsvertreter. Als Wissensarbeiter stehen Consultants ihren Kunden bei kniffeligen Aufgaben zur Seite, lösen Probleme, entlasten interne Mitarbeiter. Ein Trusted Adivsor als Cold Caller? Warum nicht! Immerhin ist die Kaltakquise eine Vertriebsform, mit der Du extrem schnell Neukontakte generierst. Selbst im Projekt kommst Du manchmal nicht umher, Dir bisher fremde Kundenmitarbeiter zu kontaktieren und um Hilfe zu bitten. Es lohnt sich also, die Basics der Kaltakquise zu kennen und anwenden zu können.

Kategorie

- Zielgruppe: Neukunden
- Phase: Interesse, Beziehung
- Aufwand: hoch
- Wirkungstiefe/-dauer: mittel bis hoch, kurzfristig

Zweck

Kaltakquise ist die Direktansprache eines potentiellen Zielkunden, zu dem Du bisher keinerlei Geschäftsbeziehung pflegst. Anders als im Endkundenbereich ist in Deutschland im Business-to-Business die Kaltansprache erlaubt. Daher: Sobald ein vermutetes Interesse eines Kontaktes an Deiner Beratungsleistung besteht, darfst Du diesen auch kontaktieren. Im Consulting ist häufig die Vereinbarung eines persönlichen Termins das oberste Ziel Deiner Kaltakquisebemühungen. Alternative Absichten sind die Einladung der Kontaktperson in eines Deiner Webinare oder die Registrierung zu einem Event Deiner Austauschplattform.

Aufbau

Die klassische Kaltakquise findet per Telefon statt, dem sogenannten Cold Calling. Du rufst eine Kontaktperson an, die zu Deiner zuvor definierten Buyer Persona passt. Nach Deinem auf den Gesprächspartner zugeschnittenen Elevator Pitch vereinbarst Du nächste Schritte. Das Problem bei Telefonaten: meist ist die Zielperson nicht erreichbar oder hat keine Zeit. Auch reagiert sie uninformiert, kennt vielleicht ihr Problem, nicht aber die Existenz bzw. den Nutzen (D)einer Beratungslösung. Statt Telefon setzt sich im B2B verstärkt die Erstkontaktaufnahme per Business Netzwerk oder E-Mail durch. Auch soziale Netzwerke sind für diese Form der Outbound Akquise im Kommen.

Stelle Dir vor Du sitzt im Büro und Dich erreicht unerwartet eine Anfrage einer unbekannten Person. Automatisch gehen jetzt fünf Fragen durch Deinen Kopf:

1. **Wer ist das?** Um wen handelt es sich bei dem Kontaktaufnehmenden? (Partner, Kollege, Kunde, Wettbewerber, Dienstleister, Headhunter etc.)
2. **Was will er?** Welche Absicht verfolgt der Kontaktaufnehmende? (Infos zu Projekt, Bitte um Meeting, spezifische Unterlage, Deinen Lebenslauf etc.)
3. **Welchen Nutzen hat das?** Was bringt mir die Resonanz auf die Kontaktanfrage? (Zeitersparnis, Einnahmeerhöhung, Freude etc.)
4. **Was kostet mich das?** Welchen Preis muss ich zahlen, um an den Nutzen zu gelangen? (Zeit, geistigen Input, Aufmerksamkeit etc.)
5. **Was muss ich tun?** Welche nächsten Schritte muss ich als nächstes gehen? (Terminvereinbarung, Konferenzbesuch, Webinarregistrierung, Lektüre Whitepaper etc.)

Genau diese Fragen stellt sich auch ein Empfänger, der von Dir kalt kontaktiert wurde. Ob Nachricht oder Anruf – liefere ihm direkt zu Beginn in wenigen Sätzen attraktive Antworten. Und formuliere Aussagen und Fragen so, dass Dein Neukontakt stets die Möglichkeit hat das Gespräch abzubrechen bzw. in seine gewünschte Richtung zu lenken.

Anwendung

1. Zielperson recherchieren

Nutze Business Netzwerke wie LinkedIn oder Xing sowie Tools wie ZoomInfo oder Xing Sales Navigator zum Auffinden von relevanten Kontakten. Qualifiziere diese. Wo steht das Unternehmen? Was könnte die Zielperson umtreiben – beruflich wie privat?

Nach 10-15 Minuten Recherche solltest genügend Hintergrundwissen für eine erste individuelle Nachricht zusammenhaben. Je origineller, relevanter und abgestimmter auf den Empfänger, desto höher die Wahrscheinlichkeit für eine Rückmeldung.

2. Nachricht senden

Sende eine Initialnachricht an die Kontaktperson. Entweder direkt per Business Netzwerk oder – falls verfügbar – per E-Mail. Dein Vorteil: Nachrichten kannst Du immer senden. Nachts, am Wochenende, während der Ferienzeit – Dein Kontakt wird Deine Ansprache früher oder später lesen.

Nach 2-3 Tage kommt es zu einer der folgenden drei Situationen: 1. Keine Reaktion, 2. Absage oder 3. Positive Antwort. Im ersten Fall sendest Du eine Folgenachricht mit einem variierten Schwerpunkt. Im zweiten Fall schickst Du ebenfalls 2-3 Zeilen mit einem Dank und der Versicherung, keine weiteren Nachrichten mehr zu senden. In Fall 3 schlägst Du mehrere Telefontermine vor und kündigst an, dass Du – falls Dich keine Antwort erreicht – zu Termin 1 anrufen wirst.

3. Telefonat führen
Wähle den Zeitpunkt für Deine – nun nicht mehr kalte – telefonische Kontaktaufnahme auf Basis Deiner Zielgruppe. Wann arbeitet diese? Um wieviel Uhr ist die Wahrscheinlichkeit am größten auf ein offenes Ohr zu stoßen? Im produzierenden Gewerbe sind nach meiner Erfahrung die Mitarbeiter eher Frühaufsteher wohingegen in der Finanzindustrie der Arbeitstag erst gegen 9 Uhr oder später beginnt. Verläuft Euer Gespräch positiv, schlägt der Gesprächspartner den aus seiner Sicht nächsten sinnvollen Schritt vor. Tut er das nicht, bittest Du um eine Empfehlung. Verbleibe auf jeden Fall konkret.

Arbeite Schritt 1 bis 3 en Bloc durch. Beispiel: 1 bis 2 Stunden Recherche, anschließend 1 Stunde E-Mails, dann die Telefonate. Auf diese Weise bist Du im Schaffensfluss.

4. Ergebnisse messen
Kaltakquise Initiativen laufen zwei bis drei Woche. Erhältst Du innerhalb dieser Periode keine Antwort oder verläuft eine Interaktion im Sande, streichst Du die jeweilige Person von Deiner Liste. Messe die Anzahl Deiner Kontaktaufnahmen, die Rückläufer sowie die positiven Antworten. Letztere sind die sogenannten Sales Qualified Lead, Personen die bereit sind für ein Treffen, ein Webinar etc. (je Übergabepunkt). Falls ihr in der Beratung ein Customer Relationship Management (CRM) System einsetzt, bringst Du dies ebenfalls auf den aktuellen Stand.

Neben einer qualitativ ansprechenden Erstansprache ist in der Kaltakquise die Quantität entscheidend. Fahre eine konstant hohe Schlagzahl. 30-50 Kontaktaufnahmen – ob nun per Nachricht oder Telefon – sollten pro Tag drinnen sein. Bei zwei Prozent Trefferwahrscheinlichkeit landest Du jeden Tag einen Treffer.

Vor- & Nachteile
- Die Kaltakquise ist ein Standardvertriebsinstrument. Innerhalb kurzer Zeit generierst Du viele Neukontakte und erhältst Rückmeldungen zu Deinem Beratungsangebot.
- Konkret und direkt erhöhst Du zudem die Sichtbarkeit Deiner Beratung bei Deiner relevanten Zielgruppe. Menschen reden miteinander, auch über unerwartete Anrufe.
- Für Cold Calling brauchst Du nicht viel: Internetanschluss, ein Telefon und einen packenden Elevator Pitch.

- Kaltakquise skaliert nicht. Zwar kannst Du Teile von Anschreiben wiederverwenden, jedoch musst Du immer wieder aufs Neue Hintergrundinfos zu Deinem Ansprechpartner recherchieren. Das kostet. Rechne mit 10-30 Minuten pro Kontakt, je nachdem wie relevant Dein Beratungsthema für den Gesprächspartner ist.
- Die Kaltakquise ist nicht jedermanns Sache. Das bei 100 versendeten E-Mails nur fünf Antworten zurückkommen bzw. bei 10 Anrufen nur einer auf Gegeninteresse stößt, musst Du erst einmal mental wegstecken können. Für eine Multi Touch Kampagne (Nachricht + Nachricht + Telefonat) von knapp einem Monat sind Zurückweisungen und Absagen noch tolerierbar. Mittel- bis langfristig kratzen sie jedoch empfindlich an der eigenen persönlichen Substanz.

Praxistipps

Tipp 1 – Mehr Erfolg im Team
Kalt akquiriert es sich am besten im Team. Arbeitet zu zweit bzw. zu dritt parallel – am besten im selben Büroraum – potentielle Kundenkontakte durch. So entsteht eine positive Gruppendynamik. Ihr motiviert Euch, tauscht Tipps und Tricks miteinander aus. Auch Akquiseerfolge zelebrieren sich gemeinsam einfach besser.

Tipp 2 – Je wärmer, desto besser
Erhöhe Deinen Akquiseerfolg, indem Du ein zartes Beziehungsband zur Kontaktperson knüpfst. Kann Dir ein Kollege, Partner oder Kunde eine Empfehlung aussprechen? Existiert ein beruflicher oder privater Bekannter in Deinem Kontaktnetzwerk, der eine Brücke zur Zielperson errichten kann? Je persönlicher die Einführung, desto offener reagiert ein Kontakt, wenn Du zu ihm eine Beziehung aufbauen möchtest.

Tipp 3 – Im Namen des Partners
Du bist ein Junior Consultant und Deine Beratung hat Dich beauftragt, eine Multi Touch Kampagne durchführen? Bitte einen Partner oder Geschäftsführer, seinen Business Netzwerk Konto dafür nutzen zu dürfen. Die Chancen, dass eine kontaktierte Person einem Consulting Partner antwortet stehen deutlich höher als die für einen Juniorberater. Ein Seniorberater besitzt mehr Erfahrung, Renommee und Expertise. Ein potentieller Kunde ist eher bereit mit einem hochrangigen Consultant zu sprechen, als sich mit einem Uni Frischling auszutauschen.

Tipp 4 – Trial & Error
Ein professionelles Foto von Dir in der Ansprachemail? Ein kleiner persönlicher Absatz über Dich selbst? Eine provozierende Betreffzeile? Kaltakquise ist kreatives Experimentieren. Teste kontinuierlich, was gut bei Neukontakten

ankommt und funktioniert. Entscheide dann anhand der Rückläuferquote, welches Vorgehen für Deine Zielgruppe das Geeignetste ist. Du optimierst nicht nur Deine Kampagne, sondern bringst auch Abwechslung in den Akquisetag.

Tipp 5 – Die Empfangsdame passieren
Es gibt verschiedene Tricks um an der Empfangsdame zum Entscheider durchzukommen. Eine kleine Auswahl: Anruf an den Randzeiten, beispielsweise an Brückentagen oder vor 9 Uhr oder nach 17 Uhr. Suggestion einer engen Beziehung zur Zielperson (*„Ich hätte gerne den Thomas gesprochen."*). Verweis auf einen vereinbarten Termin, den Du in einer vorangehenden E-Mail vorgeschlagen hast. Verwirrung und Überforderung durch Fremdworte, Schachtelsätze und schnelles Sprechen. Aggressiver Unterton mit Verweis auf negative Konsequenzen, falls nicht zur Zielperson durchgestellt wird. Behandlung der Empfangsdame wie den Entscheider durch Ansprache mit dem identischen Elevator Pitch. Bei allen Taktiken gilt: verscherze es Dir mit der Empfangsdame nicht. Fühlt sie sich von Dir negativ behandelt oder gar übertölpelt, wird sie ihre negative Stimmung nach Deinem Telefonat an die Kontaktperson weitergeben.

Tipp 6 – Spezialfall Großunternehmen & Konzern
Gerade bei großen Unternehmen kommt für Deine Beratungsleistung nicht nur eine Kontaktperson in Frage. Oft bieten sich Dir mehrere Einflugschneisen. Diese systematisch und individuell zu bedienen benötigt natürlich Zeit. So kann sich die Akquise in einem Großunternehmen mehrere Monate hinziehen und trotz initialen Rückschlägen doch noch ein Erfolg werden.

Lesetipp
Gerade in Sachen Vertrieb sind uns die US-Amerikaner gefühlt immer einen Ticken voraus. Für die Vertiefung des Themas empfehle ich Dir ‚Predictable Prospecting: How to Radically Increase Your B2B Sales Pipeline' von Marielou Tyler und Jeremey Donovan. Das Buch beschreibt detailliert den Pfad bei Kaltakquise und bietet zudem viele Vorlagen und Tipps.

Zusammenfassung

Mag sein, dass sie unter Consultants so etwas wie das rote Tuch ist: die Kaltakquise. Wenig überraschend. Keine verkauft gerne seine Beratungsleistung wie schales Bier. Hier hilft aus meiner Erfahrung ein Perspektivwechsel.

Erstens verkaufst Du nicht, sondern suchst aktiv Kontaktpartner, denen Du mit Deiner Expertise helfen kannst. Zweitens geht es Dir in der ersten Runde nicht um irgendein neues Beratungsprojekt, sondern zunächst um die Möglichkeit eines Beziehungsaufbaus. Mit beiden Aspekten im Kopf sollte Dir der Griff zum Telefonhörer und die Wahl einer unbekannten Nummer etwas leichter fallen.

Die Konferenzteilnahme – auf Tagungen Kunden gewinnen

Maschinenbauforum. Industrie 4.0 Summit. Strategy Days 2020. Jahresanfang. Dein Blick wandert auf die vor Dir ausgebreitete Kongressliste. Möglichkeiten der Weiterbildung und Kontaktegenerierung gibt es viele. Doch welche Konferenzteilnahme lohnt sich wirklich? Welche Tagung bietet die besten Neukundenchancen, die spannendsten Redner, die erstklassigsten Inhalte? Immerhin möchtest Du als Besucher, Redner, Aussteller oder Sponsor kein Geld aus dem Fenster werfen.

Kategorie

- Zielgruppe: Neukunden, Bestandskunden
- Phase: Interesse, Beziehung
- Aufwand: mittel
- Wirkungstiefe/-dauer: mittel, kurzfristig

Zweck

Konferenzen gibt es wie Sand am Meer. Das Spektrum reicht von der mehrtätigen Messegroßveranstaltung mit ein paar eingestreuten Redebeiträgen bis hin zum 1-Tages Fokuskongress mit fünf parallelen Vortrags-Tracks und hochdekorierten Keynote Speakern. Im Regelfall dauern Konferenzen einen bis drei Tage, finden logistisch gut erreichbar in mittleren bis großen Städten statt. Für Dich als Unternehmensberater erfüllt eine Tagung gleich fünf verschiedene Funktionen:

- Kontakt mit potentiellen **Neukunden** herstellen (engl. Lead Generation)
- die **Sichtbarkeit** Deines Unternehmens erhöhen (engl. Branding)
- die **Beziehungen** zu Kunden und Partnern auffrischen (engl. Meet & Greet)
- einen **Überblick** über Trends und Wettbewerb erhalten (engl. Market Intelligence)
- neues **Wissen** und Erkenntnisse gewinnen (engl. Education)

Für die Consulting Akquise am wichtigsten ist natürlich Funktion 1, die Neukundengewinnung. Bei der Auswahl der richtigen Konferenz gilt daher: gehe zu solchen Tagungen, die auch von Deiner Zielgruppe aufgesucht werden. Dein Traumkunde besucht Events, die ihn inhaltlich weiterbringen, auf denen er sich mit Mitstreitern vernetzen kann und welche ihm Gelegenheit zur Reflexion geben. Diese Veranstaltungen sind auch Deine Veranstaltungen.

Aufbau

Nachfolgend fünf Rollen, die Du auf einer klassischen Konferenz einzeln oder kombiniert einnehmen kannst.

1. Besucher – Einer unter vielen
Die preisgünstigste Form der Konferenzteilnahme ist in der Rolle als Besucher. Neben den Eintrittskarten schlagen nur die Reisekosten und die Fehlzeiten zu Buche. Als Teilnehmer profitierst Du von den im Vortragsprogramm vermittelten Wissen. Zudem kannst Du Kontakte zu Interessenten und Partnern herstellen sowie bestehende Beziehungen pflegen. Konferenzen bieten einen klasse Anlass, das Kontaktnetzwerk auszubauchen und solche Verbindungen wieder aufleben zu lassen, für die sich sonst keine Gelegenheit ergibt.

2. Sprecher – Exponiert im Expertenmodus
Alternativ kannst Du versuchen, einen Fachvortrag zu platzieren. Einige Veranstalter schalten dem Event ein sogenannten Call for Proposals / Abstracts / Papers vor, auf dem Du Dich mit einem relevanten, exklusiven und spannenden Redethema bewirbst. Bei anderen Veranstaltern wiederum kannst die begehrten Vortragsslots gegen bare Münze kaufen. Bezahlte Reden werden meist in die sogenannten ‚Industry Tracks' oder ‚Sponsoren Speakings' einsortiert. Losgelöst von Inhalt und Mehrwert des Vortrags, fallen die Kaufsummen von Redeslots für Unternehmensberater extrem hoch aus. Ich nehme von dieser Form des Marketings Abstand. In jedem Fall positionierst Du Dich in der Rolle des Sprechers als Experte und Markenvertreter Deines Unternehmens. Die Kontaktgenerierung sollte nach Deinem Redebeitrag deutlich leichter ausfallen.

3. Aussteller – Vor Ort mit eigenem Stand
Viele Veranstalter kombinieren ihr Konferenzprogramm mit einer Ausstellung. Auf dieser kannst Du für Deine Beratung einen Stand anmieten an welchem Du Besucher empfängst und Termine absolvierst. Je nach erwarteten Teilnehmern, Größe und Position, sind Ausstellerstände nicht gerade günstig. Rechne mindestens mit einem vierstelligen Eurobetrag für einen kleinen Tisch und einem Poster. Bei den richtigen Besuchern kann der Branding Effekt für Dein Unternehmen sehr hoch sein. Achte darauf, die Teilnehmer an Deinem Stand zu involvieren. Das können kleine Spiele, Quick Checks, Impulsvorträge etc. sein.

4. Sponsor – Fördernd ins Gedächtnis
Als Sponsor unterstützt Du eine Tagung finanziell. Als Gegenzug nennt der Veranstalter Dein Unternehmen auf der Bühne in der Danksagung, listet Dein Logo auf der Konferenzwebseite, führt er Dich als Partner in den Broschüren auf etc.. Je größer die Veranstaltung, je mehr Förderungsmodelle gibt es und umso

teurer das Sponsoring. Sehr beliebt ist die Einteilung in Kategorien, beispielsweise Platin-Partner oder Silber-Sponsor.

5. Wegbereiter – Dem Kunden eine Bühne
Eine besondere Form des Sprechers ist der Wegbereiter. Nicht Du, sondern Dein Kunde hält einen Vortrag zu einem von ihm erlebten Problem, einer praktischen Lösung, einem echten Mehrwert. Kundenvorträge sind eine erstklassige Form des Marketings. Dein Klient agiert als Dein Botschafter, wirbt auf großer Bühne als Beispiel für Deine Consulting Expertise. Suche gezielt unter Deinen Kunden nach extrovertierten Kollegen. Diese sollten Redetalent mitbringen, Experten im Fachgebiet sein und ihre Organisation zu dem Thema vertreten dürfen.

Anwendung

1. Vorbereiten
Setze Dir zu Beginn Deiner Konferenzteilnahme Ziele. Daher: Was möchtest Du zählbar erreichen. Geht es Dir um aktuelles Knowhow von Vordenkern? Um eine maximale Kontaktgenerierung von mindestens 10 Interessenten pro Tag? Oder um die Auffrischung von bestehenden Verbindungen?

Abhängig von Deinen Zielen checkst Du dann die Konferenzteilnehmer. Nutze dazu die Geschäftsnetzwerke wie Xing oder LinkedIn.

- Wer kommt neben mir ebenfalls zur Konferenz? Von welchem Unternehmen? Welche Rolle hat diese Person inne?
- Welcher Teilnehmer könnte Interesse an meiner Beratungsleistung haben? Besitzt er bei sich im Unternehmen Budget- und Entscheidungshoheit?
- Wen kennst Du außerdem bereits (ehemaliger Kollege, Mitarbeiter, Chef, Partner)? Lohnt sich ein Termin?

Manche Veranstalter bieten als Vorbereitungs-Service sogenannte Soziale Gruppen an. In diesen virtuellen Runden kannst Du Dich mit anderen Besuchern austauschen sowie Gesprächstermine vereinbaren.

Bereite ebenfalls die <u>Unternehmenspräsentation</u> und <u>Werbeartikel</u> vor. Auch ist jetzt ein guter Zeitpunkt gekommen, Deinen <u>Elevator Pitch</u> aus der Schublade zu ziehen und zu wiederholen.

2. Durchführen
Auf der Veranstaltung arbeitest Du Deine vereinbarten Termine mit Partnern und Interessenten ab und generierst so viele Neukontakte wie möglich. Greife auf Deinen <u>Elevator Pitch</u> zurück und komme erst im fünften Satz auf die Inhalte Deiner <u>Angebotspyramide</u> zu sprechen. Nutze Lead-Bögen, auf denen Du

diskutierte Inhalte (speziell die Probleme und Ziele Deines Gesprächspartners) sowie vereinbarte nächste Schritte festhältst.

Bleibe am Schluss eines Treffens verbindlich. Nach einem Gespräch muss klar sein, wie der nächste Schritt aussieht und wer diesen geht. Halte das Zepter der Beziehung in der Hand. Daher: Du meldest Dich mit zusätzlichen Details folgenden Dienstag. Du sendest das Whitepaper, welches ihr am darauffolgenden Freitag besprecht. Du stellst bis Wochenende die Verbindung zwischen Deinem Kollegen und dem Interessenten her. Bitte Deinen Gesprächspartner für das Follow-Up um seine Kontaktdaten.

Zudem beobachtest Du Dein Umfeld und führst eine kleine Marktanalyse durch:

- Welche Konferenzthemen und Trends bewegen die Teilnehmer?
- Mit welchen Botschaften treten andere Firmen an die Öffentlichkeit?
- Wer schafft es, mit welchen Maßnahmen die Personen anzuziehen?

Aus diesen ‚Scouting'-Maßnahmen lernst Du für Deinen nächsten Konferenzbesuch.

3. Nachbereiten

Vielleicht ist nach den zurückliegenden Konferenztagen bei Dir jetzt etwas die Luft raus. Die Tage waren lang, die Gespräche intensiv, die Reise anstrengend. Noch hast Du die Ziellinie nicht überschritten. Mache Deine Hausaufgaben. Fasse bei den neu generierten Interessenten per E-Mail oder Telefon nach. Je loser der Kontakt, desto schneller solltest Du aktiv werden. Du signalisierst damit: *„Sie sind mir wichtig!"* und *„Ich bin an einer Intensivierung der Beziehung interessiert!"*.

Ich schreibe meine Follow-Up E-Mails gleich am Abend, spätestens während der Rückreise. Dann ist die Begegnung noch frisch, mögliche Anknüpfungspunkte heiß bzw. zumindest lauwarm.

Vor- & Nachteile

- Konferenzen sind eine prima Möglichkeit, das persönliche Kontaktnetzwerk zu erweitern, in Expertenthemen auf den neuesten Stand zu kommen und Dein Beratungsunternehmen bekannt zu machen.
- Die Akteure sind oft sehr gesprächsbereit und offen für Anregungen. Man ist im ‚Brainstorming-Modus', denkt an die eigene Zukunft und die Perspektive der Firma. Ideal gemeinsam Ideen auszubrüten und Änderungen anzustoßen.
- Fernab vom Tagesgeschäft, haben Kongresse immer etwas geistig Erfrischendes. Aus den Vorträgen und Gesprächen nimmst Du mehrere Ideen für die Beratungsarbeit mit.

- Gegen eine Konferenzteilnahme spricht der Preis. Selbst wenn Du nur einfacher Besucher bist, kommen für ein mittelklassiges 3-Tages-Event inklusive Reise und Übernachtung schnell 5.000 Euro und mehr zusammen. Deine Fehlzeiten als Opportunitätskosten noch nicht mit eingerechnet.

Praxistipps

Tipp 1 – Online mehr Reichweite

Insbesondere in den USA erfreuen sich Online Konferenzen immer größerer Beliebtheit. Statt zu einer Präsenzveranstaltung in eine Stadt zu reisen, bleibst Du einfach zu Hause und nimmst bequem vom Büro aus per Web am Geschehen teil. Für ein schmales Budget bieten Dir die Veranstalter ein spannendes Vortragprogramm, virtuelle runde Tische sowie separate Chat Möglichkeiten mit Interessenten. Die Reise- und Zeitkosteneinsparungen sind enorm. Als Sprecher und Aussteller erreichst Du häufig ein viel größeres Publikum, als bei einer Vor-Ort Veranstaltung. Dafür fällt der Kontakt zu potentiellen Neukunden weniger intensiv aus als bei einem persönlichen Treffen.

Tipp 2 – Kleines Souvenir

Nimm auf die Veranstaltung neben Deinen Visitenkarten ebenfalls eine aktuelle Unternehmenspräsentation, einen passenden Fachartikel sowie einen außergewöhnlichen Werbeartikel mit. Überreiche dieses Geschenk den Interessenten Deiner Leistung. Somit haben diese etwas Physisches in der Hand bzw. später in der Tasche. Das Mitbringsel wird sie an Dich, Deine Beratung und Deinen Mehrwert erinnern. Achte darauf, dass dieser ‚Firmen-Botschafter' nicht zu schwer und groß ausfällt. Sonst wird er nämlich vor dem Konferenzgebäude oder im Hotel kurzerhand entsorgt.

Tipp 3 – Gut vorbereitet, dank Teilnehmerliste

Frage den Konferenzveranstalter nach einer Teilnehmerliste. Auf Basis dieser kannst Du Deine Kontaktanbahnungen vorbereiten. Möchte der Gastgeber die Daten nicht rausrücken, bittest Du um eine anonymisierte Fassung, notfalls um Angaben vom letzten Jahr. Agierst Du gleichzeitig als Austeller, kannst Du eine Teilnehmerliste einfordern. Immerhin bezahlst Du für Deinen Stand. Auch möglich ist eine variable Ausstellergebühr. Finden sich zur Konferenz eine bestimmte Menge an A-Firmen ein, bezahlst Du den vollen Preis, andernfalls einen reduzierten Betrag.

Tipp 4 – Der Kunde als Vordenker

Motiviere Deinen Kunden auf der Fachkonferenz einen Vortrag über das gemeinsam gestemmte Projekt zu halten. Biete an, die Organisation mit dem Veranstalter zu übernehmen, die Präsentationsfolien zu entwickeln und die Reise zu planen. Appelliere an das persönliche Ego des Klienten. Wer möchte nicht als

‚Thought Leader' an ‚vorderster Front' Infos zur Lösung eines akuten Problems teilen?

Tipp 5 – Ran an die Kontaktdaten
Du hattest ein spannendes Gespräch mit einem potentiellen Kunden, nur leider kam es nicht zum Austausch der Visitenkarten? Ein anderer Redner hat sich beeindruckt, Du möchtest in Verbindung treten, doch es fehlen die Kontaktdaten? Nutze Vorname.Nachname@Unternehmensname.de oder .com als E-Mailadresse. Aus dem Impressum einer Firma kannst Du die Struktur ihrer E-Mails ableiten. Alternativ suchst Du auf den Unterlagen. Speziell Redner hinterlassen auf den Präsentationsfolien gerne Ihre E-Mailadresse. Schließlich helfen Dir Online Tools wie ‚E-Mail Hunter' weiter.

Zusammenfassung

Eine Konferenzteilnahme bringt Abwechslung in den Beratungstrott. Wähle zu Jahresbeginn zwei bis vier Events aus, für die sich Deine Teilnahme lohnt. Setze Ziele, bereite die Tagung gut vor und profitiere maximal von dem Event. Mit jeder Konferenz wirst Du besser. Garantiert.

Das Kundenprofil – das Kundenunternehmen gut kennen

In einem Polizeikrimi ist er Dir sicher schon einmal begegnet: der Profiler. Auch als Fallanalytiker bekannt, handelt es sich laut Wikipedia bei einem Profiler "meist um einen Angehörigen der Polizei, der zur Aufklärung von schweren Verbrechen operative Fallanalyse betreibt".

Auch als Unternehmensberater kannst Du Profiling betreiben. Keine Panik: einen kriminellen Verstoß braucht es dazu nicht. Eher einen (möglichen) Kunden, dessen Unternehmen Du gründlich recherchierst und daraus Schlüssel für Dein Akquisegespräch ziehst. Wie das geht? Im Beitrag die Details.

Kategorie

- Zielgruppe: Neukunden, Bestandskunden
- Phase: Beziehung
- Aufwand: mittel
- Wirkungstiefe/-dauer: gering, mittelfristig

Zweck

Das Kundenprofil (engl. Customer Profile) beinhaltet die wichtigsten Fakten zu einem (potentiellen) Kundenunternehmen. Stelle Dir einfach einen Steckbrief vor, der relevante Infos zu einer Kundenorganisation standardisiert und übersichtlich auf einer einzelnen Seite zusammenfasst.

Erstelle für jede Kundenorganisation Deiner Beratung ein Kundenprofil und schlage damit gleich zwei Fliegen mit einer Klappe:

- Erstens fungiert das Papier bei Neukunden als **Grundlage für die Bedarfsanalyse und das Beratungsangebot**. Prägnant fasst es zusammen, in welcher organisatorischen Struktur sich Dein Kundenkontakt bewegt und welchen unternehmerischen Rahmenbedingungen er ausgesetzt ist.
- Zweitens hilft es Deinen Kollegen beim **raschen Einstieg in bereits laufende Engagements**. Auf einen Blick lernt der hinzugezogene Consultant das Geschäftsmodell, die interne Struktur und das wirtschaftliche Umfeld des bestehenden Klienten kennen.

Bahnt sich ein Gespräch bei einem möglichen Neukunden an, empfehle ich Dir immer ein Kundenprofil anzufertigen. Entscheider merken es, wenn Du Dich im Vorfeld mit ihrer Firma und den Herausforderungen am Markt auseinandergesetzt hast.

Anders als die Buyer Persona – welche die Demographie, Wünsche, Hobbies, Tätigkeiten, etc. eines Lieblingskunden möglichst realitätsnah beschreibt – fasst das Kundenprofil die harten Zahlen, Daten und Fakten über eine Organisation zusammen. Es geht um die ökonomischen Hintergründe einer Firma, nicht die Probleme, Hobbies und Jobs eines einzelnen Akteurs.

Aufbau

Wie bei einem Beraterprofil, einem Projektsteckbrief oder eben einer Buyer Persona passt auch ein Kundenprofil auf eine standardisierte DIN-A4 Seite. Die Reduktion aufs Wesentliche hat mehrere Vorteile:

- **Übersichtlichkeit** – In wenigen Minuten kann sich der Leser des Kundenprofils ein Bild zum Kunden verschaffen.
- **Vergleichbarkeit** – Alle Infos stehen immer an identischer Stelle, erlauben das schnelle Flippen und Zurechtfinden auf mehreren Kundenprofilen.
- **Aufwandsreduktion** – Das regelmäßige Pflegen einer einzelnen Seite generiert weniger Aufwand, als die Aktualisierung eines mehrseitigen Dokuments.

Was enthält nun ein Kundenprofil? Neben dem Namen des Unternehmens, ein Link auf die Firmenwebseite sowie das Logo im Titel, empfehle ich folgende Fakten festzuhalten:

- Allgemeine Informationen – Unternehmensname, Rechtsform, Hauptsitz
- Historie – Gründer, wichtige Meilensteine, Firmenzusammenschlüsse
- Management & Eigentümer – Aufsichtsrat, Vorstand, Geschäftsführung
- Schlüsselkennzahlen – Gesamtumsatz, Gewinn (der letzten fünf Jahre)
- Finanzdaten – Aktienkurs, Kursentwicklung, Börsennachrichten
- Mitarbeiter – Gesamtzahl, Deutschland, Hintergrund, Stellenausschreibungen
- Angebotsportfolio – Wichtige Produkte und Dienstleistungen
- Branche – Trends, Einflüsse, Branchenreife
- Umfeld – Wettbewerber, Kunden, Partner
- Weiterführende Infos – Hinweise auf Webseiten, Wirtschaftspresse, Studien, Jahrbücher

In der Fußzeile eines Kundenprofils notierst Du zudem den Autor und das Datum der letzten Änderung.

In Abhängigkeit, in welcher Branche Du unterwegs bist (Maschinenbau, Finanzen), auf welchen Ebene Du berätst (Top Management, IT-Umsetzung) und was Deine Beratungsleistung ausmacht (Training, Implementierung), fügst Du weitere Felder hinzu bzw. entfernst nicht relevante Daten.

Gerne kannst Du auf zusätzlichen Begleitseiten weitere relevante Infos ergänzen. Dies müssen nicht zwangsläufig von Dir recherchiert Inhalte sein, sondern können auch Kundendiagramme, -tabellen, -graphiken, etc. sein. Berätst Du beispielsweise bereits bei einem Technologieunternehmen in der Forschungs- & Entwicklungsabteilung, fügst Du im Anhang interne Organigramme, Entscheidungsprozesse, Strategiepläne, etc. hinzu. Natürlich sind die Unterlagen fortan als geheim zu behandeln.

Anwendung

1. Recherchieren
Die erste Fassung eines Kundenprofils erstellst Du weniger als einer Stunde. Nutze das Web und recherchiere vom Schreibtisch aus die wichtigsten Kenndaten. Willst Du systematischer an die Sache herangehen, sind Ansätze wie das PESTEL Framework, das Business Model Canvas, die SWOT Analyse oder Porter's Five Forces hilfreich. Gute Quellen für das Profil sind übrigens aktuelle Geschäftsberichte, die Unternehmenspräsentation sowie die Eigendarstellung in sozialen Netzwerken.

2. Nutzen
Lege das Kundenprofil an einer prominenten Stelle im Intranet bzw. internen Dateiaufwerken Deiner Beratungsfirma ab oder klinke den Steckbrief direkt in Euer Customer Relationship Management (CRM) System ein. Verlinke die Kundensteckbriefe auch in den Onboarding Dokumenten für neue Mitarbeiter. Ein Neuankömmling erhält so direkt die wichtigsten Bestandskundeninfos.

3. Aktualisieren
Wie Deinem Beraterprofil solltest Du auch den Kundenprofilen Deiner Bestandskunden ein jährliches Update spendieren. Stimmen die Firmenvorstände noch? Ist das Unternehmen inzwischen in neue Geschäftsfelder vorgedrungen? Wie reagiert die Börse auf jüngste Meldungen des Unternehmens? Maximal 15 Minuten, dann sollte ein Profil wieder top-aktuell sein. Bei vier Bestandskunden ist Dein Pflegeeinsatz im Jahr damit überschaubar.

Beispiele

Nachfolgende Abbildung zeigt das Kundenprofil für den Spezialchemiker Industries Evonik AG. Die Übersicht habe ich in rund 60 Minuten erstellt. Beachte die Links auf weiterführende Webseiten.

Unternehmensprofil – Evonik Industries AG, Spezialchemie, Essen (Deutschland)

Historie & Meilensteine	Produkte & Services	Branche & Wettbewerb
- Gründung: 14.09.2016 - Ursprung: ‚weißer Bereich' der RAG Aktiengesellschaft - Namensursprung: Evolvere – sich entwickeln	- Resource Efficiency: Spezialchemikalien, Produkte für die Lack-, Farb- und Beschichtungs- sowie die Klebstoff- und Dichtungsindustrie - Performance Materials: polymere Werkstoffe, Zwischenprodukte für die Gummi- und Kunststoffindustrie - Nutrition & Care: Aminosäure Methionin	- Wettbewerber: BASF, Dow Chemical, LANXESS, Acuity Brands, Symrise
	Schlüsselkennzahlen & Finanzdaten	
	- Umsatz: 12,9 Mrd. Euro (2014), 14,4 Mrd. Euro (2017), 75 % außerhalb BRD	
Management & Eigentümer	- Aktienkurs: ca. 31,5 Euro, ca. 15 Mrd. Marktkapitalisierung	**Infos & Links**
- Vorstandsvorsitzender: Christian Kullman	- Ranking: Platz 611 Forbes Global 2000, Platz 5 Chemieunternehmen BRD	- Deloitte Studie Chemie 4.0
- Aufsichtsratvorsitzender: Werner Müller	**Kunden & Partner**	- Finanzdaten und Vergleich
- Aktienverteilung: 68 % RAG-Stiftung, 32 % Streubesitz	- Mitarbeiter: 33.500 (weltweit) - Kunden: Automobilsektor, Farben- und Lackindustrie sowie die Bauindustrie	- Wikipedia Beitrag

Autor: Christopher Schulz | Stand: 03.08.2018

Dr. Christopher Schulz | Consulting-Life.de

Kundenprofil der Evonik Industries AG

Vor- & Nachteile

- Wissen = Business. Je mehr Du über ein (potentielles) Kundenunternehmen weißt, desto einfacher gelingt es die Probleme und Ziele dessen Mitarbeiter zu antizipieren und mit passenden Wertangeboten attraktive Unterstützung zu signalisieren.
- Um alle Felder eines Kundenprofils sinnvoll zu befüllen, musst Du Dich zwangsläufig mit der Organisation auseinandersetzen.
- Von dem erworbenen Wissen profitierst Du bereits beim ersten Kennenlerngespräch und bleibst auch über die Zeit mit einem Ohr am Puls Deines Kunden.

- Neben seinem generellen Charakter reflektiert ein Kundenprofil immer nur eine statisch beschreibende Sicht auf eine Organisation. Der Steckbrief hilft Dir, das Unternehmen Deiner kundeninternen Bezugspersonen einzuordnen. Mehr auch nicht.
- Es bereitet Aufwand Infos für ein Kundenprofil zusammenzustellen. Gerade bei Neukunden musst Du Zeit mitbringen und teilweise tief graben, um an Daten zu gelangen, die nicht sofort auf Wikipedia, Google & Co. aufflackern.

Praxistipps

Tipp 1 – Ausgewählter Zugriff
Bei einem Kundenprofil handelt es sich um vertrauliche, manchmal auch geheime Informationen. Das Material ist weder für Deine Partner, Wettbewerber noch für

den Kunden selbst bestimmt. Gerade wenn die Sammlung auch kundeninterne Details enthält, sollten nur Deine Kollegen und Du Zugriff auf das Profil besitzen.

Tipp 2 – Ausbildung x Zwei
Nutze ein Kundenprofil als Ausbildungswerkzeug. Bitte dazu Beratungsneuzugänge ein neues Profil zu erstellen bzw. ein aktuelles auf Vordermann zu bringen. Für die Aufarbeiten sollen die Juniors zudem Techniken wie SWOT, PESTEL und Desk Research zum Einsatz zu bringen. Neben der Kundenorganisation beschäftigen sich die Jungberater gleichzeitig mit grundlegenden Beratermethoden, lernen also gleich doppelt.

Tipp 3 – Outsourcing bei Zeitnot
Verschiedene Firmen haben sich auf das sogenannte ‚Company Profiling' spezialisiert. Gegen Bezahlung erstellen diesen Profiler für Dich die Steckbriefe ausgesuchter Kundenunternehmen und fassen die Ergebnisse in einem Bericht nebst empfohlenen Kontaktmaßnahmen zusammen. Neben Sekundärdatensuche wird E-Mailing und Telefonrecherche bemüht. Falls Zeit Dein größtes Problem ist, sind diese – meist nach Kundenbranchen gegliederten – Dienstleister einen Versuch wert.

Zusammenfassung

Auf einer Folie fasst das Kundenprofil die wichtigsten Eckdaten zu einer Klientenorganisation zusammen und setzt die Firma in einen wirtschaftlichen Kontext. Nicht minder bedeutsam wie der Ergebnissteckbrief ist der Erstellungs- und Pflegeprozess. Wiederkehrend beschäftigst Du Dich mit dem Arbeitgeber Deiner Kundenkontakt. Geringer Einsatz, hoher Nutzen. Kein schlechter Deal.

Die Visitenkarte – bei Neukontakten in Erinnerung bleiben

E-Mail, Web-Meeting, Online-Konferenz. Wo – im Zeitalter der digitalen Kommunikation – ist da noch Platz für eine altmodische Visitenkarte? Fakt ist: Beratung passiert bei, zwischen und am Menschen. Für Dich als Unternehmensberater fungiert das kleine Pappkärtchen daher weiterhin als Teil Deines persönlichen Außenauftritts. Und als kleiner materieller Werbeträger in eigener Sache. Beim Austausch Deiner Visitenkarte möchtest Du, dass sich ein Empfänger an Dich und Deinen Nutzen erinnert und mit Dir erneut in Kontakt tritt.

Kategorie

- Zielgruppe: Neukunden
- Phase: Interesse
- Aufwand: gering
- Wirkungstiefe/-dauer: gering, kurz bis mittelfristig

Zweck

Du kennst sie von Konferenzteilnahmen, Abendveranstaltungen und Messebesuchen: die Visitenkarte, manchmal auch als Besucherkarte bzw. Business Card bezeichnet. Der Name ‚Visitenkarte' geht auf die ursprüngliche Funktion des scheckkarten-großen Stück Papiers zurück. Im Rahmen einer ‚Visite' drückte ein Besucher seine Karte dem Diener oder der Empfangsdame in die Hand mit der Bitte, ihn beim Hausherrn anzukündigen.

Im Consulting tauschst Du Visitenkarten beim Erstkontakt mit möglichen Kunden, Partnern und Jobkandidaten aus. Die Karte hilft Dir in folgenden Aufgaben:

- Dich bekannt und erreichbar machen
- Deine Kompetenzen auf den Punkt bringen
- Dich als professionellen Unternehmensberater zu empfehlen
- Neugier beim Empfänger erzeugen
- Erinnerungshilfe für die angetroffene Person zu sein

Ein Kartenbesitzerwechsel ist mehr als der Transfer von geschäftlichen Kontaktdaten. Du gibst Deinem Gegenüber eine erste Arbeitsprobe Deines Unternehmens, kommunizierst dessen Werte, Deinen Anspruch und – nicht zu vergessen – Deine Position im Unternehmen.

Zudem kannst Du mit Deiner Karte eine Marketing-Botschaft transportieren, dem sogenannten Firmenslogan oder Claim. Dein Hauptziel: nach der Interaktion soll sich der Kartenempfänger an Dich, Deine Beratungsleistungen und den damit verbundenen eigenen Nutzen erinnern.

Aufbau

Die Visitenkarte eines Unternehmensberaters sollte seriös, vertrauensvoll und kompetent wirken. Anders als beispielsweise bei Werbeagenturen oder Medienunternehmen, ist der Grad der Kreativität und Individualität begrenzt. Für die Schrift auf der Karte gelten zwei Regeln: ausreichend groß und maximal zwei Schrifttypen. Alles andere wirkt zu verspielt und lenkt vom Wesentlichen ab.

Bei einem ersten flüchtigen Blick auf Deine Karte fallen dem Empfänger sofort Deine Kontaktdaten ins Auge:

- Firmenname, Logo und Unternehmenswebseite
- Vor- und Nachname sowie vorhandene akademische Titel
- Berufsbezeichnung bzw. Position im Unternehmen
- (Mobil-)Telefonnummer und ggf. Faxnummer
- Kontaktdaten inklusive E-Mailadresse

Aus meiner Erfahrung ist weniger mehr. Spare Dir Metainfos wie ‚Straße', ‚Ort' oder ‚Mobil'. Notiere in jedem Fall eine Postadresse auch wenn Du in der Regel beim Kunden bzw. im Home-Office arbeitest. Das schafft den Verdacht aus der Welt, dass es sich bei Deinem Unternehmen um eine dubiose Briefkastenfirma auf den Cayman Islands handelt.

Im Gegensatz zu Briefen und Druckpapier gibt es für die Abmessung von Visitenkarten keine Deutsche Industrie Norm. Im europäischen Geschäftsleben hat sich jedoch die Scheckkarten-Größe (85,6 × 54 Millimeter) durchgesetzt die Du ebenfalls für Deine Karten verwenden solltest. Die Rückseite einer Visitenkarte kannst Du optional mit weiterführenden Infos versehen. Üblich sind:

- Englischsprachige Fassung der Visitenkarte
- Anfahrtsskizze zu Deinem Unternehmen
- QR-Code, der zu einer vCard-Datei mit Deinen Kontaktdaten führt
- Firmenslogan oder Claim, der Deine Alleinstellungsmerkmale sowie den Mehrwert Deiner Beratungsleistung transportiert

Dein Claim sollte kurz und prägnant ausfallen. Er hilft Dir, dass sich Dein Gegenüber besser an Dich, Deine Tätigkeit und den damit verbundenen Mehrwert erinnert. Gute Claims sind aus Kundensicht formuliert, heben Deine Positionierung hervor und gehen Hand-in-Hand mit Deinem Elevator Pitch. Wer konsultiert nicht gerne einen ‚Spezialist für IT-Systemanforderungen' oder den ‚Experte für Strategieumsetzung'?

Anwendung

Achte im Joballtag darauf, dass Du ausreichend Visitenkarten dabeihast. Ich selbst deponiere an mehreren Stellen meiner Reise- und Tagesausrüstung sowie im Geschäftswagen kleine Stapel meiner Karten. Auf Tagungen und Messen nutze ich zusätzlich ein schmuckloses Kartenetui. So bleibt das Papier unbeschädigt, die Karten in einem druckfrischen Zustand.

Deine Visitenkarte überreichst Du persönlich, von Angesicht zu Angesicht. Bei Übergabe baust Du eine Beziehung zu Deinem Gegenüber auf, regst gleichzeitig vier seiner fünf menschlichen Sinne an:

- das Fühlen beim Ergreifen der Karte
- das Sehen beim Sichten der Karteninformation
- das Hören Deiner Stimme beim Erhalt der Karte
- das Riechen des charakteristischen Papiergeruchs

Als professioneller Berater nutzt Du die Visitenkarte um Deinen positiven ersten Eindruck zu verstärken. Das Stück Papier dient Deinem Gesprächspartner als Merkhilfe sich an Dich und Dein Wertangebot zu erinnern.

Händige Deine Karte direkt bei der Begrüßung an die Anwesenden aus, beginnend mit der ranghöchsten Person. Schätze das Verteilen Deiner Karten: Du überreichst ein Stück Deines Unternehmens bzw. Deiner Persönlichkeit als Consultant. Visitenkarten sind keine Spielkarten eines Pokerspiels. Andersherum würdigst Du jede erhaltene Visitenkarte mit einem längeren Blick, einem Nicken oder einer kurzen Nachfrage.

Vor- & Nachteile

- Mit Deiner Karte signalisierst Du Deinen Status, Anspruch und Persönlichkeit als Berater.
- Trotz elektronischer Kommunikation und Online Networking, bleibt die Visitenkarte ein wichtiges Element des persönlichen Geschäftslebens.
- Eine Karte in der Hand zu halten, zu begutachten, mit Notizen zu versehen und schließlich wegzustecken ist selbst in digitalen Zeiten durch Nichts zu ersetzen.
- Preislich sprechen wenige Argumente gegen den Einsatz von Visitenkarten. Das Internet bietet zahlreiche Plattformen auf denen Du für unter 100 Euro aus verschiedenen Designs auswählen und Deine Karten individuell

zusammenstellen lassen kannst. Ruck zuck zauberst Du auf diesem Weg einen ansprechenden Werbeträger.

- Bis auf die notwendigen Ressourcen für die Herstellung gibt es eigentlich keine stichhaltigen Argumente gegen die Nutzung von Visitenkarten.

Praxistipps

Tipp 1 – Wertigkeit & Anspruch
Studien zufolge schätzen Menschen haptische Gegenstände höher ein als virtuelle. Spare bei Deiner Visitenkarte daher weder an der Papierqualität noch am Design. Übergebe einen Wert, der Deinen Nutzen als Berater vorwegnimmt.

Tipp 2 – Korrekt & aktuell
Deine Visitenkarte gilt als Dein erstes Arbeitsergebnis. Prüfe noch einmal alle Angaben sorgfältig, bevor Du den Druck des ersten Kartensatzes beauftragst. Halte Deine Karte aktuell. Ändert sich beispielsweise Deine Firmenadresse oder wechselst Du Deine Position, sollten sich diese Infos zeitnah auf Deiner Karte wiederfinden.

Tipp 3 – Nutzenversprechen 2.0
Zusätzlich zum oben angesprochenen Firmenslogan kannst Du Deinem Gegenüber weiterführende Infos anbieten. Am besten durch eine Webadresse oder einen QR-Code, der auf eine Internetseite mit nutzbringendem Material verweist. Profis nutzen dynamische Links, die sich auch nachträglich auf eine andere Webseite lenken lassen. Gelegentlich notiere ich auch mit Kugelschreiber ein Stichwort, Merkhilfe bzw. einen Hinweis auf der Kartenrückseite. Das wirkt für den Empfänger spontan und persönlich.

Tipp 4 – Außergewöhnlich sein
Möchtest Du mit Deiner Visitenkarte angenehm auffallen, lohnt sich der Blick auf ihr Trägermaterial. Mich hat auf einer Absolventenmesse einmal eine Consulting-Firma mit ihrer Kunststoffkarte überrascht. Die Karte war schick gestaltet, hob sich von den gewöhnlichen Papierversionen ab. Auch die Verwendung von umweltfreundlichen Papier (inklusive der Kennzeichnung auf der Karte) sorgt beim Empfänger für ein Aha-Erlebnis. Gleichzeitig hast Du nach Deinem Elevator Pitch ein erstes Gesprächsthema.

Tipp 5 – Jede Zielgruppe ihre Karte
Keiner schreibt vor, dass eine Person nur eine Fassung an Visitenkarten verteilen darf. Hast Du als Berater verschiedene Zielgruppen in unterschiedlichen Branchen, Geschäftseinheiten oder Erdteilen, solltest Du über Kartenvarianten nachdenken. So agierst Du auf einer Karte als ‚Process Advisor', auf der anderen

als ‚Business Analyst' etc.. Deine Karte richtet sich nach dem Empfänger und holt ihn in seinen Worten ab.

Tipp 6 – Das Beste kopieren
Wie viele Visitenkarten werden Dir im Jahr in die Hand gedrückt? Wie viele davon sind attraktiv, außergewöhnlich, vielleicht sogar einprägsam? Weshalb? Prüfe erhaltene Karten auf Besonderheiten, die Du für Deine Karten übernehmen könntest. Warum nicht die Schriftfarbe, das Trägermaterial oder die Struktur auf die zukünftige eigene Karte transferieren?

Lesetipp
Aktuelle Literatur – wie das Buch ‚Logo, Visitenkarten, Flyer & Co' von Claudia Korthaus – gibt wertvolle Tipps bei der Gestaltung von Visitenkarten. Offen lassen diese Bücher den vertrieblichen Umgang mit den kleinen Pappkärtchen.

Zusammenfassung

Sie fungiert als kleine, aber feine Bühne für Dein Consulting Business: die Visitenkarte. Im Consulting ist die Karte eines der wenigen physischen Dinge, die Du an Interessenten weitergibst.

Nutze das verstärkte Papier, um bei potentiellen Neukunden, vielversprechenden Geschäftspartnern und aussichtsreichen Jobkandidaten ein haptisches Memo zu hinterlassen. Versehe die Karte mit einem guten Claim und erinnere Dein Gesprächspartner dadurch an Dich, Deine Leistung sowie Deinen Mehrwert.

Empfehlung & Arbeitsprobe

Das Beratungsprodukt – standardisiert Vertrauen aufbauen

Alle Berater haben das gleiche Problem. Ihre Dienstleistung ist abstrakt, der Mehrwert meist erst nach dem Projektende sichtbar. Abhilfe schaffen da Beratungsprodukte, sogenannte Productized Services. Dies sind standardisierte Consulting Dienstleistung, die der Kunde zum Festpreis von der Stange kaufen kann. Speziell bei Neukunden, die zu Dir erst noch Vertrauen aufbauen müssen, lohnt der Blick auf dieses Akquise Tool.

Kategorie

- Zielgruppe: Neukunden, Bestandskunden
- Phase: Interesse, Beziehung, Bedarf, Angebot, Projekt
- Aufwand: mittel bis hoch
- Wirkungstiefe/-dauer: hoch, mittelfristig

Zweck

Mit einem Beratungsprodukt (engl. Productized Service) verbindest Du die Vorteile eines produktbasierten und eines servicebasierten Werteangebots. Dazu packst Du eine standardisierte Beratungsleistung mit einem festgelegten Ergebnis in ein Produkt und bietest dieses Kunden zu einem fixen Preis zum Direktkauf an. Ein typisches Beratungsprodukt aus dem Alltag ist die Hauptuntersuchung Deines Autos. Prüforganisationen wie in Deutschland der TÜV oder die DEKRA bieten die Auditierungsleistung zum Festpreis an.

Beratungsprodukte eigenen sich gut, um Klienten zu festen Konditionen eine Arbeitsprobe Deines Unternehmens zu geben. Bei für den Kunden überschaubaren finanziellen Einsatz und unternehmerischen Risiko demonstrierst Du Vorgehen, Ergebnisse und Qualität. Beratungsprodukte sind damit in der Angebotspyramide klassische Entwicklungsprodukte. Sie bauen Vertrauen zum Kunden auf, ohne dass Du durch ihren Ertrag reich wirst.

Aufbau

Als fest geschnürtes Service-Bündel erfüllt ein Beratungsprodukt fünf Eigenschaften. Es…

- löst ein **konkretes Kundenproblem**, erledigt eine bestimmte Kundenaufgabe und/oder befriedet einen spezifischen Kundenbedarf.

- basiert auf einem **standardisierten Umsetzungsprozess** mit **konstanter Ergebnisqualität**.
- wird innerhalb eines **definierten** (meist sehr knapp bemessenen) **Zeitrahmens** erbracht.
- ist **skalierbar**, daher einfach auf größere Mengengerüste an Kunden übertragbar.
- wird zum **Festpreis** abgerechnet, wobei dieser häufig zu Beginn des Projektes (anteilig) durch den Kunden beglichen wird.

Im Optimalfall befriedet ein Beratungsprodukt eine dringende und gleichzeitig wiederkehrende Anforderung. Der Kunde ist bereit Geld auszugeben und hat auch die Möglichkeit dies zu tun. So musst Du als Privatanwender im 2-Jahresrythmus die Hauptuntersuchung Deines Autos gesetzlich durchführen. Andernfalls ist das Fahrzeug nicht für den Straßenverkehr zugelassen. Um weiter mobil zu bleiben bist Du gern allzu bereit Geld in die Hand zu nehmen. Gut für TÜV und DEKRA – Du sitzt direkt an der Geldquelle und kannst über die Investition entscheiden.

Anwendung

1. Beratungsleistung finden

Zunächst identifiziert Du eine Beratungsleistung, die sich gut zu einem Produkt verpacken lässt. Hierzu bieten sich verschiedene Ansatzpunkte:

- Analysiere Deine **vergangenen Projekte**. Welche Beratungsleistung haben Kunden immer wieder angefragt? Welche davon kannst Du standardisieren?
- Brainstorme mit **Kollegen** und **Partnern**. Welches Consulting Angebot ließe sich am Markt gut als Produkt platzieren? Wer wäre die Zielgruppe? Wir würdet ihr vorgehen?
- Frage Deine **Kunden**, beispielsweise mittels eines Feedbackbogens oder einer Buyer Persona. Welche wiederkehrenden Aufgaben hat er? Welches Problem stört ihn immer wieder?
- Studiere das Beratungsportfolio des **Wettbewerbs**. Welche Leistungen bietet dieser an? Wie hoch ist der Grad der Individualisierung? Was fehlt dem Angebot?

Häufig entstammt ein Beratungsprodukt einer Service-Nische. Du greifst eine ganz spezifische wichtige Aufgabe einer ganz bestimmten Zielgruppe auf, die (falls möglich) regelmäßig mit einer Lösung erledigt werden muss (1 Zielperson, 1 Problem, 1 Lösung). Anders als eine Full Service Provider, kennst Du die anfallenden Jobroutinen besser, kannst sie oftmals (für Dich) effizienter und (für den Kunden) günstiger erbringen.

2. Umsetzungsprozess definieren

Angenommen Du hast eine Consulting Leistung gefunden, die am Markt auch als Produkt gekauft werden würde. Analysiere die dazu erforderlichen Verkaufs-, Beratungs- und After-Sales-Tätigkeiten, systematisiere sie und definiere anschließend einen Umsetzungsprozess. Dieser ermöglicht Dir wiederkehrend das gleiche Resultat mit gleicher Qualität zu leisten. Ich nutze dazu oft ein SIPOC Diagramm. Dieses fasst Lieferanten, Kunden, Input, Output und Prozess übersichtlich in ein Modell zusammenfasst.

3. Umsetzungsprozess optimieren

Im nächsten Schritt überlegst Du Dir, wie Du den Umsetzungsprozess rationalisierst. Dein Ziel ist der Effizienzzuwachs im Verkauf und Wertschöpfung bei gleichbleibendem Ergebnisumfang und -qualität. Erneut existieren unterschiedliche Ansatzpunkte:

- **Standardisiere** ähnlicher Aktivitäten und Ergebnisse. Welche Fragen stellt ein Kunde wiederkehrenden im Verkaufsprozess? Wie können uns Checklisten die Arbeit vereinfachen? Welche Sonderfälle in den Kernprozessen können eliminiert werden? Welche Strukturen beschleunigen das Vorgehen?
- **Delegiere** an spezialisiertere, effizientere, günstigere etc. Arbeitskräfte. Welche Tätigkeiten können Werkstudenten erledigen? Wie können uns externe Teams aus dem Nearshoring-Bereich helfen? Was kann der Kunde tun? Wer kann im After-Sales unterstützen?
- **Automatisiere** wiederkehrender Aufgaben. Wie können Einführungs-Videos das Onboarding erleichtern? Welche repetitiven Vorgänge kann ein Softwaresystem für uns erledigen? Wo machen Algorithmen weniger Fehler als wir? Für welche Komponenten existieren gängige Systemlösungen?

Definiere zudem Spielregeln, also Prinzipien, die während der Erbringung von Dir und dem Kunden eingehalten werden sollen.

4. Preis definieren

Schätze (bzw. besser teste) die benötigte Zeit für diesen Standardprozess und definiere daraus die gewünschte Lieferzeit. Jetzt ist auch der Zeitpunkt gekommen, einen Preis festzulegen. Orientiere Dich dabei an der Lieferzeit, an den erforderlichen Ressourcen (Infrastruktur, Koordination, Knowhow, Arbeitsaufwand, Material etc.) und am Marktbedarf.

Letztlich geht es um den Wert, den Deine Beratungsleistung beim Kunden generiert. Das kann ein reduziertes Risiko, erhöhter Umsatz, verbesserte Qualität, abgewendete Firmenschließung etc. sein. Nutze quantitative Größen wie beispielsweise Umsatz, Schadensausmaß, Kostenreduktion oder Zeitersparnis.

5. Beratungsprodukt bewerben

Der vorletzte Schritt gehört dem Marketing. Kein Kunde wird Dein Produkt wollen bzw. gar kaufen, wenn er es nicht kennt. Informiere zunächst die Bestandskunden über Dein neues Angebot. Anschließend bewirbst Du das Produkt bei Neukunden. Nutze dazu geeignete weitere Akquise Tools wie beispielsweise den Blogbeitrag, das Webinar oder den Fachvortrag.

Generiere Referenzen, indem Du ein Spezialangebot des noch frischen Beratungsproduktes lancierst. Beispielsweise bietest Du einem Bestandskunden an im nächsten Projekt ebenfalls Dein Produkt kostenneutral zum Einsatz zu bringen. Im Gegenzug bittest Du um Feedback inklusive dessen werblicher Nutzung.

6. Beratungsprodukt testen

Nutze den Input dieser Erstanwender um das Produkt zu verbessern, Referenzen einzusammeln und Case Studies zu verfassen. Verfeinere den Umsetzungsprozess bzw. dessen Kommunikation am Markt.

Beispiele

Was ist nun ein typisches Beratungsprodukt. Dazu drei Beispiele:

- Du bietest Deinen Kunden an, innerhalb von 10 Arbeitstagen ein **abgenommenes Lastenheft** vorzulegen. Dieses enthält alle dokumentierten, abgestimmten und priorisierten Anforderungen der Fachabteilung.
- Du offerierst Deinem Kunden innerhalb von 3 Wochen, einen **interaktiven IT-Prototypen** auf Basis der vorhandenen Systemspezifikation zu entwickeln.
- Dein Steuerberater erledigt Deine **Steuererklärung** zu einem fixen Preis innerhalb von 3 Tagen. Als Input benötigt er alle Nachweise zu Einnahmen und Ausgaben.

Prominente Produktvertreter aus dem Management Consulting sind die 4-Felder BCG Matrix der Boston Consulting Group, das Economic-ValueAdded-Modell (EVA) von Stern Stewart & Co sowie die Gemeinkostenwertanalyse (GWA) von McKinsey. Überhaupt sind Strategieberatungen sehr zielgerichtet darin, ihre Intellektuelles Kapital in Produktform zu verpacken und wirksam zu vermarkten.

Vor- & Nachteile

- Ein Beratungsprodukt lässt sich einfach kommunizieren, für das Marketing nutzen bzw. zur Marke ausbauen.
- Der Angebots- und Preisverhandlungsprozess mit dem Kunden wird auf ein Minimum reduziert.

- Gegenüber dem Wettbewerb kannst Du Dich klar abheben und Dein Expertenstatus für ein Thema untermauern.
- Der Kunde profitiert von der Gewissheit, nach der geplanten Zeitspanne für sein Geld das vereinbarte Ergebnis in der Hand halten zu können.
- Ein Nachverhandeln auf Basis von Änderungsanträgen – wie regelmäßig bei Dienstleistern üblich – entfällt.
- Auch erlaubt ihm ein Beratungsprodukt, die Zusammenarbeit mit den bisher fremden Consultants zu testen.

- Ein Beratungsprodukt ist ein Wandel in der Consulting Mentalität. Statt einen Kundenwunsch mit einer individuellen Lösung nachzukommen, bietest Du Standardleistungen von der Stange. Falls Du – wie ich – jahrelang nach klassischer Manier beraten hast, fällt dieser Modulwechsel nicht leicht. Speziell falls Du beides tust, sowohl Beratungsprodukte als auch -dienstleistungen vertreibst.
- Nicht alle Consulting Services lassen sich zum Produkt schnüren. Insbesondere bei hochgradig Kunden-individuelle Aufgaben ist das Definieren eines robusten und flexiblen Einheitsprozesses, der für viele Kunden passt, nicht möglich.
- Beratungsprodukte können zu verstärkter Reisetätigkeit führen. Du löst ein spezifisches Problem, für welches der Kunde aufgrund der geringen Auftrittsfrequenz keine internen Kräfte bereithält. Kommt es zu keiner Folgebeauftragung ziehst Du mit Deinem Produkt zum nächsten Kunden an einem anderen Standort weiter.
- Durch die Standardisierung der Tätigkeit geht gleichermaßen die Abwechslung verloren. Mag die Umsetzung des Beratungsproduktes für Dich im dritten Durchgang noch spannend sein, spätestens nach 27 Durchläufen wird die Sache langweilig. Deine Lernkurve flacht ab, bis sie schließlich einer Geraden gleicht.
- Ein Beratungsprojekt generiert zunächst Entwicklungsaufwände. Fragen Kunden das Produkt anschließend kaum bzw. überhaupt nicht nach, waren alle Forschungs- und Marketingmühen umsonst.
- Beratungsprodukte veralten in der Regel schneller als eine Spezialisierung auf Fachdomänen oder Methodenbereiche, sind damit für den (ebenfalls modegeprägten) Kunden nicht gleichbleibend interessant.
- Ein Kunde zahlt bei einem Beratungsprodukt anteilig im Voraus. Das ist er nicht gewöhnt. Zudem kann er das Ergebnis wenig bis gar nicht auf seine Bedarfe maßschneidern lassen.

Praxistipps

Tipp 1 – Neuer Mindset
Für viele Firmen sind Beratungsprodukte ein Wechsel in der Geisteshaltung. Statt hochgradig individuell entlang den Bedarfen der Kunden, bietet die Beratung

ihren Klienten nun ein Standardprodukt von der Stange. Diese Zweigleisigkeit zwischen Produkt- und Servicewelt musst Du in vollem Bewusstsein fahren.

Tipp 2 – Cross- & Upselling
Mit einer geschickten Produktzusammenstellung kannst du Serien kreieren. Diese führen den Kunden von einem Produkt zum nächsten, der Klient stapelt also Deine Produkte aufeinander (engl. ‚stacking'). Als Beispiel könntest Du im günstigsten Produkt A eine Analyse eines Problems inklusive erstem Lösungsansatz anbieten. Die eigentliche Umsetzung der Aufgaben aus der Analyse würden dann das darauf aufbauende Produkt B darstellen. Der Kunde hat selbst in der Hand, ob er Produkt B intern umsetzt oder Dich erneut beauftragt. Insbesondere wo Du bereits das Problem im Rahmen von Produkt A analysiert hast und mit den internen Kundenpersonen und -prozessen vertraut bist.

Tipp 3 – Systematisch erweitern
Starte mit Deinem Beratungsprodukt zu Beginn sehr schmal. Statt einer Software für Kalkulation, nutzt Du Excel. Statt einem aufwendigen Onboarding Video, zeigst Du eine kleine Folien-Präsentation. Statt einer schicken Smartphone App, teilst Du Checklisten auf einem DIN-A4-Blatt aus. Starte smart, ohne viel Geld in das Produkt zu investieren. Steigt die Nachfrage an, baust Du aus, investierst in zusätzliche Elemente und automatisierst die Erbringung.

Tipp 4 – Doppelte Zufriedenheit
Generell zielen Beratungsprodukte darauf ab, dem Kunden in überschaubarer Zeit ein gewünschtes Ergebnis zum Festpreis zu liefern. Der Fokus liegt auf dem Resultat, nicht der Vorgehensweise. Oder anders ausgedrückt: Der Kunde möchte den Fisch und nicht das zum Angeln notwendige Wissen. In meiner Beratungspraxis zeigt sich jedoch regelmäßig, dass Kunden auch an der Methodik interessiert sind. Beziehe daher den Kunden an definierten Stellen mit in den Erstellungsprozess ein. Er erhält auf diese Weise nicht nur den Fisch, sondern lernt auch etwas zum Vorgehen. Die Folge: doppelte Zufriedenheit.

Tipp 5 – Behutsame Individualisierung
Ein Beratungsprodukt ist eine standardisierte Consulting Dienstleistung. Kristallisieren sich mit der Zeit wiederkehrende kundenindividuelle Anpassungen heraus, kannst Du überlegen Variationsformen anzubieten. Bedenke aber, dass mit jedem zusätzlichen Variabilitätspunkt auch Dein Aufwand in der Erbringung steigt. Wäge gründlich ab, welche Sonderwünsche Du zulässt.

Tipp 6 – Überlegene Ergänzung
Eine weitere Form der Erweiterung eines Beratungsproduktes sind Ergänzungen, neudeutsch Add-ons. Dazu bietest Du Zusatzleistungen zu Deinem Basisprodukt an, die der Kunde einfach hinzubuchen kann. Das kann beispielsweise das grobe Prozess- und Datenmodell im Lastenheft oder die 10 weiteren User Stories für

den Prototyp sein. Erneut gilt: überlege genau, bis zu welcher Varianz Du mit Deinem Standardangebot gehen möchtest.

Tipp 7 – Überzeugendes Demoprodukt
Nutze den Vorteil, den ein konkretes Produkt gegenüber einem abstrakten Consulting Service besitzt: bereits vor dem Kauf, kann der Kunde das Ergebnis erleben. Präsentiere ihm dazu ein Demoprodukt. Je plastischer und näher am Anwendungsfall des Kunden, desto besser. Interaktion und Erlebnis zählen. Folien und Dokumente kennt der Kunde zu Genüge.

Tipp 8 – Einführung auf Augenhöhe
Eine gute Möglichkeit ein Beratungsprodukt bei einem Kunden einzuführen ist ein vorgeschalteter Fragebogen. Bei Einführung der standardisierten Dienstleistung stellst Du 5-10 Standardfragen. Diese helfen Dir, das Produkt zu dimensionieren und zum Kunden Vertrauen herzustellen. Du agierst als Partner, nicht als Verkäufer.

Lesetipp
Der Systemingenieur Maik Pfingsten beschäftigt sich ausführlich mit dem Thema Beratungsprodukte. Pfingsten nutzt sein Angebot ‚Lastenhefte schreiben in 10 Tagen' dabei nicht als Einstiegsprodukt, sondern als unternehmerisch lukrativen Ertragsbringer. Im Podcast 128 auf www.maikpfingsten.de geht er die Entwicklung eines Beratungsproduktes ein.

Zusammenfassung

Bei einem Beratungsprodukt steht eine zum Festpreis angeboten Service-Leistung im Zentrum. Diese nimmt dem Kunden eine klar definierte Aufgabe ab bzw. löst ein spezielles Problem. Nutze Beratungsprodukte, um gegen (moderate) Bezahlung eine Vertrauensbasis zum Kunden aufzubauen. Ist dieser mit dem gelieferten Produkt zufrieden, wird er Dich im Rahmen von Anschlussprojekten für individuelle Consulting Aufträge nach klassischer Manier heranziehen.

Die Case Study – das Erfolgsprojekt für immer konservieren

Kurzes Gedankenspiel: Stelle Dir vor Du brichst Dir bei einer Trekking-Tour in den südamerikanischen Anden Dein rechtes Bein. Die örtliche Bergwacht bringt Dich ins nahegelegene Dorfkrankenhaus und kurz nach Deiner Ankunft erscheint ein Arzt. In schlechtem Englisch gibt dieser vor, sich mit Knochenbrüchen auszukennen. Würdest Du ihm trauen? Anders gefragt: unter welcher Bedingung würdest Du ihm trauen? Dein Vertrauen würde sicherlich wachsen, wenn der Arzt Dir glaubhaft nachweist, bereits viele Patienten erfolgreich operiert zu haben. Auch Consultants müssen erst das Vertrauen eines Kunden gewinnen, bevor sie dessen ‚Knochenbrüch' beheben können. Ein Tool zur Vertrauensbildung ist die Case Study – die Verschriftlichung eines optimal verlaufenen Beratungsprojekts.

Kategorie

- Zielgruppe: Neukunden
- Phase: Interesse
- Aufwand: mittel
- Wirkungstiefe/-dauer: gering bis mittel, kurzfristig

Zweck

Eine Case Study – auch Fallstudie, Referenzkundenstudie oder Success Story genannt – ist die schriftliche Zusammenfassung eines erfolgreichen Beratungsprojekts. Mit ihr präsentierst Du Deine Arbeit und insbesondere den mit ihr verbundenen Mehrwert für einen Kunden.

Statt nur von Deinen Leistungen, Kompetenzen und Erfahrungen zu berichten, wirst Du konkret. Mit welchen Kunden arbeitest Du? In welcher Situation befinden sich diese, wenn sie Deine Hilfe suchen? Wo steckt Dein Mehrwert? Eine Case Study beantwortet alle diese Fragen anhand eines konkreten Fallbeispiels mit einem Referenzkunden.

Aufbau

Verfasse eine Case Study immer aus der Sicht Deiner Kunden. Verwende dazu die branchentypischen Fachbegriffe, Referenzkonzepte, Trends, Befürchtungen etc. der Zielgruppe.

Ein zweiter Aspekt betrifft die Länge des Cases. Ich habe in den vergangenen Jahren mehre Fallstudien für Erfolgsprojekte geschrieben und mich bei diesen Zusammenfassungen immer sehr knapp gehalten. Nur die wenigsten Entscheider haben die Zeit und Muße ellenlange Romane zu lesen. Bringe daher die zentrale Botschaft auf einer, maximal zwei DIN-A4 Seiten unter.

Neben der Konzentration aufs Wesentliche sollte Deine Case Study visuell ansprechend gestaltet sein. Dem Leser muss es Spaß machen in die Fallstudie ‚hineinzuschnuppern'. Nutze ein schickes Design (zum Beispiel zweispaltig), ansprechende Logos und hochauflösende Abbildungen.

Eine gute Fallstudie besteht aus fünf Abschnitten:

Bereits im **Titel** und der 2-3 Sätze umfassenden **Einführung** motivierst Du das Thema und lädst einen Interessenten zur Lektüre ein.

Im anschließenden **Problem** stellst Du den Beratungskunden vor. In welcher Situation befand sich dieser vor dem Projekt? Wie gestalteten sich die Rahmenbedingungen? Worin bestand genau die Herausforderung. Gerne kannst Du an dieser Stelle Studien und Statistiken zitieren, die die Relevanz des Themas für den Beratungsklienten und vergleichbare Unternehmen untermauern. Gehe auch darauf ein, welche Schritte Dein Kunde bereits unternommen hatte, bevor Du als Consultant um Unterstützung gebeten wurdest.

Im Abschnitt **Vorgehen** schilderst Du in knappen Worten Euren gemeinsamen Lösungsweg. Welche Aspekte habt ihr bei der Analyse berücksichtigt? Warum habt ihr Euch für einen bestimmten Umsetzungsweg entschieden? Was war Euch bei der Implementierung besonders wichtig? Gerne kannst Du ebenfalls Rückschläge und Hindernisse einflechten und zeigen, wie diese von Euch in enger Zusammenarbeit überwunden wurden. Das schafft Authentizität.

Im vierten Abschnitt **Ergebnis** zeigst Du die positiven Konsequenzen des Projektes für Deinen Kunden auf. Sei hier so spezifisch wie möglich. Beispielsweise indem Du Kennzahlen heranziehst und mit ihnen quantitativ das Vorher und Nachher vergleichst. Kläre hier der weiteren Fragen wie: Welche neu generierten Potentiale ergaben sich für den Kunden? Inwieweit konnten Anforderungen nicht nur erfüllt, sondern auch übertroffen werden? Was waren die wichtigsten Erkenntnisse, die größte Wirkung für den Kunden?

Schließlich fasst Du im **Fazit** noch einmal Problem, Vorgehen und Ergebnis sowie den damit verbundenen Mehrwert zusammen. Falls bereits feststehend, kannst Du auch die nächsten Schritte nennen. Dies signalisiert, dass der Kunde zufrieden mit Deiner Leistung war und auch in Folgeprojekten mit Dir zusammenarbeiten möchte.

Unter dem Fazit hältst Du farblich hervorgehoben eine **Einladung zur Kontaktaufnahme** auf. Neben Deinen Kontaktdaten versprichst Du hier dem

Leser Mehrwert. Zum Beispiel kannst Du ein konkretes Infopaket in Aussicht stellen, welches das detaillierte Vorgehensmodell, essentielle Checklisten und die Lessons Learned beinhaltet.

Anwendung

Eine Case Study schreibst Du am Ende eines Projektes nachdem die Leistung erbracht wurde und Dein Kunde Zufriedenheit über Dein Wirken geäußert hat.

1. Vorbereiten
Teile dem Kunden mit, dass Du gerne auf Basis Eures positiv verlaufenen Projektes eine Fallstudie verfassen würdest. Wenn er etwas Zeit mitbringt und Interesse an einem gemeinsamen Case hat, kannst Du ihn auch enger einbinden und ein Interview durchführen. Frage unbedingt nach, ob Du ihn und sein Unternehmen zitieren darfst. Alternativ anonymisiert Du Organisation und Kunde.

2. Redigieren
Verfasse die Case Study auf Grundlage der Projektunterlagen. Vermeide zu tief ins Detail zu gehen. Wichtiger sind ein breiter Überblick mit für den Leser relevanten Fragestellungen und Lösungsstrategien. Fertige ich eine Case Study an, dann konzentriere ich mich zunächst nur auf den Text. Steht dieser, widme ich mich Layout, Struktur und Abbildungen.

3. Abstimmen
Falls Du die Klarnamen von Deinem Kunden und seinem Unternehmen verwendest, stimme das Papier vor der Publikation unbedingt mit ihm ab. Niemand möchte, dass unkontrolliert interne (bzw. gar falsche) Informationen in die Welt gelangen. Frage im Zweifelsfall doppelt nach und setze auf keinen Fall die bestehende Kundenbeziehung durch eine Case Study aufs Spiel.

4. Kommunizieren
Verbreite die Case Study, beispielsweise auf Deiner Unternehmenswebseite oder im Newsletter, auf Messen und in sozialen Netzwerken. Auch Jahre später kannst Du das Papier noch wirkungsvoll einsetzen.

Vor- & Nachteile

- Eine Case Study hält Deinen konkreten Mehrwert für Kunden auf Papier fest.
- Statt Dich bei Gesprächen mit potentiellen Neukunden nur auf Deine Ausführungen zu stützen, ist eine Fallstudie ein fassbarer Beleg für Dein Nutzen Deiner Leistung. Und ein erster Arbeitsnachweis für Deine Ergebnisqualität.

- Eine schlechte Case Study kann Deine Glaubwürdigkeit untergraben. Statt beim Interessenten mit einer positiven Außendarstellung zu punkten, richtet ein unprofessionell verfasster Case Schaden an.
- Das Redigieren einer guten Case Study kostet Zeit. Rechne mindestens mit einem halben Arbeitstag, vorausgesetzt alle Daten liegen aufbereitet vor.

Praxistipps

Tipp 1 – Fokus auf (Mehr-)Wert
Bewusst vermeide ich den Begriff Success Story für die Case Study. Eine Fallstudie ist keine Lobhudelei auf Deine Beratungsleistung. Anhand eines Fallbeispiels transportiert die Studie Deinen Nutzen für ein konkretes Kundenproblem.

Tipp 2 – Eingebauter Blickfänger
Eine Abbildung zieht die Aufmerksamkeit von Lesern an. Auch Du solltest Deiner Case Study ein Schaubild spendieren. Geeignet sind im Projekt eingesetzte Referenzmodelle oder Kernmethoden. Spare die Details aus und zeige stattdessen nur den schematischen Rahmen.

Tipp 3 – Authentizität durch Zitate
Falls Dein Kunde einverstanden ist, solltest Du seine Aussagen als Zitate in den Case einstreuen. Erneut hebt das Deine Glaubwürdigkeit.

Tipp 4 – Messung von Interesse
Liest Deine Case Study überhaupt jemand? Und falls ja, wer und wie lange. Stelle Deine Fallstudie online und messe mit Werkzeugen wie Google Analytics nach.

Tipp 5 – Maximaler Lesegenuss
Überlege Dir, wer Deine Case Study in welcher Situation liest. Und richte daraufhin das Dokument aus. Nur die wenigsten Kunden ergötzen sich an langatmigen Vorgehensbeschreibungen und komplizierten Einzelbeschreibungen. Versehe Deine Fallstudie vielmehr mit aussagekräftigen Beispielen, bildgewaltigen Metaphern und einer branchentypischen Sprache.

Zusammenfassung

Eine Case Study ist ein prima Tool um bei potentiellen Neukunden anhand eines plastischen Projektbeispiels den Mehrwert der eigenen Beratungsleistung zu demonstrieren. Anhand eines erfolgreichen Falls zeigst Du, wie Du vorgehst und was Dich von anderen Beratungen unterscheidet. Einmal geschrieben, lässt sich die Studie auch Jahre nach dem erfolgreich verlaufenen Projekt als Arbeitsbeleg nutzen. Zudem sichert sie zentrale Erfahrungen und Erkenntnisse, fungiert damit unternehmensintern als Wissensmanagement-Baustein.

Die Empfehlung – den Kunden zum Vertriebspartner machen

Du findest sie im Abo-Teil Deiner Zeitschriften, an den Eingangstresen Deines Fitnessstudios und in den Informationsschreiben Deiner Hausbank: die Empfehlungen. Unternehmen honorieren, wenn Du ihre Angebote an Deine Freunde und Bekannten weiterempfiehlst. Die Logik dahinter ist klar: Ein empfohlener Neukunde lässt sich sehr günstig akquirieren. Er bleibt dem Angebot länger treu, da er es mit dem Empfehlenden in Verbindung bringt. Auch im Consulting lohnt es sich, auf Empfehlungen zu setzen.

Kategorie

- Zielgruppe: Neukunden
- Phase: Interesse, Beziehung
- Aufwand: gering
- Wirkungstiefe/-dauer: gering bis hoch, kurz- bis langfristig

Zweck

Bei einer Empfehlung unterstützt Dich ein Bestandskunde in der Akquise. Dazu äußert er sich gegenüber einem ihm bekannten Kollegen positiv über Deine Beratungsleistung. Im besten Fall veranlasst dieses Kompliment seinen Kollegen, Dich für ein Consulting Projekt zu engagieren. Aus einer Empfehlung wird ein Neukunde.

Dein Bestandskunde spricht eine Empfehlung natürlich nur dann aus, wenn er mit Deiner Arbeitsweise und Ergebnissen zufrieden war und der Meinung ist, andere Personen sollten ebenfalls von Deiner Dienstleistung profitieren. Er erhofft sich Anerkennung und Respekt von seinem Kontakt. In jedem Fall möchte er das Risiko einer Enttäuschung für eine falsche Empfehlung vermeiden.

Eine Empfehlung ist damit kein Gefallen. Vielmehr schaffen Dein Bestandskunde und Du gemeinsam eine ‚Win-Win-Win' Situation.

- Der **Neukunde** profitiert von dem Nutzen Deiner Beratungsleistung.
- Dein **Bestandskunde** hat dem Neukunden durch die Weiterempfehlung eines guten Beraters einen Gefallen getan.
- **Du** profitierst von einem neuen Klienten mit zusätzlichem Projektgeschäft sowie einem zufriedenen Bestandskunden.

Im beruflichen und privaten Leben gehören Empfehlungen übrigens zum Standard. Wen konsultierst Du, wenn Du in einer fremden Stadt ein Hotel buchst, im Urlaub Ausgehen möchtest oder Du einen Handwerker zur

Renovierung Deiner Büroräume benötigst? Auch in der digitalen Welt haben sich Empfehlungen und Rezensionen in den eCommerce Shops und auf den Online-Plattformen durchgesetzt.

Aufbau

Kunden sind (fast) immer in Netzwerken organisiert. Man kennt sich. Bei einer Empfehlung im Consulting gilt: je persönlicher, desto besser. Eine E-Mail zwischen Bestands- und Neukunde ist gut. Ein Telefonat besser. Ein persönlicher Austausch am besten. Ein Neukunde steht Dir offener gegenüber, wenn der Bestandskunde sich die Zeit nimmt, Dich im direkten Gespräch weiterzuempfehlen. Lädt er Dich zu diesem Treffen mit ein – stellt Dich also persönlich seinem Bekannten vor – ist dies der Optimalfall.

Die Nachbarabteilungen Deines Bestandskunden sind die unmittelbarsten Adressaten für eine Weiterempfehlungen. Doch sind diese direkten Kollegen nicht die einzigen Beziehungen Deines aktuellen Klienten. Er kann Dich gleichermaßen an seine

- Vorgesetzte und Mitarbeiter,
- Lieferanten und Kunden,
- Kollegen in Mutter- und Tochterorganisationen,
- Freunde und Bekannte anderer Unternehmen sowie
- Kontakte aus Industrieverbänden und Interessensgruppen

weiterempfehlen. Im Prinzip kommt das vollständige Kontaktnetzwerk Deines Bestandskunden in Frage. Die drei Voraussetzungen sind, dass der Neukunde mit Deinem Bestandskunden in guter Beziehung steht, Du ein Problem für den Neukunden lösen kannst und dieser über ein Beratungsbudget entscheiden darf.

Anwendung

Beratungskunden kommen selten allein auf die Ideen eine Empfehlung in ihrem Netzwerk auszusprechen. Vielmehr musst Du diese etwas nachhelfen und sie in die richtige Richtung stoßen.

Bitte dazu einfach zu Beginn eines Beratungsprojekts direkt nach Deiner Beauftragung den Bestandskunden bei Erfolg Eures Engagements drei Empfehlungen an relevante Personen auszusprechen. Zwei passende Sätze dazu:

„Lieber Kunde, wie Sie wissen lebt mein Unternehmen von Kundenempfehlungen. Vor dem Hintergrund des Erfolgs unseres gemeinsamen Projektes: wie denken Sie darüber, wenn Sie mich am Ende unseres Engagements an drei Kollegen

weiterempfehlen, die ebenfalls Nutzen aus meiner Beratungsleistung ziehen können?"

„Sehr geehrter Kunde, wenn Sie jetzt in Gedanken in Ihrem professionellen Netzwerk unterwegs sind, wer hat aktuell ein ähnliches Problem wie Sie und könnte unsere Beratungsunterstützung gebrauchen? Vielleicht fallen Ihnen 1-2 Menschen aus Umfeld ein, die mit ähnlicher Situation kämpfen."

Wichtig ist der Verweis auf den Erfolg des laufenden Projektes (Satz 1) bzw. die Konzentration auf das Problem, statt der Lösung (Satz 2). Der Kunde erfährt damit, dass Dir sein Erfolg am Herzen liegt und Deine Lösungen kundenspezifisch ausfallen. Zudem solltest Du die Frage offen stellen. Das regt das Nachdenken an.

Im letzten Drittel Eures Beratungsprojektes – also sobald Deine Arbeit im Kundensinne Früchte trägt und eine Weiterbeauftragung durch den Bestandskunden unwahrscheinlich erscheint – erinnerst Du Deinen Klienten an die Abmachung. Nicht zwischen Tür und Angel, sondern ruhig und konzentriert in einem Meeting. Nützlich dabei erneut zwei Sätze:

„Lieber Kunde, ich freue mich über den Mehrwert, den das Projekt bisher für Sie und Ihre Abteilung schaffen konnte. Wie zu Beginn vereinbart, bitte ich Sie mir drei Empfehlungen an Kollegen auszusprechen, welche ebenfalls von meiner Arbeit profitieren können."

„Herr Kunde, in den letzten Monaten haben wir Ihrer Organisation mit XY geholfen. Wer aus Ihrem Kontaktkreis könnte ebenfalls Nutzen aus unserer Zusammenarbeit ziehen?"

Fertig, aus. Das kostet vielleicht etwas Überwindung. Bei einem guten Consulting Ergebnis brauchst Du jedoch nichts zu befürchten.

Vor- & Nachteile

- Hast Du die Ansprache an den Bestandskunden erst einmal eingeübt, sind Empfehlungen ein effektives Werkzeug zur Gewinnung von neuen Klienten.
- Mit geringem finanziellem und zeitlichem Aufwand hangelst Du Dich im Netzwerk Deiner bestehenden Kundschaft zum Folgekunden weiter.
- Dir die kommt die existierende Beziehung zwischen beiden Kunden zupass. Erwarte, dass der neue Auftraggeber ähnlich tickt wie Dein bestehender Klient.
- Voraussetzungen für eine Empfehlung sind gut vernetzte Bestandskunden, eine empfehlenswerte Beratungsleistung sowie Neukunden, die sich mit ähnlichen Problemen auseinandersetzen.

- Die Anfrage nach aktiven Empfehlungen ist nicht jedermanns Sache. Mir fiel es zu Beginn schwer, einen Bestandskunden auf eine Empfehlung anzusprechen. Der Prozess kostet mich einiges an Überwindung, was vielleicht daran lag, dass ich als Consultant gerne helfe, mir jedoch nicht gerne helfen lasse.

Praxistipps

Tipp 1 – Empfehlung Light
Ein Bestandskunde geht mit einer Empfehlung ein Risiko ein. Leistet der Berater beim Neukunden schlecht, leidet die Kunden-Kunden-Beziehung. Bist Du Dir nicht sicher, ob Dein Klient das Risiko eingehen möchte, schlage ihm vor seinen Kontakt an eines Deiner Kennenlernbausteine Deiner Angebotspyramide zu empfehlen. Das kann ein Webinar oder ein Event Deiner Austauschplattform sein. Die Gefahr einer Falschempfehlung sinkt für Deinen Bestandskunden und damit seine Hemmungen sich für Dich einzusetzen.

Tipp 2 – Zurückgeben
Warum immer nur empfehlen lassen? Insbesondere in großen Konzernen weiß oft die eine Hand nicht, was die andere genau tut. Bringe Bestandskunden untereinander in Kontakt, indem Du selbst Empfehlungen ausprichst. Ich habe noch keinen Kunden erlebt, der sich darüber beklagt hat, dass ich ihn mit einem hilfreichen Kollegen am anderen Ende des Unternehmens zusammengebracht habe. Kunden merken sich Deine Empfehlungen und geben Dir zu einem späteren Zeitpunkt zurück.

Tipp 3 – Keine bezahlten Empfehlungen
Speziell im eCommerce ist das sogenannte ‚Affiliate' Geschäftsmodell üblich: bei Vermittlung eines Auftrags erhält der Vermittler zwischen 5 bis 10 Prozent des Umsatzes als Provision. Im Consulting halte ich solche Praktiken für unseriös. Der Bestandskunde und Empfehler soll Dich nicht wegen einer Provision, sondern aufgrund seiner guten Absichten gegenüber dem Neukunden und Dir weiterleiten.

Lesetipp
In seinem englischsprachigen Buch ‚The Consulting Bible' geht Alan Weiss ausführlich auf das Vertriebsinstrument ‚Empfehlung' ein. Gerade kleine Beratungen und Einzelkämpfer finden in dem Buch des US-Amerikaners zahlreiche Anregungen für ihr Marketing und Vertrieb.

Zusammenfassung

Keine Zeit. Bereits zu 100 Prozent mit Projekten ausgelastet. Das weckt zu sehr den Anschein nach Vertrieb. Der Kunde ist aktuell schwierig. Das ist nicht

Datenschutzkonform. Der Kunde hat keine relevanten Kontakte. Ausreden, beim Bestandskunden keine Empfehlung einzuholen, gibt es viele. Doch zählen diese wirklich? Mache im nächsten Beratungsprojekt Deinen Bestandskunden zu Deinem Akquisepartner und spreche ihn auf drei Empfehlungen an relevante Kontakte an. Im schlechtesten Fall erhältst Du eine Absage. Im besten Fall drei Neukunden. Der Berateralltag steht vor Entscheidungen, die ungemein schwerer fallen.

Das Kontaktnetzwerk – auf die eigenen Verbindungen setzen

Jedem von uns ist es in seiner Beraterlaufbahn schon mindestens einmal passiert: urplötzlich und extrem kurzfristig sagt der Kunde das angekündigte Großprojekt ab. Aktuell, so seine neue Argumentation, sieht er leider keinen Bedarf für externe Kräfte. Auch die Beraterkollegen und Geschäftspartner benötigen momentan keine personelle Verstärkung. Kein Projekt, kein Honorar, viel Zeit. Um möglichst schnell und auf direktem Weg wieder ins bezahlte Consulting zu gelangen gilt es, Dein persönliches Kontaktnetzwerk zu mobilisieren.

Kategorie

- Zielgruppe: Neukunden, Bestandskunden
- Phase: Interesse
- Aufwand: gering
- Wirkungstiefe/-dauer: gering bis mittel, langfristig

Zweck

Die Grundidee dieses Consulting Akquise Tools ist einfach aber effektiv: Du hast mehr persönliche Kontakte, als Du zunächst annimmst. Beziehst Du dann noch die Kontakte zweiten Grades – also die Kontakte Deiner Kontakte – mit ein, kommt eine stattliche Zahl von Akquiseunterstützern zusammen. Auch wenn Dir nur ein Bruchteil dieser Personen mit einem direkten Folgekunden bzw. Anschlussprojekt weiterhelfen kann, so erhältst Du vom Großteil zumindest einen Tipp, eine Idee oder einen Verweis auf potentielle Möglichkeiten.

Statt Dich also über Personal-Vermittler, digitalen Consulting Plattformen oder Partnerunternehmen zu mittelmäßigen Konditionen unterbeauftragen zu lassen bzw. eine kraftraubende Kaltakquise zu lancieren, wendest Du Dich an Dein Netzwerk und profitierst von dessen Substanz und Reichweite.

Aufbau

Bevor Du mit hohem Aktionismus jede Person aus Deinem Adressbuch anrufst oder alle Kontakte Deines Online Netzwerk anschreibst, solltest Du zuvor Deine Bekannten mittels zwei Fragen qualifizieren.

- Wie gut ist meine **Beziehung** zu dieser Person?
- Wie hoch ist die **Wahrscheinlichkeit**, dass mir diese Person unmittelbar mit einem Folgeengagement helfen kann?

Nutze die Fragen zur Klassifikation Deiner Kontakte aus den verschiedenen Beziehungskreisen. Relevante Zirkel sind zum Beispiel:

- **Vorgesetzte** und **Kollegen** aus Deinem Bereich und Nachbereichen
- **Bestandskunden** und deren angrenzende Fachbereiche
- **Geschäftspartner** in Projektabwicklung, Marketing und Training
- Engere und weitere **Familie**
- **Bekannte** und **Freunde**
- **Sportpartner**, **Vereinskameraden** und **Freizeitbekanntschaften**
- Ehemalige **Schulkameraden**, **Kommilitonen** und **Weiterbildungspartner**

Verwende eine 4-Felder Matrix mit den beiden Achsen ‚Beziehungsniveau zur Person' (gering, hoch) und ‚Wahrscheinlichkeit für einen Auftrag' (gering, hoch) und sortiere jeden Kontakt entlang der beiden Dimensionen. Diese Übung kannst Du jederzeit vornehmen, insbesondere dann, wenn Du noch im laufenden Beratungsprojekt bist.

Anwendung

Moment! Greife jetzt noch nicht zum Telefonhörer um Dein Netzwerk anzuzapfen. Erledige zuvor Deine Hausaufgaben. Im Einzelnen:

- Bringe Dein **Beraterprofil** und die **Unternehmenspräsentation** auf den aktuellen Stand.
- Reaktiviere Deinen **Elevator Pitch** und präzisiere diesen bei Bedarf.
- Verfasse zwei **Case Studies** aus den vergangenen beiden Projekten.
- Lanciere ein bis zwei **Fachartikel** (zumindest zwei **Blogbeiträge**) mit Stoff aus Deinen zurückliegenden Engagements.
- Skizziere Ideen für einen **Fachvortrag**.

Die Beschäftigung mit den Projektinhalten und Dir selbst hilft bei den anstehenden Gesprächen.

Starte bei der Kontaktaufnahme mit Deinen vielversprechendsten Verbindungen – alle Personen, zu denen Du eine gute Beziehung pflegst und die Dir mit hoher Sicherheit mit einem Beratungsprojekt weiterhelfen können. Fokussiere Dich zunächst auf Kontakte mit Deinem Branchenhintergrund, Dir vertrauten Aufgabenfeldern, Deinem Wohnort. Erweitere das Netzwerk dann systematisch. Frage auch nach den direkten Kontakten Deiner Kontakte. *„Wer kennt wen, der einen Top-Berater sucht?"* lautet Deine abschließende Frage.

Je persönlicher der Weg der Kontaktaufnahme desto besser. Warum nicht ein Treffen zur Mittagszeit oder nach Feierabend? Bei Freunden, Bekannten und Verwandten kannst Du auch die Wochenenden nutzen. Alternativ meldest Du

Dich zu Zeiten, an denen Dein Kontakt gut erreichbar ist und auf Deine Anfrage eingehen kann. Falls Du telefonisch keinen erreichst, bittest Du per E-Mail um einen kurzen Rückruf.

Tritt bei Deinen Gesprächen nicht als Bittsteller, sondern als professioneller Consultant auf. Du möchtest Kundenunternehmen unterstützen, in Schlüsselprojekten einen Mehrwert liefern. Auch Deine Kontakte stehen möglicherweise vor Herausforderungen. Versetze Dich in ihre Lage. Stelle Fragen und höre zu. Vielleicht könnt ihr Euch gegenseitig mit Anregungen, Hinweisen oder kleinen Gefallen weiterbringen. Auch entnimmst Du den Gesprächen, welche Fragen die Geschäftswelt derzeit umtreiben.

Vor- & Nachteile

- Die Neukundengewinnung über das eigene Kontaktnetzwerk ist vielleicht der schnellste Weg um in ein neues Beratungsprojekt zu gelangen. Innerhalb von zwei Tagen hast Du den Großteil Deiner Kontakte abtelefoniert.
- Auch wenn am Ende dieser Aktion nicht immer sofort ein neuer Auftrag winkt, so erhältst Du doch zumindest Ideen, Impulse sowie neue Kontaktvorschläge für die nächsten Schritte.
- Zudem konntest Du die bestehenden Beziehungen positiv bestätigen.

- Auch das größte Kontaktnetzwerk hat sich irgendwann einmal erschöpft. Manchmal können Dir Deine Bekannten auch nicht weiterhelfen. Berätst Du bereits einige Jahre in einem Themenfeld, sollte die Wahrscheinlichkeit jedoch hoch sein, dass einer Deiner Kontakte Dir als Experten weiterhelfen kann.

Praxistipps

Tipp 1 – Je wärmer, desto besser
Keiner mag es, nur dann kontaktiert zu werden, wenn er ein Gefallen leisten kann. Halte daher Dein Kontaktnetzwerk warm, speziell während guten Auftragszeiten. Verschicke <u>Neujahrskarten</u>, treffe Dich zum Essen, versende Lesetipps etc.. Immer entlang der Interessen und Bedürfnissen der Kontaktperson. Brauchst Du dann Hilfe, greift das Prinzip der Reziprozität – Dein Kontakt fühlt sich verpflichtet Dir einen Gefallen zurückzugeben.

Tipp 2 – Je größer, desto besser
Consulting ist People Business. Baue Dir mit den Beratungsjahren ein umfangreiches und belastbares Netzwerk aus verlässlichen Mitstreitern auf. Von einer Beziehung sollten beide Partner profitieren. Je regelmäßiger und umfassender, desto besser. Ich halte wenig von Social Media Verbindungen, die nur Online, nicht aber in der realen Welt Bestand haben. Teste Dein Netzwerk

regelmäßig und gib immer mehr, als Du in Anspruch nimmst. Baue zudem Brücken zwischen Deinen Kontakten. Allen Nicht-Kunden, denen Du heute etwas Gutes tust, können morgen zu zahlenden Klienten werden.

Tipp 3 – Vorbereitete Kontaktaufnahme
Es ist viel einfacher Personen zu kontaktieren, wenn Du bereits Unterlagen mit Ideen, Ansätzen und Modellen in der Hand hältst. Gut schlägt perfekt. Du musst mit Deinem präparierten Material keine Pulitzer- oder Nobelpreise gewinnen. Überlege Dir auch, welche Dokumente Deine Kontaktperson interessieren könnten.

Tipp 4 – Kein Projekt, viel Zeit
Nutze die projektfreie Zeit für interne Aktivitäten. Treibe Dein Marketing voran und tüftle an Deinen mittelfristigen Consulting Akquise Tools. Das kann die Konzeption eines Webinars sein, die Entwicklung eines Beratungsprodukte, das Schreiben mehrerer Newsletter etc..

Lesetipp
Zum Thema Vitamin B und Kontaktpflege kann ich Dir das Buch ‚Geh nie alleine essen!: Und andere Geheimnisse rund um Networking und Erfolg' von Keith Ferrazzi empfehlen. Speziell aus dem ersten Drittel des Buches habe ich sehr viel zum Networking mitnehmen können.

Zusammenfassung

Laut dem ‚Kleine-Welt-Phänomen' von Stanley Milgram, ist jeder Mensch auf der Welt mit jedem anderen über eine überraschend kurze Kette von Bekanntschaftsbeziehungen verbunden. Konkret bedeutet das: über maximal sechs Personen kennst Du jeden Entscheider und Budgetverantwortlichen jeder beliebigen Firma auf dieser Erde!

Nutze Dein Kontaktnetzwerk für die kurzfristige Kundengewinnung. Kombiniere das Tool mit anderen Akquisemaßnahmen wie Webinar, Abendveranstaltung oder Austauschplattform und erhöhe damit dessen Erfolgsquote. Happy Networking!

Das pro bono Consulting – eine wertige Probe gratis abgeben

Du kennst das Prinzip von Deinen Business Flügen. Beim Einsteigen in die Maschine überreicht Dir die Stewardess mit einem Lächeln im Gesicht eine druckfrische Zeitung. Gratis. Während des Flugs erhältst Du als kleinen Bonus einen leckeren Schoko-Keks. Auch kostenfrei. Am Zielort angekommen drückt Dir der Flugbegleiter einen 10-Euro Taxi Gutschein in die Hand. Natürlich ebenfalls unentgeltlich. Warum verschenken Unternehmen ihre Produkte und Dienstleistungen ohne dafür eine Gegenleistung haben zu wollen? Natürlich! Um Dich mit einer Kostprobe für ihre Angebote zu gewinnen. Das Gleiche kannst Du übrigens mit Beratung tun. Das Stichwort: pro bono Consulting.

Kategorie

- Zielgruppe: Neukunden
- Phase: Interesse, Beziehung
- Aufwand: mittel
- Wirkungstiefe/-dauer: mittel bis hoch, mittel- bis langfristig

Zweck

Pro bono – eigentlich pro bono publico für lateinisch ‚zum Wohle der Gemeinschaft' – werden solche Beratungtätigkeiten genannt, die von Consultancies unentgeltlich und in der Regel für gemeinnützige Zwecke durchgeführt werden. Mit pro bono Consulting wendest Du Dich typischerweise an Non-Profit-Organisationen wie Museen, Universitäten, Institutionen der Öffentlichen Hand oder Hilfswerke, bietest für diese Deine Beratung an.

Geht es nach dem Bundesverband Deutscher Unternehmensberater (BDU) musst Du pro bono Consulting ganz strickt von der nicht vergüteten Beratungsleistung unterscheiden. So sind laut dem BDU insbesondere unentgeltliche Consulting Vorleistung, die mit Blick auf eine erhoffte oder erwartete entgeltliche spätere Beauftragung erfolgen, kein pro bono, sondern eine Vertriebsinvestition. Hauptziel ist ganz klar der Geschäftsimpuls, statt das Wohl der Gemeinschaft.

Losgelöst der Meinung des deutschen Bundesverbandes: pro bono Consulting bietet Dir die Möglichkeit, attraktive Mandate bei (zunächst nicht zahlenden) Neukunden zu übernehmen und eigenverantwortlich zum Erfolg zu führen.

Während der Beratungstätigkeit kannst Du Dein Kontaktnetzwerk verbreitern und die Sichtbarkeit Deiner Firma erhöhen. Für alle großen Beratungsfirmen gehören Pro-bono-Projekte eh zum Standardprogramm. Und das in Zeiten, in denen soziale Verantwortung, wirtschaftliche Nachhaltigkeit und unternehmerische Ethik in der öffentlichen Wahrnehmung eine immer zentralere Rolle spielen.

Aufbau

Kostenlos eine Dienstleistung erbringen – warum solltest Du das tun? Zum Nutzen der Gemeinschaft zu arbeiten kann viele Motive haben. Nachfolgend die drei wichtigsten Triebfedern Deine Beratungsleistung in geregelter Dosis kostenfrei anzubieten.

Grund #1 – An die Gesellschaft zurückgeben
Ganz oben steht der Kerngedanke – Consulting zum Wohle der Öffentlichkeit. Als überdurchschnittlich verdienender Berater möchtest Du etwas zurückgeben, anderen etwas Gutes tun, Menschen mit Problemen helfen. Großes Schlagwort ist die Corporate Social Responsibility (CSR), der freiwillige Beitrag eines Unternehmens für eine bessere Gesellschaft.

Grund #2 – Mehr Glanz fürs Firmenimage
McKinsey tut es, Boston Consulting auch, Bain & Company sowieso – die unbezahlte Beratung öffentlicher Institutionen. Neben der frommen Absicht steckt dahinter gewiss auch eine große Portion Kalkül. Die Beratungen wollen ihre Reputation publikumswirksam aufmöbeln und ganz nebenbei etwas über den Kundensektor lernen. Statt Kündigungen, Sparrunden und überzogenen Honoraren sollen die Consultants der Top-Beratungen mit Einsatz, Hilfestellung, Gemeinschaft wahrgenommen werden.

Grund #3 – Sales Booster
Schließlich kann pro bono Consulting Deinen vertrieblichen Aktivitäten einen spürbaren Schub verleihen. Auf Basis eines kostenfreien Vorprojektes baut der Kunde Vertrauen zu Dir auf und lernt Deine Qualitäten zu schätzen. Statt ‚die Katze im Sack' bzw. ‚einen Berater unter vielen' zu engagieren, beauftragt er nach dem pro bono Vorspiel mit Dir (s)einen Trusted Advisor.

Anwendung

Keine Beratung kann nur von pro bono Consulting leben. Bevor Du Dich in die unentgeltliche Arbeit stürzt, solltest Du das bevorstehende Gratis-Mandat in folgenden drei Schritten auf stabile Füße stellen.

1. Ziele, Nutzen und Scope festzurren
Wie bei einem bezahlten Engagement vereinbarst Du zunächst mit Deinem Klienten die Projektziele, ihren Nutzen sowie den Scope. Arbeite hier genau und fixiere die erwarteten Ergebnisse schriftlich. Dem Kunden und Dir sollte glasklar sein, welches Problem nach Deinem Wirken gelöst bzw. welche Defizite weiterhin

bestehen. Ohne dokumentiertes Angebotsdokument riskierst Du, dass der Kunde gierig wird und mit dem Projektverlauf immer mehr von Dir abverlangt.

2. Zeitrahmen fixieren
Ein pro bono Projekt sollte immer ein festes Zieldatum bzw. ein spezifisches Zeitkontingent haben auf Basis derer die Zusammenarbeit stattfindet. Vereinbare mit Deinem Kunden direkt zu Beginn die Zeitachse. Wie viele Stunden möchtest Du im Digital Marketing unterstützen? Bis wann soll die Prozessautomatisierung abgeschlossen sein? Andernfalls entstehen falsche Erwartungen, die bei Dir und Deinem Klienten für Verstimmungen sorgen.

3. Gegenleistung vereinbaren
Pro bono Consulting ist unbezahlt. Das heißt aber nicht automatisch, dass Du vom Kunden keine Gegenleistung erwarten kannst. Ganz im Gegenteil. Aus meiner Erfahrung wollen sich die meisten Klienten für ein gelöstes Problem bzw. ein erreichtes Ziel auch erkenntlich zeigen. Positive Referenzen, aktive Empfehlungen, nützliches Feedback, Zugriff auf interne Unternehmensdaten, gemeinsame Konferenzbeiträge, Co-Autorenschaft für eine Fachartikel etc. – dies sind nur einige Möglichkeiten Deiner Kompensation. Stimme Dein nicht-monetäres Honorar vor Projektbeginn unbedingt mit dem Kunden ab.

Vor- & Nachteile

- Unentgeltliches Consulting versetzt Dich in die Lage, über den Tellerrand Deiner täglichen Mandatsarbeit zu schauen.
- Gerade die Beratungsarbeit in neuen Branchen – solche zu denen Du bisher keinen Zugang hattest – gestaltet sich aus meiner Erfahrung sehr spannend und erfrischend.
- Du bekommst die Gelegenheit, Deine Fähigkeiten für den guten bzw. anderen Zweck einzusetzen, den eigenen Horizont zu erweitern, Deine Persönlichkeit abrunden.
- Während Deiner pro bono Projektarbeit knüpfst Du viele neue Kontakte in die Kundenorganisation hinein und legst damit den Grundstein für bezahlte Folgeaufträge.
- Du sammelst unbezahlbare Erfahrung und wertvolle Referenzen, letztere insbesondere nützlich bei der Akquise von Neukunden.

- Der einzige Nachteil von pro bono Consulting ist der ausbleibende Einkommensstrom. Deine einmal investierte Zeit und Kapazität ist vergeben und steht anderen Aktivitäten wie Marketing, Vertrieb, Entwicklung von Beratungsprodukten, Partnermanagement etc. nicht mehr zur Verfügung.

Praxistipps

Tipp 1 – Hoher Mehrwert, geringer Einsatz
Pro bono Consulting Leistungen sollten Dich zeitlich wenig beanspruchen, beim Kunden aber einen maximalen Wert generieren. Kleine standardisierte Beratungsprodukte mit einem definierten Vorgehen und festgelegten Ergebnissen eigenen sich insbesondere für diese Sonderform der Beratung. Es ist wie bei der Probefahrt im Autohaus: Der potentielle Käufer erhält durch die (für den Händler sehr günstige) Neuwagenspritztour einen kostenfreien Einblick. Will der Interessent in den Genuss des vollen Produktes kommen, muss er zahlen.

Tipp 2 – Konform mit dem Gesetz
Im Öffentlichen Sektor sind kostenfreie Beratungsdienste nicht unbedenklich. Es gelten besondere Richtlinien zum Sponsoring, Werbung, Spenden und andere Formen mäzenatischen Schenkungen. Vermeide den Verdacht der Beeinflussung öffentlicher Träger. Liegt kein pro bono Consulting vor, dann fallen Deine Projekte unter den normalen Wettbewerb um entgeltliche Mandate. In der Europäischen Union greift bei diesen beim Überschreiten von vorgegebenen Schwellenwerte das Vergaberecht.

Tipp 3 – Immer nur ein pro bono Klient gleichzeitig
Vermeide es parallel mehreren nicht bezahlten Consulting Engagements nachzugehen. Jeder pro bono Klient kostet Dich Zeit und Energie, bringt Dein Unternehmen finanziell jedoch keinen Zentimeter weiter. Zudem besteht bei zu viel unbezahlter Beratung die Gefahr, dass potentielle Neukunden Dich und Deine Beratung als Budget-Consultancy wahrnehmen. Das Motto: Warum sollte ich etwas bezahlen, wenn Du es Marktbegleitern kostenlos anbietest?

Tipp 4 – Konsequentes Management der Erwartungen
Im Gegensatz zu Deinen zahlenden Kunden steht ein pro bono Kunde nicht auf Deiner Top-Prio Liste. Das bedeutet nicht, dass Du schlechte Arbeit ablieferst oder das Projekt verspätet zu Ende bringt. Vielmehr liegt Dein Fokus auf Klienten, die Dich für Deine Leistungen auch entlohnen. Wenn die Bedarfe eines pro bono Empfängers überhandnehmen, dieser Dich mit zusätzlichen Problemen konfrontiert oder die Anforderungen an Deine Verfügbarkeit stetig steigen ist es an der Zeit, Euer Vertragsverhältnis gemeinsam zu überdenken. Mehr bzw. anderes Consulting kostet eben auch mehr.

Tipp 5 – Pro Bono Branding
Verankere Deine unentgeltliche Beratungsleistung mit einem kreativen Titel im Kopf Deiner potentiellen Kunden. Frühjahrsputz, Speed Consulting, Beratung Light – die Bezeichnung sollte bei Interessenten Neugierde wecken, einen hohen Mehrwert signalisieren und die Kürze des Engagements unterstreichen.

Zusammenfassung

Im Vertrieb ist pro bono Consulting ein Instrument der Neukundengewinnung. Auch wenn es um Deine Beratung wirtschaftlich gerade sehr gut bestellt ist, verhelfen pro bono Projekte Deinem Unternehmensimage zu zusätzlichem Glanz.

Spendiere in florierenden Zeiten einen kleinen aber feinen Teil Deiner Kapazität dem Gemeinwohl. Mit bereits einer Stunde im Monat Mini-Beratung tust Du anderen und Deinem Unternehmen etwas Gutes.

Die Referenz – zwischen Kunden stabile Brücken bauen

Sie ist das Salz in der Suppe des Unternehmensberaters: die Kundenreferenz, auch Kundenstimme oder Kundenfeedback genannt. Als schriftliche Beurteilung Deiner Consulting-Leistung vereint eine Kundenreferenz zwei wichtige Funktionen: wertvolles Feedback für Deine Arbeit beim Bestandskunden sowie dokumentierte Empfehlung für potentielle Neukunden. Warum Kundenreferenzen für Dich außerdem wichtig sind, was diese im Optimum enthalten und wie Du an hochwertige Referenzen gelangst, erfährst Du nachfolgend.

Kategorie

- Zielgruppe: Neukunden
- Phase: Interesse
- Aufwand: gering
- Wirkungstiefe/-dauer: gering bis mittel, langfristig

Zweck

Versetze Dich kurz in die Rolle eines Interessenten Deines Beratungsangebots. Warum sollte dieser Dir vertrauen? Keiner geht gerne Risiken ein. Speziell, wenn diese nicht nur finanzielle (Projektverzug, Budgetüberziehungen, Qualitätsdefizite), sondern auch soziale Negativfolgen (Ansehen unter Kollegen, Beziehung zum Vorgesetzten, Status in der Abteilung) haben können.

Ein Weg eine belastbare Vertrauensbeziehung zu Neukunden aufzubauen sind schriftliche Referenzen. Der Begriff Referenz entstammt dem lateinischen ‚referrere' und bedeutet so viel wie ‚auf etwas zurückführen', ‚sich auf etwas beziehen' bzw. ‚berichten'. Kunden vergeben Referenzen als qualifizierten Beurteilung der bei ihnen erbrachten Beratungsleistung. Sie berichten mit ihrem dokumentierten Feedback, welchen Wert die Beratung für sie generieren konnte und auf welche Weise die Consultants vorgegangen sind.

Referenzen unterstreichen Deine Beratungsqualitäten und senken damit die Risikoschwelle für potentielle Neukunden. Als dokumentierter Vorschuss von Vertrauen – neudeutsch ‚Social Proof' – heben sie Dich gegenüber Mitbewerbern ab. Sie illustrieren Deine Seriosität, kommunizieren Deine Erfahrung und belegen Deine Branchenkompetenz. Darüber hinaus fungieren Referenzen als Feedback für Deine Arbeit, entsprechen der Kundensicht auf Deine erbrachte Leistung.

Aufbau

Kurz, konkret und authentisch sind drei wichtige Eigenschaften einer guten Consulting Referenz. Zudem entspricht die Referenz der Wahrheit und vermeidet den Superlativ. Gut geeignet sind Aussagen zum Vorher-Nachher Zustand beim Kunden, der Beitrag der Beratungsleistung zum Ergebnis sowie Angaben zur Einzigartigkeit der Beratung.

Neben der Bewertung Deiner Tätigkeiten, der Resultate sowie dessen Mehrwert enthält sie Angaben zum Referenzgeber, dem Kunden. Mindestens sollte sie seine Position und Branche, besser noch das Unternehmen und den Namen enthalten.

Eine Referenz stimmst Du immer mit Deinem Bestandskunden ab. Du klärst mit ihm nicht nur den Inhalt, sondern auch die Nennung von Klarnamen. Ebenfalls hast Du mit dem Kunden vereinbart, in welchem Zusammenhang Du die Referenz einsetzen darfst. Manche Kunden bestätigen die Nutzung ihrer Referenz für die Unternehmenspräsentation, verneinen aber die Veröffentlichung auf der Unternehmenswebseite.

Anwendung

Bitte Deinen Kunden am Ende eines erfolgreichen Projektes um seine schriftliche Referenz. Zu diesem späten Zeitpunkt sind ihm die von Dir erbrachten Ergebnisse und speziell sein damit verbundener Nutzen (hoffentlich) bereits ersichtlich.

Für das Einholen der Referenz gilt die Faustregel: unbürokratisch und für den Kunden mit möglichst geringem Aufwand. Schließlich handelt es sich um einen Gefallen, bei dem der Klient maximal ein gutes Gefühl als Gegenwert erhält. Aus meiner Erfahrung ist mindestens einer von zehn Kunden bereit, Dir eine Referenz zu geben. Folgende drei Ansätze kann ich empfehlen:

1. Die Dankesnachricht – Referenz durch schriftliche Anfrage
In einer finalen E-Mail bedankst Du Dich beim Kunden für die gute Zusammenarbeit und hebst hervor, welche Aspekte aus Deiner Sicht perfekt verlaufen sind. Zudem bittest Du, dass Dein Kunde sich dazu äußert, was ihm besonders gefallen hat.

Menschen sind ‚hungrig' nach Lob und revanchieren sich gerne für ‚gute' Gefühle (Stichwort Reziprozität). Die Chancen sind hoch, dass der Kunde Dir ebenso positiv per Mail antwortet. Hast Du eine Komplimentnachricht erhalten, fragst Du nach, ob Du den Text im genauen Wortlaut für eine Referenz aufgreifen kannst.

2. Das Abschlussgespräch – Referenz durch mündliches Feedback
Noch weniger Arbeit für den Kunden ist die auf der Tonspur gegebene Referenz.

Im Abschlusstreffen oder im Rahmen des Feedbackgesprächs betonst Du die positiven Facetten eurer Kooperation und stellst ganz nebenbei offene Fragen an Deinen Klienten. Fallen seine Antworten ebenfalls zu Gunsten Deiner Leistung aus, notierst Du diese Fakten und bastelst nach der Interaktion eine Referenz.

Diese sendest Du Deinem Kunden nach dem finalen Gespräch zu und bittest um Freigabe zur Verwendung als Referenz. Natürlich darf Dein Klient Änderungen vornehmen, Aspekte hinzufügen bzw. Wortgruppen entfernen. Auch darf er Veröffentlichungsformate ausschließen.

3. Die Komplimentesammlung – Referenz im Projektverlauf
Ein dritter und ebenfalls aus Kundensicht zeitsparender Weg besteht im Sammeln von positivem Feedback während des Projektverlaufes. Achte auf alle Komplimente und wertschätzende Rückmeldungen Deines Kunden – sowohl mündlich als auch schriftlich – und notiere diese an einer Stelle.

Am Ende fasst Du das Material zu einer Referenz zusammen, sendest diese an Deinen Kunden und bittest um Freigabe. Auch hier darf Dein Klient gerne Anpassungen vornehmen.

Die drei Wege lassen sich natürlich auch kombinieren. Im Extremfall sammelst Du während des Projektes Komplimente, ergänzt diese durch das in der letzten persönlichen Interaktion gewonnene positive Feedback, verfasst anschließend eine Dankesnachricht und sendest das komplette Paket an den Kunden. Gerne mit einem Verweis auf bereits existierende Referenzen auf Deiner Webseite.

Und wenn Du keine positive Rückmeldung erhalten hast bzw. das Einholen schlichtweg verschwitzt hast? Dann sende dem Kunden einfach zwei bis drei Beispielreferenzen von bestehenden Kunden zu. Menschen tun sich viel leichter auf Basis vorhandenen Materials etwas anzufertigen als bei Null zu starten.

Beachte immer: Eine Referenz verursacht bei Deinem Kunden Aufwand. Gehe feinfühlig vor. Besser keine Referenz, als einen Klienten der entnervt von Deiner Marketingversessenheit Eure Zusammenarbeit für immer beendet.

Beispiele

Wie sieht nun eine gute Referenz aus? Zwei Beispiele:

Beispiel 1: Beraterreferenz

„Die unkomplizierte Art von Herrn Max Berater, gepaart mit einem professionellen Arbeitsstil, hat zu einem sehr guten Ergebnis geführt. Wir

sind sehr zufrieden, vor allem, weil sich auch die Endnutzer zu 100 Prozent mit der neu entwickelten App zurechtfinden."

- Senior Direct Business Development, NP4 – X2Y Unternehmen

Beispiel 2: Unternehmensreferenz

„Wir haben mit der XY-Unternehmensberatung bei der Entwicklung einer Markteintrittsstrategie für ausgewählte asiatische Märkte zusammengearbeitet. Wir sind mit der Umsetzung der Aufgabenstellung und den konkreten Projektergebnissen sehr zufrieden. Wir konnten für unser hochwertiges Produktportfolio inzwischen neue Absatzmärkte in Asien erfolgreich erschließen. Wir können die XY-Unternehmensberatung uneingeschränkt empfehlen."

- Max Mustermann Bereichsleiter Strategie, ABC Unternehmen

Vor- & Nachteile

- Eigentlich spricht im Marketing wenig gegen die Kundenreferenz. Insbesondere bei Neukunden schaffst Du mit dem einfach umsetzenden Akquise Tool rasch eine Vertrauensbasis.
- Auch wenn die Referenz Jahre zurückliegt bestätigt sie Dein positives Wirken.

- Leider vergibt nicht jeder Auftraggeber gerne Referenzen. Nach meiner Erfahrung tun sich gerade Kunden mittlerer und großer Unternehmen mit Konzernstrukturen schwer, öffentlich für ihr Kompliment einzustehen. Im Zweifelsfall schadet die publizierte Aussage der eigenen Karriere als Abteilungs- oder Bereichsleiter. Dann lieber doch kein Statement für den Dienstleister. Eine Vereinbarung schafft hier manchmal Abhilfe. Der Kunde erhält ein günstigeres Honorar, Du im Gegenzug ein offizielles Feedback.

Praxistipps

Tipp 1 – Mindestens Drei
Über mindestens drei Kundenreferenzen solltest Du verfügen, bevor Du diese auf Deiner Webseite, in Broschüren und der Firmenpräsentation einer Öffentlichkeit bekannt machst. Alles andere wirkt unprofessionell, fast zufällig.

Tipp 2 – Referenz Upgrade
Dein Kunde hat sich für das exzellent verlaufene Beratungsprojekt mit einer positiven Referenz revanchiert? Klasse! Bitte ihn bei Gelegenheit auf schriftlichem Weg, ob Du neben seinem Namen und dem des Unternehmens ebenfalls sein Firmenlogo für Deine Webseite verwenden darfst. Beim

Überfliegen Deiner <u>Unternehmenswebseite</u> und <u>Unternehmenspräsentation</u> achten Interessenten meist zuerst auf Bilder und vertiefen sich dann in den Text.

Tipp 3 – Im rechtlichen Rahmen
Auf keinen Fall solltest Du das Unternehmenslogo des Kunden ohne dessen Zuspruch auf Deine <u>Webseite</u> oder anderen Unterlagen setzen. Hier verletzt Du Markenrechte. Lasse Dir ein Einverständnis für die Verwendung schriftlich geben.

Tipp 4 – Mit Beispielen überzeugt
Manche Kunden zögern bei der Vergabe von Feedback. Vielleicht ist ihnen das Marketing-Instrument unbekannt, vielleicht wollen sie sich firmenintern einfach nicht zu weit aus dem Fenster lehnen. Weise Deinem Referenzgeber bei Zurückhaltung auf die Möglichkeit der Anonymisierung der Namen hin. Zeige dem Klienten die Referenzen anderer – möglichst vergleichbarer – Unternehmen.

Tipp 5 – Referenz 2.0
Eine Referenz muss nicht zwangsläufig nur textuell sein. In Zeiten Sozialer Medien, Online Streaming und Smartphones kannst Du auch andere Formate für Deine Beratung sprechenlassen. Je nach Kunde, Projekt und Zielgruppe wirken Videobotschaften, Audio Grüße, Fotos mit Zitaten etc. erfrischend anders.

Tipp 6 – Per Kundenliste beeindrucken
Größe zählt! Hast Du >30 Referenzen gesammelt, dann solltest Du diese in einer Kundenliste zusammenpacken. Interessenten sendest Du den beeindruckenden Kompetenzschatz zu, zum Beispiel als Anhang des Beratungsangebotes.

Lesetipp
Deutschlands Berater-Berater Giso Weyand widmet sich im Buch ‚Die 250 besten Checklisten für Berater, Trainer und Coaches' mit einer umfassenden Checkliste dem Thema Referenzen.

Zusammenfassung

Schriftliche Referenzen sind speziell bei Neukunden ein nützliches Werkzeug, um bestehende Vorbehalte abzubauen und eine Vertrauensbasis zu legen. Am besten Du ergänzt Deinen persönlichen Projektablaufplan um das Einholen der Kundenreferenz ganz am Ende der Kooperation. Bereits nach einem Jahr hast Du eine stattliche Sammlung von offiziellem Rückmeldungen Deiner zufriedenen Klienten und damit ein Asset, dass Du bei der Neukundengewinnung mit wenig Aufwand zum Einsatz bringen kannst.

Das Training – Schulungsteilnehmer zu Kunden entwickeln

Abendveranstaltung. Industriemessen. Fachkonferenzen. All diese Akquise-Tools hast Du in der Vergangenheit bereits ausgiebig getestet. Aber irgendwie sind die persönlichen Kontakte nur flüchtig. Klar, es werden Visitenkarten ausgetauscht, sich online vernetzt und potentielle Anknüpfungspunkte diskutiert. Trotzdem – alles bleibt im Vagen. Was fehlt ist der nächste Schritt, das Follow-Up, die konkrete nächste gemeinsame Sache. Ein probates Mittel an Beratungsneukunden zu gelangen und dabei gleichzeitig ein Honorar einzustreichen ist das Training.

Kategorie

- Zielgruppe: Neukunden
- Phase: Interesse, Beziehung
- Aufwand: hoch
- Wirkungstiefe/-dauer: mittel bis hoch, mittel- bis langfristig

Zweck

Ein Training, auch Schulung, Seminar oder Weiterbildung, ist ein gutes Mittel als Unternehmensberater Geld zu verdienen und gleichzeitig Marketing & Vertrieb in eigener Sache zu machen. Mit einem Training positionierst Du Dich als Experte. Du wendest nicht nur Wissen und Erfahrungen zur Problemlösung an, sondern gibst es zudem an Interessierte weiter. Betrachte ein Training als Einstiegsangebot in Deiner Angebotspyramide. Menschen lernen Dich, Dein Wissen, Arbeitsstil und Ergebnisse kennen. Bezahlt, verbindlich und im freundlichen Rahmen.

Gerade wenn Du bereits einige Zeit intensiv ein Thema beackerst, solltest Du den Entschluss fassen Dein (hoffentlich dokumentiertes) Knowhow in ein Training zu überführen. Drei **Erfolgsfaktoren** spielen bei einem Training aus meiner Erfahrung eine Rolle:

- **Trainer**: Je renommierter und bekannter der Trainer bzw. das Unternehmen, desto mehr und einfacher lassen sich Teilnehmer auf die Weiterbildungsmaßnahme ein.
- **Konzept**: Ein ausgereiftes Trainingskonzept mit nutzbringenden, aktuellen und relevanten Inhalten, an welche sich die Teilnehmer auch Wochen nach der Veranstaltung erinnern können, ist ein großer Trumpf.
- **Zugang**: Schließlich ist der Zugang zu (potentiellen) Teilnehmern ein wesentlicher Erfolgstreiber. Je größer die Sichtbarkeit und je umfassender

die Teilnehmerdatenbank, desto eher die Chance auf eine ausgebuchte Veranstaltung.

Nachfolgend gehe ich auf Trainings als Mittel der Akquise im Consulting ein. Für Konzeption, Gestaltung, Organisation und Vermarktung von Schulungen findest Du in alternativer Literatur ausreichend Hinweise.

Aufbau

Es gibt unzählige Dimensionen, entlang Du eine Trainingsveranstaltung strukturieren kannst. Nachfolgend mein unvollständiger Versuch einer Systematisierung:

Inhalt

- Fachliches, methodisches bzw. soziales Knowhow
- Theorie, Beispiele, Übungen, Spiele, Hausaufgaben, Testfragen, Frage-Antwortrunden, etc.
- Nach offiziellem Lehrplan einer Institution, frei gewählt oder gemischt
- Mit offiziellem Zertifikat, Zeugnis, Teilnahmebestätigung, Dankesnachricht, etc.
- Unterlagen als Buch, Hand-out, Ringordner, USB-Stick oder Web-Download

Umsetzung

- Live, per aufgenommenen Video oder gemischt
- Online, per Telefon, Webinar, persönlich vor Ort oder gemischt
- In einem Schulungszentrum, im Tagungshotel oder an einem exotischen Ort
- Über einen Trainingsvermittler, das Partnernetzwerk oder Direktvertrieb
- Eintages-, Einzeltags-(verteilt über mehrere Wochen) oder Mehrtagesveranstaltung

Teilnehmer

- Massenveranstaltung, Gruppen- oder Einzelschulung
- Anfänger-, Fortgeschrittener- oder Expertentraining
- Starke Interaktion zwischen Teilnehmern, Einzelplatzarbeit
- (Wiederkehrende) Personenzertifizierung auf Basis Prüfung, Teilnahme, Praxisnachweise, etc.

Am Markt gibt es zahlreiche **Trainingsvermittler**. Diese agieren für Dich als Plattform. Sie stellen Infrastruktur wie Schulungs- und Pausenräume, Videokonferenzsysteme, Notebooks, etc. für Dich bereit bzw. Koordinieren die

Veranstaltung. Zudem spülen sie über ihre Bekanntheit, Marke und Kontaktdatenbank Teilnehmer in Deine Trainings. Diesen Broker-Service musst Du natürlich bezahlen. Auch liegen der Kundenkontakt und die Verwertung zunächst beim Vermittler.

Trainierst Du nach einem **offiziellen Lehrplan einer Organisation** – lehrst also geistiges Eigentum eines Dritten – dann hat dies mehrere Vorteile. Zunächst ist das Lehrmaterial bereits vorhanden. Du musst es nur noch aufbereiten und ausgestalten. Des Weiteren profitierst Du vom Renommee des Urhebers. Du vermittelst qualitätsgesichertes, (international) anerkanntes und verbreitetes Wissen. Auch steht bei dieser Form meist am Ende eine Prüfung und ein (erneuerbares) Zertifikat. Nachteilig ist die Vergleichbarkeit mit anderen Trainingsanbietern. Du lehrst, was die Wettbewerber auch lehren. Diese Vergleichbarkeit drückt die Preise. Zudem musst Du in vielen Fällen (wiederkehrend) Geld in Deine Zertifizierung als Trainer investieren

Anwendung

Auch bei der Umsetzung eines Trainings gehe ich ausschließlich auf den Aspekt Marketing & Vertrieb ein. Wie Du ein Training organisierst, mit Teilnehmern füllst, ansprechend ausgestaltest und effektiv nachbereitest, kannst Du an anderer Stelle ausführlich nachlesen.

1. Trainingsstrategie definieren
Definiere zunächst den Akquiseziel eines Trainings. Möchtest Du Dich mit dem über die Jahre aufgebauten Projektwissen als Experte positionieren? Neben der Projektarbeit ein zweites Einnahmestandbein aufbauen? In den Trainings mögliche viele Neukontakte generieren? Lege auch die Zielgruppe fest gerne gestützt auf Deine Buyer Persona. Was soll ein Teilnehmer nach Deinem Training kennen oder können? Worin bestehen die Nutzenelemente? Wie unterscheidest Du Dich? Im Idealfall stimmen Trainingsteilnehmer mit Deinen Traumkunden überein. Ein Training aufzusetzen erzeugt hohe Aufwände. Gehe strategisch an die Sache.

2. Trainingskonzept aufsetzen
Entwickle Dein Trainingskonzept unter maximalen Verwendung vorhandener Unterlagen. Bekanntlich macht es die Mischung. Setze Dir klare Zeitlimits und nutze Checklisten. Trainingsunterlagen sind nie perfekt.

3. Training durchführen
Trainingstage sind sehr anstrengende Tage. Permanent stehst Du im Zentrum, die Aufmerksamkeit aller richtet sich auf Dich. Plane mehrere Pausen ein. Lasse auch die Teilnehmer an Aufgaben arbeiten. Zeit, in der Du Dich zurücklehnen kannst.

Gehe während des Termins auf die Probleme und Bedarfe der Teilnehmer ein. Jede Frage ist ein potentieller Beratungsauftrag.

4. Training nachbereiten
Überarbeite im Anschluss zum Training Dein Material. Wo konntest Du eine Frage nicht beantworten? Welche Folieninhalte kamen missverständlich rüber? In welcher Übung kamen die Gruppe ins Stocken? Was wünschen sich die Teilnehmer laut Feedbackbogen? Verarbeite wiederkehrende als Blogbeitrag oder Whitepaper. Biete zudem im Nachgang eine Frage- & Antwortrunde an. Diese Telefonsitzung dient Dir als Aftersales-Akquisemittel.

Beispiele

Seit 2012 gebe ich regelmäßig Schulungen in den Themenfeldern Requirements Engineering und Enterprise Architecture. Motiviert vom Zuspruch auf mein Buch Consulting Methodenkoffer startete ich Anfang 2019 eine kleine Webinarserie Consulting Methodenschmiede. Auch hier war die Resonanz überzeugend, so dass ich die Inhalte in das Consulting Methodentraining überführte.

Vor- & Nachteile

- Ein Training ist ein Beratungsprodukt. Einmal vorbereitet, kannst Du es immer wieder verwenden. Mit jedem zusätzlichen Teilnehmer sinken seine relativen Entwicklungskosten.
- Die Konzeption eines Trainings zwingt zur umfassenden Beschäftigung mit dem Thema. Du baust Wissen auf und festigst. Du kannst nicht nur anwenden, sondern auch erklären.
- Einmal erarbeitete Trainingsinhalte kannst Du prima für andere Zwecke heranziehen. Beispielsweise für die Präsentationen im Akquisegespräch, der Einweisung eines Juniorkollegen, dem Arbeitstreffen mit dem Kunden, etc.
- Ein Training ist eine willkommene Abwechslung zum stressigen Projektgeschäft. Endlich geht es einmal nicht um einen Jour Fixe, einen Terminplan oder den nächsten Statusbericht. Die Atmosphäre ist freundlich, die Leute wollen miteinander etwas lernen.
- Während eines Trainings stehst Du in Kontakt zu potentiellen Kunden. Diese erhalten eine Arbeitsprobe von Dir und stellen eine Vertrauensbeziehung her. Ein Cross-Selling von Beratungsleistungen bzw. ein Up-Selling von weiteren Trainings bzw. Trainings von Kollegen ist möglich.
- Ein gutes Training zu konzipieren, zu testen und zu verfeinern bereitet erhebliche Aufwände. Folien, Übungen, Beispiele und Testfragen müssen entwickelt und getestet werden. Du investierst erst einmal, ohne dass Du diese Tätigkeit einem Kunden in Rechnung stellen kannst.

- Gerade wenn Du ein beliebtes Training sehr oft und in kurzer Frequenz gibst, kann die Sache langweilig werden. Zwar stimmen die Einnahmen, auch knüpfst Du mehrere Kontakte - den vermittelten Stoff hast Du jedoch längst ausgelutscht.
- Auch Trainingsinhalte unterliegen einer Halbwertszeit. Die Relevanz am Markt nimmt ab, Wissen veraltet, Schulungsbudgets schrumpfen - schon stehst Du vor der Entscheidung Dein Konzept entweder anzupassen oder das Training ganz einzustampfen.

Praxistipps

Tipp 1 - Als Vertriebskanal nutzen
In einem Training bist Du im unmittelbaren Kontakt mit potentieller Kundschaft. Nutze die Gunst der Stunde. Verteile fleißig Deine Visitenkarten und nützliche Werbeartikel. Greife für Erklärungen, Übungen und Leistungstests Erfolgsbeispiele aus Deinem Projektalltag auf. Verweise auf Deine Fachartikel, Case Studies und Blogbeiträge zur weiteren Vertiefung des Themas. Nutze zudem einen Feedbackbogen am Ende der Veranstaltung und motiviere Empfehlungen an gute Kollegen und Bekannte. Bitte schließlich um Referenzen für Deine Unternehmenspräsentation bzw. Firmenwebseite.

Tipp 2 - Integriert trainieren
Warum immer nur Training als Präsenzveranstaltung? Gib ein Teil Deines Wissens mittels digitaler Technik weiter, dem sogenannten Blended Learning. Beispielsweise stellst Du Schulungsvideos online zur Verfügung, kombinierst diese zusätzlich mit Präsenztreffen und einem telefonischen 1:1 Coaching. Der Vorteil: Digitale Inhalte kannst Du skalieren, beliebig oft für eine beliebige Anzahl von Personen überall auf der Welt bereitstellen.

Tipp 3 - Mittels Webinar herantasten
Möchtest Du erst einmal herausfinden, ob Dein Consulting Thema überhaupt auf Interesse stößt, dann solltest eine kleine Webinarserie mit jeweils 30-Minuten Sitzungen veranstalten. Teilnehmeranzahl, Resonanz, Fragen und Wiederkommquote verraten Dir, ob Deine Inhalte für eine Ganztagesschulung taugen. Ein weiterer Vorteil: Das für die Webinare erarbeitet Material, verwendest Du anschließend für die Trainings weiter.

Tipp 4 - Mit einem Assistenten trainieren
Einer Deiner Juniorkollegen hat gerade kein Projekt und sitzt auf der Bank? Bitte ihn Dich in Deinem Training zu assistieren. Bereits bei den Vorbereitungen wirst Du entlastet. Der Juniorberater lernt neuen Stoff dazu und knüpft ebenfalls Kontakte. Schließlich erhältst Du mehr Zeit und Kapazitäten Dich auf die Teilnehmer und ihren Fragen zu konzentrieren.

Tipp 5 - Brücken des Vertrauens aufbauen
Schulungsbudgets und -tage sind in Unternehmen begrenzt. Rechnest Du zu den Trainingsgebühren noch die Reisekosten und Fehlzeiten hinzu, so kommt schnell eine mittlere vierstellige Summe für eine zweitägige Präsenzqualifikation zusammen. Für einen einzelnen Mitarbeiter! Eine Organisation überlegt vorher doppelt, ob sie diesen hohen Betrag ausgibt.

Bauer hier im Vorfeld Vertrauensbrücken auf, beispielsweise durch Videomitschnitte aus Deinen Trainings, nützliche Wissensfolien oder Empfehlungen. Schalte Deinem Training ein Abstimmungstelefonat vorweg in dem Du Erwartungen und Themenwünsche abfragst und auf Vorbehalte eingehst.

Tipp 6 - Sitz- und Arbeitsplätze alternativ anordnen
Müde vom immer gleichen Frontalunterricht in Deinen Trainings? Eine neue Sitzordnung kann Deiner Weiterbildung einen kreativen Boost verpassen. Arrangiere beispielsweise die Stühle in kleinen Gruppen. Diese geben den Teilnehmer Gelegenheit zu diskutieren und gemeinsam an einer Mini-Aufgabe zu arbeiten. Wechsele nach der Pause die Stühle in eine U-Form. In dieser kannst Du hin und her wandern, auf die Gruppe zu gehen oder Dich zurück zum Whiteboard entfernen.

Zusammenfassung

Trainings sind ein prima Mittel Deinen Expertenstatus zu demonstrieren, über spannende Inhalte zahlreiche Neukontakte zu knüpfen und das Consulting Geschäftsmodell um eine zweite Einnahmequelle zu erweitern. Als frische Abwechslung zum Projektalltag bieten Dir das Format die Möglichkeit mit Interessenten über Dein Thema zu fachsimpeln.

Falls Du Spaßen an der Lehre hast und in den letzten Jahren ein kleinen Consulting Wissensschatz ansammeln durftest, solltest Du in einem ersten Schritt mit Trainingsanbietern in Verbindung setzen. Trifft Deine Kompetenz einen Nerv der Zeit, sind diese rasch bereit Dich und Dein Konzept in den Trainingskatalog aufzunehmen.

Bindung & Weiterbeauftragung

Der Feedbackbogen – die Kundenmeinung messen & nutzen

Als Consultant kennst Du sie sicherlich von Hotels, Airlines und Taxiunternehmen: die Kundenzufriedenheitsumfrage, oft auch nur Feedbackbogen genannt. Mit ihnen möchten Unternehmen herausfinden, inwieweit ihr Angebot den Kundenerwartungen entsprach und welche Aspekte verbessert werden können. Auch im Consulting erlaubt Dir ein Feedbackbogen zu ermitteln, ob und zu welchem Grad die Anforderungen an Deine Beratungsleistung erfüllt, im besten Fall übertroffen wurden. Doch was macht einen guten Feedbackbogen aus? Und wie erstellst Du diesen in wenigen Schritten? Nachfolgend die Details.

Kategorie

- Zielgruppe: Bestandskunden
- Phase: Projekt
- Aufwand: gering
- Wirkungstiefe/-dauer: gering bis mittel, kurzfristig

Zweck

Ganz gleich ob es sich um ein Produkt oder einer Dienstleistung wie der Beratung von Unternehmen handelt: Ohne Kundenrückmeldung fällt es schwer zu beurteilen, ob die Leistung aus Sicht des Käufers zufriedenstellend war. Ein besonders im Verbrauchermarkt verbreitetes Instrument ist daher die Kundenzufriedenheitsumfrage. Auf Basis eines Feedbackbogens gibt der Kunde strukturiert Rückmeldungen zum gekauften Produkt bzw. dem erbrachten Dienst.

Auch im B2B-Segment ‚Unternehmensberatung' kannst Du die Zufriedenheit Deines Klienten bzgl. der erbrachten Projektarbeit mittels eines Feedbackbogens messen. Sowohl die Bestätigung Deiner Leistung als auch Vorschläge zu Verbesserungen helfen Dir, Deine methodische, soziale und fachliche Expertise gezielt weiterzuentwickeln.

Aufbau

Generell gilt: Kunden werden beruflich und privat bereits mit einer Vielzahl von Meinungsbefragungen, Zufriedenheitsumfragen, Service-Checks etc. behelligt. Dein Feedbackbogen sollte daher so umfangreich wie nötig, die Fragen so klar wie möglich ausfallen. In der Praxis haben sich bei mir maximal 10 Fragen auf einem einzigen Blatt Papier bewährt. Das ist vom Volumen überschaubar und wird vom Kunden auch beantwortet.

Da Du den Feedbackbogen im Gespräch an den Kunden übergibst, muss das Papier keine Angaben zum Hintergrund, dem Zweck und Nutzen für Beratung bzw. Kunde sowie der Ausfülldauer beinhalten. Diese Infos kommen von Dir auf der Tonspur. Halte den Bogen schlank und übersichtlich. Der Fokus liegt auf den Fragen und der Auswahl von Antworten.

Fragetypen
Nutze Skalenwerten um die Tendenzen einer Bewertung abfragen. Beispielsweise kannst Du die Schulnoten heranziehen (1 = sehr gut bis 6 = ungenügend) oder eine 5-stufige Likert-Skala (sehr zufrieden, zufrieden, mittel, unzufrieden, sehr unzufrieden). Eine typische Frage für diese Skale wäre beispielsweise *„Wie zufrieden sind Sie mit unseren Projektergebnissen?"*.

Eine weitere Möglichkeit besteht in der Abfrage, wie zutreffend eine von Dir getroffene Aussage ist. Der Gedanke dahinter: Menschen fällt es oft einfacher, ein Statement zu beurteilen als eine Frage zu beantworten. Zum Beispiel könntest Du konstatieren *„Ich bin mit der methodischen Vorgehensweise der XY-Beratung einverstanden."* und hierfür die Antworten *„Trifft vollständig zu"* bis *„Trifft überhaupt nicht zu"* anbieten. Vermeide unbedingt suggestive Aussagen, diese Art von Manipulation nehmen Dir Kunden krumm.

Achte auch darauf, dass Dein Feedbackbogen mindestens 2 bis 3 offene Fragen enthält. Du gibst damit dem Kunden die Möglichkeit, präzise auf die Frage einzugehen und seine Meinung frei zu äußern. Fordere den Kunden auf, dass dieser in ganzen Sätzen antwortet. Dann kannst Du das Feedback direkt als Referenz verwenden.

Frageinhalte
Je nach Beratungsangebot, Alleinstellungsmerkmalen und Fokusthemen Deiner Beratung unterscheiden sich die Frageschwerpunkte. Folgende allgemeine Aspekte solltest Du mit dem Feedbackbogen adressieren:

- Erreichung der gesetzten Projekt- und Beratungsziele
- Einhaltung von Zeit-, Qualitäts- und Budgetvorgaben
- Einschätzung der sozialen, fachlichen und methodischen Beratungskompetenz
- Aspekte, die positive hervorzuheben sind bzw. verbessert werden sollten
- Wahrscheinlichkeit einer erneuten Beauftragung

Bringe ebenfalls in Erfahrung, ob Du das Feedback als Referenz mit Klarnamen oder zumindest anonymisiert weiterverwenden darfst. Alle Fragen und

Antworten solltest Du objektiv und verständlich formulieren. Das Ausfüllen sollte einfach sein, schnell vonstattengehen und im besten Fall richtig Spaß machen.

Schließlich bittest Du ebenfalls um den Namen, das Unternehmen, die Abteilung und das Ausfülldatum. Da manche Kunden ihre persönlichen Daten eher ungern abgeben, weist Du darauf hin, dass die Angaben optional sind.

Anwendung

1. Konzipieren & Verproben
Überlege Dir zu Beginn, welche Eigenschaften Deiner Beratungsleistung Du vom Kunden bewerten lassen möchtest. Worin bestehen die Qualitäten Deiner Beratung? Die Alleinstellungmerkmale bzgl. Vorgehen und Ergebnis? Entwickle daraufhin einen einfach zugänglichen und verständlichen Fragebogen.

Teste den Fragebogen unbedingt intern mit Kollegen. Sind die Angaben alle zu verstehen? Gibt es in den Antworten Missverständnisse oder gar Widersprüche? Wirken Layout, Struktur und Abbildungen attraktiv? Teste die erste Ausgabe Deines Feedbackbogens mit einem Dir wohlgesonnen Kunden.

2. Verteilen & Einsammeln
Direkt zu Beginn Deines Engagements informierst Du den Kunden, dass Du zwecks interner Verbesserung am Projektende einen Feedbackbogen verteilen wirst. In den letzten Wochen übergibst Du den Bogen dann an Deinen Kunden mit der Bitte um eine Rückmeldung innerhalb von zwei Arbeitstagen. Unterstreiche, dass es sich nur um wenige Fragen handelt, ein Ausfüllen unter 5 Minuten seiner wertvollen Zeit kosten wird und das Feedback zeitpunktbezogen zu verstehen ist.

Nach zwei Tagen bittest Du um den Bogen bzw. erinnerst an das Ausfüllen. Hebe die Wichtigkeit für Dich und Dein Unternehmen hervor sowie den Mehrwert, den der Kunde durch eine verbesserte zukünftige Beratungsleistung erhält. Erneut zeigst Du auf, die Daten nur für interne Zwecke zur Weiterentwicklung der Consulting Leistung nutzen zu wollen.

3. Auswerten & Verbessern
Analysiere das Feedback Deines Kunden in einer ruhigen Minute. Falls Du bereits die Zufriedenheit in anderen Projekten gemessen hast, kannst die vorhandenen Daten dem letzten Engagement gegenüberstellen.

Auf Grundlage der Kundenrückmeldung führst Du neue Leistungselemente ein oder verstärkst vorhandene Elemente. Alternativ reduzierst Du bestimmte Leistungen oder setzt sie ganz aus. Ein besonders positives Feedback unterstützt Dich übrigens auch bei der Gehaltsverhandlung mit dem Vorgesetzten.

Vor- & Nachteile

Ein Feedbackbogen erzeugt auf Deiner und der Kundenseite mehrere Vorteile. Als Unternehmensberater hilft Dir die strukturierte Rückmeldung...

- Dein Beratungsangebot zu optimieren und weiterzuentwickeln,
- den Kunden an Dein Unternehmen zu binden, insbesondere, wenn sich dieser schwarz auf weiß positiv über Deine Beratungsarbeit äußert,
- Dich für Folgeprojekte zu motivieren,
- verschiedene Projekte aus Kundensicht vergleichbar zu machen sowie
- die Grundlage für eine Referenz oder eine Case Study zu legen.

Dem Kunden hilft ein Feedbackbogen...

- seine Interessen, Vorschläge und Bedarfe ins Zentrum zu rücken und diese an den Berater für eine bessere zukünftige Zusammenarbeit weiterzugeben und
- wertgeschätzt zu werden.

- Nachteil einer Kundenzufriedenheitsumfrage ist der Aufwand, den die Befragung für Dich und Deinen Kunden erzeugt.
- Gerade bei langen Feedbackbögen fällt es Kunden schwer, die erforderliche Zeit und Konzentration aufzubringen.
- Ebenfalls schwierig gestaltet sich der Einsatz des Akquise Tools bei negativ verlaufenden Projekten. Entwickelt sich ein Engagement anders als geplant, solltest Du Feedback im persönlichen Gespräch und mit Fingerspitzengefühl einfordern.

Praxistipps

Tipp 1 – Goldene Moment
Ein Feedbackbogen erfasst punktuell die Zufriedenheit. Seine Daten sind damit abhängig von den Emotionen des Kunden zum Zeitpunkt der Beantwortung. Je nach Situation kann Dein Klient beim Ausfüllen in einer guten oder schlechten Stimmung sein. Passe den richtigen Moment ab an dem Du ihn mit dem Feedbackbogen konfrontierst. Gut geeignet ist beispielsweise der Nachmittag vor einem Feiertag oder direkt nach der erfolgreich verlaufenen Projektabschlussbesprechung.

Tipp 2 – Gemeinsames Ausfüllen
Oft sind Kunden zeitlich eng getaktet, dass Ausfüllen einer Kundenzufriedenheitsumfrage steht in ihrer Prioritäten-Liste sehr weit unten. Biete Deinem Kunden ein gemeinsames Abschlussgespräch an, in dem ihr den Feedbackbogen zusammen durchgeht. Neben den Antworten auf Deine Fragen

erhältst Du auf diese Weise häufig zusätzliche wertvolle Information zur Verbesserung Deines Consulting Services.

Tipp 3 – Stabile Struktur
Weder die Fragen noch die Antwortmöglichkeiten Deines Feedbackbogens solltest Du ändern, da ansonsten kein Vergleich mehr mit vergangenen Projekten möglich ist. Verprobe daher die erste Fassung des Bogens mit Kollegen und an einem Pilotprojekt und halte ihn danach stabil.

Tipp 4 – Besser analog als digital
Auch wenn es charmant klingt die Kundenmeinung per Online-Umfrage einzufordern, hat die digitale Fassung eines Feedbackbogens zwei gewichtige Nachteile. Erstens entsteht ein Medienbruch. Bevor der Kunde sein Feedback geben kann, muss er sich zunächst hinter sein Laptop klemmen, die Webseite aufrufen und sich womöglich per Zugangscode einloggen. Die Gefahr besteht, dass er die Aufgabe auf später verschiebt oder nie erledigt. Zweitens das Thema Datenschutz. Speziell im Konzernumfeld reagieren Kunden sehr konservativ, wenn sie ihre Inhalte in ein für sie fremdes System eintippen müssen. Im Zweifel bleibst Du daher lieber in der analogen Welt und digitalisierst manuell. Assistenten und Werkstudenten helfen gerne.

Tipp 5 – Alternativer Informationsträger
Es muss nicht immer das Standard DIN-A4-Blatt sein, auf dem Dein Kunde Dir Feedback gibt. Warum nicht ein alternatives Trägermedium verwenden und damit einen bleibenden letzten Eindruck hinterlassen. Eine Projektabschluss-Postkarte, ein Consulting-Zeugnis, Hauptuntersuchung-Prüfbericht – Deiner Phantasie sind keine Grenzen gesetzt. Natürlich sollte das Format zu Deiner Beratung und dem Corporate Design passen.

Zusammenfassung

Auch wenn er im digitalen Zeitalter etwas altbacken wirkt: an den Kunden sendet Dein Feedbackbogen ein Signal von Professionalität. Du räumst mit der Abschlussbefragung ein, nicht perfekt zu handeln und offen für konstruktive Verbesserungsvorschläge zu sein. Nutze einen Feedbackbogen um die Meinung Deines Kunden zu Deiner Leistung strukturiert zu erfassen und Eure Auftraggeber/Dienstleister-Beziehung zu festigen. Geringer Aufwand, hohe Wirkung – so meine Erfahrung. Probiere es aus!

Die Neujahrskarte – gute Beziehungen festigen und ausbauen

Kennst Du den weltbesten Autoverkäufer der Welt? Laut dem Guinnessbuch der Rekorde handelt es sich um Joe Girard. In zwölf aufeinanderfolgenden Jahren verkaufte der 1928 geborene US-Amerikaner mehr Neuwagen als jeder andere Autoverkäufer. Im Durchschnitt sechs pro Tag! Doch wie gelangt ein armer Einwanderer aus Sizilien, der in den vereinigten Staaten seine Karriere als Schuhputzer begann, an so viele Kunden?

Eine von Girards Erfolgsmaßnahmen bestand im regelmäßigen Versand von Grußkarten an seine Bestandskunden. Auch ich habe mit Kartengrüßen an Beratungskunden sehr gute Erfahrungen gemacht. Doch ließ einfach selbst.

Kategorie

- Zielgruppe: Bestandskunden
- Phase: Beziehung
- Aufwand: gering bis mittel
- Wirkungstiefe/-dauer: mittel bis hoch, mittel- bis langfristig

Zweck

Fakt ist: In der Consulting Branche sind Beziehungen zwischen Berater und Kunden langfristig ausgerichtet. Analog zum Privatleben kommt auch hier die Grußkarte gut an. Persönlich und freundlich geschrieben, ist sie ein ideales Mittel zur Kundenpflege. Dabei hat sich in der Geschäftswelt insbesondere die Weihnachtskarten etabliert.

Verschiedene Quellen sprechen von 50 bis 80 Millionen Firmenweihnachtskarten die in den Dezemberwochen zwischen den deutschen Unternehmen kursieren. Nicht selten erhält ein Abteilungs- oder Bereichsleiter in der Adventszeit mehr als 20 Karten von seinen ehemaligen und aktuellen Beratungsunternehmen. Mit jedem Weihnachtsgruß sinkt dabei der Wert einer einzelnen Karte. Die Folge: ein weiterer Gruß von Dir geht im ‚Grundrauschen' der stressigen Vorweihnachts- und Jahresabschlusszeit unter.

Im Gegensatz zu den obligatorischen Weihnachtswünschen ist die Neujahrskarte eine erfrischende Alternative. Der Grund ist, dass schlichtweg viel weniger Grüße zum neuen Jahr verschickt werden und somit Deine Post auf Interesse stößt. Zudem sind Anfang Januar viele Kunden offen für Veränderungen und bereit, alte Zöpfe abzuschneiden. Das neue Jahr soll endlich den Erfolg bringen. Warum nicht sich und das eigene Unternehmen in diesen Wochen des Wandels wieder ins Gespräch bringen?

Aufbau

Verfasse eine Neujahrskarte immer handschriftlich in lesbaren Lettern mit einem persönlichen Bezug. Notiere auch die Adresse des Empfängers auf dem Briefumschlag sowie Dich als Absender mit Handschrift. Das ist Dir zu viel Arbeit? Kunden können sehr wohl persönlich gewidmeten Grüße von standardisierten Einheitsfloskeln unterscheiden. Schicke im Zweifelsfall lieber keine Karte, als einen halbherzigen Gruß aus der Druckkonserve.

Briefpapier, Karte und Briefumschlag reflektieren Deine Kompetenzen und Deinen Qualitätsanspruch als Unternehmensberater. Wähle daher wertiges Material. Widme Deine Neujahrskarte einzig und allein dem Empfänger. Verzichte auf platte Eigenwerbung oder großspurige Ankündigungen. Hebe stattdessen die tollen zurückliegenden Ergebnisse und die anstehende Zusammenarbeit hervor.

Eine Neujahrskarte richtet sich an die Persönlichkeit Deines Kunden, nicht dessen berufliche Rolle. Geschäftsangaben wie Steuernummer oder Kontoverbindungen gehören ebenso wenig in die Karte wie grelle Logos oder die neueste Unternehmensbroschüre. Deine aktuelle Visitenkarte ist hingegen erlaubt, vielleicht liegt die letzte Zusammenarbeit ja schon einige Jahre zurück.

Anwendung

1. Vorbereiten

Bestimme zunächst, welche Deiner Kontakte sich über eine Neujahrskarte freuen würde. Insbesondere Deine Premiumkunden und -partner gehören auf die Absenderliste. Hast Du die aktuellen Kontaktdaten, Abteilungen und Rollen Deiner Zielpersonen? Falls nein, organisiere diese, beispielsweise per Internet oder Anfrage bei Kollegen. Falls ihr eine Kontaktdatenbank bzw. ein Customer Relationship Management (CRM) System habt, sollte dieses Register Dein erster Anlaufpunkt sein.

Auf Basis der Gesamtzahl der zu verschickenden Grüße kaufst Du nun die Neujahrskarten inklusive Briefumschläge und Postmarken. Spare hier nicht am Geld und wähle hochwertige Materialien. Es gilt: positiv auffallen und in den Köpfen hängen bleiben. Kunden erkennen, wenn eine Karte mit einem billigen Werbekugelschreiber oder einem exklusiven Füllfederhalter verfasst wurde. Die Schriftbilder unterscheiden sich gravierend.

2. Schreiben

Spätestens Ende Dezember verfasst Du dann die Karten en bloc und versendest diese direkt zum Neujahrstag. Adressiere an die Person im Unternehmen, inklusive Titel, vollständiger Name und Abteilung/Bereich. Lege Deine

Visitenkarte in alle Umschläge bei, die an Personen gehen von denen Du nicht sicher bist, ob sie noch über Deine aktuellen Kontaktdaten verfügen.

Deine Kunden sollten die Grüße dann mit ihrer Rückkehr ins Büro erhalten – eine professionell persönliche Erinnerung an Dich direkt zu Beginn des neuen Jahres.

3. Messen
Verfolge nach, wer sich von Deinen Kunden wie meldet. Das kann eine kurze E-Mail sein, eine Einladung zu einem Austauschtreffen, im besten Fall eine Beauftragung für ein Beratungsprojekt. Beurteile anhand der Reaktionszahlen sowie Antwortqualität, ob sich die Neujahrskarten-Aktion gelohnt hat und welche Optimierungen Du in der nächsten Runde beherzigen kannst. Sprich alle Kunden von den Du keine Rückmeldung erhalten hast in der nächsten Interaktion auf den Kartengruß an.

Jetzt ist auch die Zeit gekommen die Kontaktdatenbank auf den neuesten Stand zu bringen. Pflege die aktuellen Kontaktdaten und Reaktionen auf Deine Karten ein. Damit legst Du den Grundstein für eine effizientere und kundenorientiertere Kartenaktion im Folgejahr.

Vor- & Nachteile

- Die Neujahrskarte ist ein unterschätztes Akquise Tool des Dialogmarketings. Mit überschaubarem finanziellen und zeitlichen Einsatz lässt sich mit ihr die persönlichen Beziehungen zu Bestandskunden pflegen, ausbauen und wiederbeleben. Jedes Jahr Mitte Dezember reserviere ich mir einen späten Freitagnachmittag für die Redaktion von Neujahrskarten. Auf zehn versendete Karten kommen im Durchschnitt zwei Kundenantworten.

- Leider wächst mit der Anzahl der Beziehungen auch der Aufwand und die Kosten. Rechnest Du 15 Minuten für die Erstellung einer Neujahrskarte, kann sich der Zeitbedarf schnell auf mehrere Stunden ausweiten. Lasse Dich am besten vom Back-Office, Assistenten und/oder Juniorberatern unterstützen. Bis auf die handschriftlichen Zeilen in der Karte und auf dem Kuvert nehmen Dir Deine Helfer alle Details ab.

Praxistipps

Tipp 1 – Arbeitserleichterung 1: Baukastensystem
Bei der über die Jahre wachsenden Zahl von Grußkarten und dem damit verbundenem steigenden Schreibaufwand hat sich bei mir ein Baukastensystem bewährt. Dazu fertige ich in einer kreativen Phase zunächst eine Auswahl anspruchsvoller Neujahrssätze an, die ich anschließend flexibel zu personenbezogenen Grüßen kombiniere. Jeder Kunde enthält weiterhin einen

individuellen aus mehreren Sätzen zusammengebauten Gruß. Und ich spare mir Zeit und Kreativleistung.

Tipp 2 – Arbeitserleichterung 2: Schreibunterstützung
Das Schreiben von über 70 Neujahrskarten an all Deine Kontakte versursacht Dir zu viel Aufwand? Delegiere! Segmentiere dazu Deine Kunden in A-, B- und C-Kontakte. A-Kontakte sind Premiumpersonen mit einer festen Beziehung und einem hohen gegenseitigen Nutzen. C-Kontakte sind lose Beziehungen, B-Kontakte liegen dazwischen. Schreibe persönlich eine Karte an alle A-Kontakte und übergib die B-Kontakte an Deine Mitarbeiter. Alle C-Kontakte bedenkst Du mit einer herzlichen Sammel-E-Mail.

Tipp 3 – Arbeitserleichterung 3: Weckrufkarte
Das Schreiben von Neujahrskarten bereitet Aufwände. Insbesondere, wenn Du schon etwas länger als Berater tätig bist, sollten am Jahresende locker 50 und mehr Kontakte zusammenkommen. Statt jetzt vor lauter Arbeit ganz auf die schriftlichen Grüße zu verzichten, sendest ausschließlich ehemaligen Kunden eine Karte und erinnerst diese an die gemeinsamen Engagements. Zu aktuellen Kunden ist die Beziehung sowieso lauwarm bis heiß. Diese bedenkst Du mit großartig laufenden Projektergebnissen, einer besonderen Rechnung oder einem Feedbackbogen.

Tipp 4 – Individuell, statt von der Stange
Anders als Weihnachtskarte handelt es sich bei der Neujahrskarte um ein Nischenprodukt. Als Konsequenz bieten nur wenige Shops bieten reine Neujahrskarten an. Oft werden den Weihnachtsgrüßen einfach ein lapidares *„… und ein frohes neues Jahr!"* angehängt. Online gibt es zahlreiche Angebote Grußkarten mit individuellem Design (Schriftprägung, Unternehmenslogo, Bildmotiv etc.) anzufertigen. In Kombination mit Fotomarktplätzen wie Shutterstock erstellst Du in rund 30 Minuten einen hochwertigen und einzigartigen Kartengruß.

Tipp 5 – Die Marke macht's
Sammelst Du Briefmarken? Ich auch nicht. Dennoch fallen mir interessante Briefmarken auf Postsendungen auf. Veredle Deine Neujahrskarte mit einer besonderen Briefmarke, beispielsweise mit einem Motiv aus Deiner Heimatstadt oder einem besonderen Jahresereignis. Werte auf diese Weise Deine persönlichen Grüße noch einmal auf. Originelle Sondermarken bekommst Du beim Postamt, in Touristenshops sowie im Internet.

Tipp 6 – Karten an das Netzwerk
Gute Beziehungen pflegst Du nicht nur mit Kunden. Auch Dein berufliches Kontaktnetzwerk, also Kollegen, Partner und Mitarbeiter, erfreuen sich an Deinem professionellen Kartengruß. Beispielsweise schickte mir

der Vorgesetzte meines ehemaligen Arbeitgebers jedes Jahr eine Adventskarte zu. In den handgeschriebenen Zeilen würdigte er meine Arbeit. Mich haben die persönlichen Mitteilungen des Chefs stets überrascht und zuversichtlich für das neue Jahr gestimmt.

Tipp 7 – Es gibt immer einen Anlass
Bis zum Neujahr sind es noch 8 Monate und Du möchtest Deinen Kunden dennoch mit einem Kartengruß erfreuen? Nutze positive Ereignisse wie die Osterzeit, Pfingsten oder andere Nationalfeiertage als Grund für Deine Postsendung. Auch persönliche Festlichkeiten des Empfängers, wie beispielsweise ein Geburtstag, der Beförderung oder ein erfolgreiches Geschäftsjahr, sind gute Gründe für die sich ein Kunde gerne per Karte auf die Schulter klopfen lässt. Warte mit dem Schreiben nicht bis zur nächsten Beauftragungsflaute. Starte heute – losgelöst vom Druck der Beratungsprojekte – und sorge somit für wirtschaftlich schwierige Zeiten vor. Wer freut sich nicht über einen unerwarteten Sommergruß mitten in der etwas ruhigeren Ferienzeit?

Tipp 8 – Die rückwärtsgerichtete Karte
Erfolgreiches neues Jahr! Eine frohe Osterzeit? Weshalb immer nur in die Zukunft blicken? Kunden freuen sich ebenfalls über Grüße, die einen gemeinsamen Erfolg in der Vergangenheit betonen. Wer erhält nicht gerne eine Karte zum Jahresbeginn mit der Überschrift *„Herzlichen Dank für die tolle Zusammenarbeit im vergangenen Jahr!"*?

Zusammenfassung

Viele Menschen packt zum Jahresbeginn der Wunsch nach Veränderung. Nutze diese – insbesondere für Unternehmensberater – günstige Zeitspanne und erinnere Deine Bestandskunden mit einer Neujahrskarte an die gemeinsamen Erfolge. Im Gegensatz zur klassischen Weihnachtskarte erzielst Du mit diesem ungewöhnlichen Gruß eine deutlich höhere Aufmerksamkeit. Du stichst gegenüber den Weihnachtskartenschreibern hervor – direkt zum Start des neuen (Projekt-)Jahres.

Übrigens schickte Joe Girard in seinen aktiven Jahren tausende Grußkarten mit wechselnden Motiven und Botschaften an seine Kunden. In 15 Jahren verkaufte der Amerikaner über 13.000 Neuwagen.

Die Rechnung – sich für das Folgeprojekt weiterempfehlen

Was hat eine Beratungsrechnung mit einer Empfehlung zu tun? Schließlich ist die Rechnungsstellung ein formaler Akt am Ende eines Consulting Engagements. Für die erbrachte Leistung und die gelieferten Ergebnisse erhältst Du die mit Deinem Kunden vereinbarte Vergütung. Das war's! Tatsächlich?

Kategorie

- Zielgruppe: Bestandskunden
- Phase: Projekt
- Aufwand: gering
- Wirkungstiefe/-dauer: gering bis mittel, kurzfristig

Zweck

Die Grundidee dieses Akquise Tools ist in wenigen Sätzen erklärt. Auch die finale Rechnung für Deine Beratungsleistung ist ein Kommunikationsträger. Warum nicht diese – normalerweise nüchtern ablaufende – Transaktion neben der Forderung nach dem Honorar ebenfalls als Marketing-Botschafter in eigener Sache einsetzen?

Im Klartext: zusätzlich zur erwarteten Rechnung trifft bei Deinem Kunden...

- eine herzliche Dankesnachricht,
- ein für ihn relevanter Fachartikel oder
- eine humorvolle Grußkarte ein.

Insbesondere bei Neukunden, die Dich und Deine Beratungsleistung nur von einem Projekt kennen, sorgt dieses physische ‚Invoice Upgrade' für eine positive Überraschung. Aber auch beim Abschluss großer und intensiver Consulting Projekte signalisiert Deine Aufmerksamkeit, dass Du bis zum Ende des Engagements an Deinen Kunden denkst.

Aufbau

Wie Du Deine Rechnung veredelst hängt von Dir, Deinem Beratungsangebot, dem Projekt und dem Kunden ab. Generell gut eigenen sich folgende ‚Add-ons':

- eine klassische **Grußkarte** mit einer handgeschriebenen Dankesnachricht
- ein individuelles **Projekt-Souvenir**, zum Beispiel eine Kaffeetasse mit einem bezeichnenden Schaubild oder Logo
- ein kleines **Büchlein** welches ein Leitthema des Projektes aufgreift

- eine Deiner **Broschüren** mit Komplementär- und Anschlussleistungen

Deiner Fantasie sind keine Grenzen gesetzt. Bleibe in jedem Fall professionell. Überlade Deinen Kunden nicht mit zu umfangreichen Präsenten und beachte unbedingt die gültigen Compliance-Richtlinien und unternehmensinternen Gepflogenheiten.

Aus meiner Erfahrung kommen schriftliche Grüße mit einem persönlichen Dank für die Zusammenarbeit und das Vertrauen immer gut an. Im Schreiben kannst Du gleichzeitig die Nützlichkeit des erschaffenen Ergebnisses (und damit von Dir bzw. Deines Unternehmens) hervorheben. Auch Hinweise auf herausgearbeitete Vorzüge, zum Beispiel das verbleibende positive Budget, der Abschluss vor Terminfrist und die Begeisterung der Fachbereiche, eignen sich prima.

Anwendung

Mit der Rechnungsstellung überlegst Du Dir, mit welcher Ergänzung Du Deinen Kunden angenehm überraschen könntest. Verwende für den Gruß in eigener Sache hochwertige Materialien. Je höher Dein Tagessatz, desto wertiger sollte Grußkarte, Briefpapier, Kuvert, kleine Aufmerksamkeiten etc. ausfallen.

Anspruchsvolle Grüße bereiten Aufwand. Zusammenkopierte Texte auf billigem Druckpapier mindern nur die Kundenbeziehung, als dass sie diese fördern. Schicke bei Mangel an Zeit lieber nur die Standardrechnung per E-Mail.

Auch wenn Du die Rechnung an Buchhaltung des Unternehmens adressierst, sieht sie Dein Kunde im Rahmen der Abzeichnung. Niemand empfängt gerne zweimal einen identischen Gruß. Achte daher ebenfalls darauf, welcher Kunde bereits eine bestimmte Rechnungsergänzung erhalten hat.

Vor- & Nachteile

- Eine Rechnung signalisiert einem Bestandskunden Professionalität und Wertschätzung bis zur letzten Interaktion Eurer Zusammenarbeit.
- Hast Du erst einmal einen Fundus von freundlichen Aufmerksamkeiten angelegt, dann bereitet eine erweiterte Beratungsrechnung nur unerheblichen Mehraufwand.

- Kannst Du auf keinen Fundus zurückgreifen, dann bedeutet die Aufwertung einer Rechnung für Dich zunächst Zusatzarbeit. Neben der Anfertigung musst Du Dir über Deinen Kunden Gedanken machen. Was könnte ihn Freude bereiten? Womit rechnet er definitiv nicht? Unterliegt er spezifischen Compliance-Regeln oder abteilungsinternen Prinzipien?

- Dieses Akquise Tool greift ausschließlich bei Bestandskunden. Interessenten, Leads oder gar Neuakquisitionen erreichst Du mit einer aufgewerteten Beratungsrechnung nicht.

Praxistipps

Tipp 1 – Inspiration aus dem B2C Umfeld
Die Online Shops machen es uns vor: die Rechnung liegt edel ummantelt in einer Klarsichthülle. Dem Paket liegt eine hübsch verpackte Dankesnachricht mit Hinweisen auf die passenden Erweiterungsangebote bei. Lasse Dich von diesen Gimmicks inspirieren. Es muss ja nicht der 100,- Euro Rabatt für Deinen nächsten Beratungseinsatz sein.

Tipp 2 – Brief statt PDF
Viele Dienstleister versenden heute ihrer Rechnungen per PDF-Anhang. Auch hier kannst Du Dich gegenüber dem Wettbewerb mit seinen Massensendungen hervortun und positive Akzente setzen. Verfasse stattdessen einen traditionellen Brief. Prüfe im Vorfeld, ob Dein Kunde seine Post nicht durch vorgelagerte Assistenten filtern und digitalisierten lässt.

Tipp 3 – 4-Augen Prinzip
Vor lauter Marketing solltest Du nicht die Korrektheit, Vollständigkeit und Konsistenz Deiner Rechnung aus dem Blick verlieren. Eine fehlerhafte Forderung ist ein Zeichnen von mangelnder Professionalität, speziell da es sich vorerst um die letzte Kundeninteraktion handelt. Lasse Deine Rechnung daher durch eine zweite Person validieren. Doppelt hält besser.

Tipp 4 – À priori Rechnungsabstimmung
Die meisten Unternehmen verlangen bei Festpreis-Beratungseinsätzen ein Abnahmeprotokoll. Das Papier gibt Auskunft über die erbrachten Ergebnisse und deckt mögliche Mängel und notwendige Nacharbeiten auf. Meist füllt der Kunde das Abnahmeprotokoll im Beisein des Beraters aus, eine gute Situation ihn dann direkt mit dem Zahlenwerk der Rechnung zu konfrontieren. Trifft schließlich die ihm bekannte Rechnung mit dem unerwarteten Gruß ein, kann er seine Konzentration und Freude ganz und gar der positiven Zugabe zuwenden.

Lesetipp
Mike Morrow beschäftigt sich in seinem englischsprachigen Buch ‚The Loyalty Edge' ausführlich mit der Bindung von Bestandskunden. Im Internet findest Du zudem mehrere Videos in denen er auf Kundenbindungsmaßnahmen in der Finanzindustrie eingeht.

Zusammenfassung

Auch die Rechnungsstellung ist eine Interaktion mit dem Kunden. Viele sehen in ihr eine lästige Administrationsaufgabe, als smarter Berater nutzt Du hingegen den Rechnungsträger, um das Image Deines Unternehmens und die Kundenbeziehung positiv zu prägen. Ich verwende eine aufgewertete Rechnung insbesondere bei Neukunden mit denen ich das erste Mal in einem Projekt zusammenarbeite. Kleine Zusatzaufgabe, große Wirkung. Probiere es aus!

Das Startpaket – bei Projektbeginn unerwartet beeindrucken

Sag mir, wie ein Projekt startet, und ich sage Dir ob es erfolgreich sein wird. Speziell die erfahrenen Projektveteranen unter uns bringt diese Weisheit zum Schmunzeln. Smarte Consultants nutzen den Projektauftakt beim Neukunden zur Festigung der noch zarten Geschäftsbeziehung. Nicht mit einer Folienschlacht von Terminplänen, Aufgabenlisten oder Projektorganigrammen. Sondern mit einem nützlichen Startpaket welches auf die frische Beziehung einzahlt.

Kategorie

- Zielgruppe: Neukunden
- Phase: Projekt
- Aufwand: gering bis mittel
- Wirkungstiefe/-dauer: mittel, mittelfristig

Zweck

Rollentausch. Versetze Dich in die Rolle Deines Neukunden. Zur Umsetzung eines Transformationsprojektes hat er sich für Deine Beratungsfirma entschieden. Zum Kick-off sitzt ihm nun ein ganzer Trupp von top gekleideten Professionals gegenüber. Genau jetzt schwirren im Kopf Deines neuen Klienten tausende Fragen. Wer sind diese Berater? Wo liegen ihre Rollen und Kompetenzen? Ist diese Consulting Firma tatsächlich die Richtige?

Mit einem Startpaket gibst Du Deinem neu gewonnenen Kunden Orientierung. Du versorgst ihn mit Informationen darüber, wer in den kommenden Wochen oder gar Monaten an seiner Seite und in seinem Sinne agiert. Gleichzeitig bestärkst Du ihn mit einem Startpaket in seiner Entscheidung, die richtigen Unternehmensberater für sein Problem engagiert zu haben.

Es ist wie das Welcome Package eines Ressort Hotels, Kreuzfahrtschiffes oder Fitnessstudios: direkt nach der Entscheidung lieferst Du dem Kunden die erste positive Erfahrung der Zusammenarbeit. Du demonstrierst ihm, dass Dir das Projekt und Eure Beziehung ab der ersten Arbeitsminute wichtig sind.

Aufbau

Ein Startpaket enthält weiterführende projektbezogene Informationen. Typische inhaltliche und organisatorische Elemente sind:

- Kontaktdaten von Dir und Deinen Beraterkollegen
- Projektorganigramm mit Fotos, vollständigen Namen und Rollen

- <u>Fachartikel</u> wie beispielsweise Whitepaper oder Studien
- Einladungen zu geplanten <u>Webinaren</u> oder einer <u>Austauschplattform</u>
- Projektrelevante <u>Werbeartikel</u> wie Kugelschreiber oder Notizblöcke
- Grußkarte mit Dank für das Vertrauen und Äußerung von Optimismus

Nicht im Paket enthalten sind klassische Projektdokumente wie Terminpläne, Steckbriefe, Aufgabenlisten etc.. Diese kennt Dein Kunde aus seiner Ausschreibung bzw. Deinem Angebot. Ein Startpaket soll ein Lächeln in das Gesicht des Kunden zaubern, zu positiven Gedanken anregen, den Arbeitsbeginn erleichtern. Im Vordergrund steht die Beziehungsebene.

Blähe Dein Startpaket nicht zu sehr auf. Mehr als drei Elemente überfrachten den Kunden, statt diesem eine Hilfe zu sein. Ebenfalls ein No-Go sind werbliche Inhalte wie die <u>Unternehmenspräsentation</u>, aktuelle Prospekte oder Broschüren. Deine Kunde hat bereits gekauft, erwartet nun Ergebnisse und keine Werbung.

Anwendung

Mit etwas Übung erstellst Du ein Startpaket in weniger als einer Stunde. Überlege zuerst, welche Informationen dem Kunden zum Projektauftakt von großem Nutzen sein könnten. Meist sind das die Kontaktdaten sowie die Rollenverteilung. Stelle das Paket vor Eurem ersten Treffen – oft der Projekt Kick-off – zusammen.

Fertige mehrere Pakete an, falls mehrere Personen des Kunden im initialen Meeting dabei sind. Jeder Kundenmitarbeiter erhält sein eigenes Package. Händige dem Klienten sein persönliches Startpaket mit einem aufmunternden Nicken aus. Bestärke ihn beim Überreichen der Unterlagen mit knappen Worten in seiner Entscheidung, Dein Unternehmen für das Projekt engagiert zu haben. Zeige, dass Du Dich nicht nur während der Akquisephase, sondern auch in der jetzt beginnenden Leistungsphase für seine Interessen einsetzt.

Bittet Dich der Kunde um die digitale Fassung des Pakets, kommst Du seiner Anfrage im Anschluss zu Eurem ersten Treffen nach. Versende die PDF Fassung aller Dokumente, das wirkt wertiger. Insbesondere bei neu gewonnenen Kunden habe ich mit dem Tool sehr gute Erfahrungen gemacht. Die Klienten waren sichtlich verblüfft, dass wir neben der Inhaltsebene ebenfalls auf der Beziehungsebene einen Schritt weiter waren. Von Neukunde zu Neukunde habe ich das Package verfeinert.

Vor- & Nachteile

- Insbesondere bei Neukunden ist das Startpaket ein einfaches und effektives Mittel, direkt zum Projektbeginn für eine freundliche Arbeitsatmosphäre zu sorgen.

- Mit der Weitergabe der Kontaktdaten und Rollenprofilen sparst Du Dir außerdem koordinative Aufwände im Nachgang des ersten Treffens.

- Ein informatives Startpaket zusammenzustellen erzeugt etwas Aufwand. Verfügst Du aber erst einmal über eine gute Vorlage, kannst Du die Aufgabe auch gerne an einen Werkstudenten, Praktikanten oder einem Assistenten delegieren. Im Gegensatz zum gestressten Berater haben diese Kollegen meist auch das bessere Auge fürs Detail.

Praxistipps

Tipp 1 – Das hand- und augenschmeichelnde Paket
Mit einem wertigen Umschlag, haptisch ansprechendem Papier sowie einem Hochglanzausdruck demonstrierst Du Deinem neu akquirierten Kunden den hohen Stellenwert Eurer jungen Beziehung. Ebenso signalisierst Du Deinen Anspruch an Qualität.

Tipp 2 – Das zugeschnittene Paket
Gerade bei Kundenteams aus mehreren Personen punktest Du zusätzlich mit einem personalisierten Startpaket. Notiere dazu den Namen des Empfängers auf jedes Package und hebe den personenspezifischen Ansprechpartner hervor. Ein Kunde freut sich über sein individuell zusammengestelltes Startpaket.

Tipp 3 – Das regelkonforme Paket
Ein Startpaket ist kein Privatgeschenk. Bei immer strikter werdenden Compliance Richtlinien und Organisationsrichtlinien innerhalb der Firmen, solltest Du von Beigaben wie Büchern, Tickets, Gutscheinen oder ähnlichem Abstand nehmen. Im Zweifelsfall verzichtest Du auf ein Element.

Lesetipp
Auch Claudia Fochler empfiehlt in ihrem 2014 erschienenen Buch ‚Marketing & Vertrieb für IT-Consultants' dem Klienten zum Projektbeginn ein Startpaket zu schnüren. Im Werk findest Du weitere Anregungen für die Öffentlichkeitsarbeit von IT-Beratungen.

Zusammenfassung

„Alles, bloß nicht langweilig!" lautet das Motto des Startpaketes. Übertreffe bereits zum Projektstart die Erwartungen Deines Neukunden an eine Consulting Firma und versorge ihn mit nützlichen Hintergrundinfos zu seinem Beraterteam. Stärke Eure Beziehung indem Du bereits bei der ersten Zusammenkunft mit Mehrwert positiv überraschst.

Noch mehr Consulting Akquise Tools

Du vermisst ein spezifisches Akquise Tool?

Du hast von einem Akquise Tool gehört und benötigst genaue Infos?

Dir fehlen konkrete Dokumentenvorlagen für den Einsatz eines Akquise Tools?

Kennst Du alle im Buch vorgestellten Werkzeuge und hast diese in Deinem Berateralltag getestet, ist es an der Zeit für den **nächsten Schritt**.

Zusätzliche zu den hier vorgestellten Beraterwerkzeugen findest Du auf meiner Webseite die **erweiterte Fassung des Consulting Methodenkoffers**.

Consulting-Life.de/Methodenkoffer

Der digitale Consulting Methodenkoffer enthält **über 70 essentielle Consulting Methoden, 70 anpassbare MS Office Vorlagen, hunderte Praxistipps**, Stolpersteine und Abkürzungen sowie **zahlreiches Bonusmaterial**.

- Begeistere mit **fundierten Methodenwissen**, erprobten Vorlagen und pfiffigen Praxistipps Deine Kunden und Vorgesetzten.
- Finde in **wenigen Sekunden** die **optimale Methode** für Meetings, Interviews, Workshops und Projektarbeit.
- Greife **bequem per Internet** von jedem Kundenstandort mit **PC**, **Tablet** und **Smartphone** auf den Methodenkoffer zu.
- Profitiere von einem stetig **wachsenden Fundus** an **vernetzten Methoden**, neuen Vorlagen und Designoptimierungen.

Professionalisiere und optimiere die Beratung Deiner Kundenunternehmen!

Lesetipps

Das Thema Marketing & Vertrieb im Consulting hat Dich gepackt? Beim Schreiben dieses Buches habe ich mich von nachfolgender **Literatur** inspirieren lassen. Finde zudem einen **Lesetipp** im Kapitel ‚**Praxistipps**' fast aller Akquise Tools.

1. Michael Bernecker, Christiane Gierke, Thorsten Hahn: *Akquise für Trainer, Berater, Coachs: Verkaufstechniken, Marketing und PR für mehr Geschäftserfolg in der Weiterbildung*, GABAL, 5. Auflage, 2011

2. Michael Bondzio: *Wissen*, www.bondzio.de/marketing (letzter Abruf: 01.04.2019)

3. Stephan Heinrich: *Blog*, http://stephanheinrich.com/blog (letzter Abruf 01.04.2019)

4. Svenja Hofert: *Erfolgreiche Existenzgründung für Trainer, Berater, Coachs: Das Praxisbuch für Gründung, Existenzaufbau und Expansion*, GABAL, 2011

5. Dirk Kreuter: *Blog*, https://dirkkreuter.com/blog (letzter Abruf: 01.04.2019)

6. Bernhard Kuntz: *Fette Beute für Trainer und Berater Wie Sie "Noch-nicht-Kunden" Ihre Leistung schmackhaft machen*, managerSeminare, 2. Auflage, 2011

7. Thomas Matzner, Ruth Stubenvoll: *IT-Freelancer: Ein Handbuch nicht nur für Einsteiger*, dpunkt.verlag, 1. Auflage, 2013

8. Karsten Steffgen: *Das Marketing- Erfolgsbuch für reine Dienstleistungen: Berater, Coaches und Mediatoren*, Books on Demand, 1. Auflage, 2015

9. Lars Strempel: *Wissensdatenbank*, https://lambertschuster.de/blog (letzter Abruf: 01.04.2019)

Du möchtest zusätzliche Lesetipps? Regelmäßig stelle ich **Consulting Literatur** auf meiner Webseite vor. Unter Consulting-Life.de/category/Literatur-und-Links findest Du alle bisher von mir rezensierten Leseempfehlungen für Berater.

Printed in Poland
by Amazon Fulfillment
Poland Sp. z o.o., Wrocław